Reprint Publishing

FÜR MENSCHEN, DIE AUF ORIGINALE STEHEN.

www.reprintpublishing.com

FRANZ BLEI

DAS GROSSE BESTIARIUM DER MODERNEN LITERATUR

1 9 2 2
ERNST ROWOHLT VERLAG
BERLIN

ES WURDEN
DREI VERSCHIEDENE AUSGABEN GEDRUCKT:
Ausgabe A: Auf van Geldern-Bütten in 30 numerierten
Exemplaren mit je 6 handkolorierten Lithographien von
Olaf Gulbransson, Thomas Theodor Heine und Rudolf
Großmann von den Künstlern und dem Verfasser signiert.
Ausgabe B: Auf Hadernpapier in 400 numerierten Exem-
plaren mit je 6 handkolorierten Lithographien von Olaf
Gulbransson, Thomas Theodor Heine und Rudolf Großmann.
Ausgabe C: Auf holzfreiem Papier ohne die Lithographien.

*

DAS WERK WURDE IN DER
BUCHDRUCKEREI POESCHEL & TREPTE IN LEIPZIG,
DIE LITHOGRAPHIEN BEI DR. C. WOLF & SOHN IN
MÜNCHEN GEDRUCKT.

*

DIES EXEMPLAR DER AUSGABE B TRÄGT
DIE NUMMER

VORWORTE

VORWORT ZUR ERSTEN AUFLAGE

IN diesem Bestiarium habe ich, nicht abgeschreckt von vielen Vorgängern, neuerlich den Versuch gemacht, eine so kurze wie anschauliche und genaue Beschreibung derer lebenden Tiere zu geben, so ans Licht der Bücherwelt zu stellen Gott dem Herrn gefallen hat und soweit sie im Gebiete der deutschen Sprache wesen und unwesen. Wenn wir Menschen Sinn- und Zweckmäßiges von Gottes Schöpfungen an den Geschöpfen dieser von uns beschriebenen Fauna noch weit seltener als sonst erkennen, so sollen wir uns und nicht dem Schöpfer daraus einen Vorhalt machen, indem wir ja einerseits vieles sehr Sinnvolles Seines Werkes so einsehen als auch bewundern und darum wohl annehmen müssen, daß es auch mit dem uns sinnlos Erscheinenden schon eine sinnvolle Bewandtnis haben werde; andererseits die kurze Spanne nicht nur unseres eignen, sondern auch des von uns überschaubaren Lebens bedenkend nicht in Eitelkeit darauf versessen sein sollen, es habe alle und jede Absicht Gottes uns durchaus geläufig zu sein aus den Mitteln unseres eingeschränkten Verstandes. Und möchte denen Zweiflern an der inneren Ordnung in der Person Gottes auch dieses Dritte noch gesagt sein: daß es uns nicht häretisch dünke, Gott von Seinem mühvollen Tag- und Nachtwerke Sich ausruhend zu denken, wo Er dann in lustiger Laune gewissermaßen solches werden lasse wie zum Exempel unsere literarische Fauna, deren neuerliche Beschreibung ich hier dem Hypokriten, meinem Leser, meinem Freunde vorlege, nachdem ich mich sine ira, aber multo studio um Art, Aussehen und Lebensweise dieser Tiere bemüht habe, solche festzustellen. Ich glaube sagen zu können, daß mir keines von einiger Wichtigkeit oder Notorität entgangen ist und daß ich sie ziemlich beieinander habe in diesem Käfig meines Bestiariums oder Tierparke, wie ich besser sage, denn in einen einzigen Käfig alle diese Bestiae zu sperren, würde ich bei der außerordentlichen Unverträglichkeit derer Tiere nur dann wagen, wenn mir an ihrer wechselseitigen Ausrottung gelegen wäre, womit ich aber Gott in Seine schaffende Hand zu fallen mir anmaßte, was mir ganz fern. Sollte dennoch der Leser in diesem Bestiarium ein oder das andere Tier vermissen, so ist dieses entweder nur ihm oder seiner Familie bekannt als ein Privat- oder Familientier gewissermaßen; oder ich habe es in zwiefacher Absicht nicht erwähnt. Es gibt nämlich eine weit verbreitete Mikrobe, den Bacillus imbecillus, der im gemeinen Leben viele tausend Namen bekommt, aber immer der gleiche Bacillus ist: wen er heimsucht — und er befällt die Grobhäutigen aller Stände und Klassen — der fühlt erst ein ihm angenehm dünkendes Kitzeln, was mit der groben Haut zusammenhängt, dann aber verfällt der Patient rasch der völligen Verblödung. Es ist dieser Bacillus imbecillus also mehr ein Krankheitserreger denn ein Tier, gehört demnach in die Bakteriologie und nicht in ein Bestiarium. Wenn ich darin doch ein und den andern Bacillus aufführte, so geschah es, weil ich einer weit verbreiteten Anschauung, daß es sich in diesen Fällen um Tiere handle, mit meiner Auktorität entgegentreten wollte.

Ich habe ferner auch einige Tiere wissentlich ausgelassen — sehr wenige — damit die gelehrten Rezensenten das Vergnügen genießen, mir dies nachzuweisen und damit die Notwendigkeit ihrer Existenz wieder einmal zu erhärten.

Den Nutzen dieses kurz und bündig abgefaßten Bestiariums wird der Tierfreund und -feind beim Durchblättern alsogleich mit Vergnügen bemerken. Es verzichtet auf alles übliche wortreiche und doch nichtssagende Beiwerk, wie es allen Naturhistorien unserer literarischen Fauna eigentümlich ist, gänzlich und befleißigt sich einer Kürze von Merksprüchen, die leicht zu behalten sind.

9

Wenn ich auch mit meinem verehrten Freunde Dr. Negelinus durchaus der Ansicht bin, solchem wie jedem andern
praktischen Nutzen würde dieses Bestiarium bald entzogen
sein und sein Wert nur mehr im Historischen liegen. Denn
es steht doch wohl allen Anzeichen nach eine terrestrische
Katastrophe nahe bevor, und es wird danach das Wenige,
das diese andere Sintflut von den meisten der jetzt noch
lebenden literarischen Tiere übriggelassen, nur mehr in
spärlichen Fragmenten in den paläontologischen Museen zu
finden sein, zumal sich gewiß kein neuer Noah wird gewinnen lassen, der gutmütig diesem Getier eine es rettende
Arche bauen möchte. Um so dringlicher stellte sich die
Aufgabe, unsere Tiere e vivo zu beschreiben.

Aller Kritik unserer Viecher habe ich mich enthalten, wie
man merkt. Wir müssen sie hinnehmen, wie Gott sie geschaffen. Ihm allein die Ehre und die Verantwortung. Ganz
allgemein will ich nur zu einer in der letzten Zeit wieder
lebhafter gewordnen Streitfrage kurz Stellung nehmen, der
Frage, ob unsere Tiere Intelligenz besitzen oder nicht. Daß
unsere alte, ausgestorbene literarische Tierwelt Intelligenz
in hohem Maße besaß, steht außer Zweifel. Ebenso, daß sie
die heutigen Tiere mit nichten auszeichnet, von ganz wenigen
Ausnahmen abgesehen. Trotzdem hat man gerade für unsere
heutigen Tiere das sie charakterisieren sollende Wort „Die
Intellektuellen" erfunden. Wohl nach dem Beispiel des
canis a non canendo. Denn unsere heutigen Tiere handeln
mit wenigen Ausnahmen durchaus affektiv und gar nicht
intelligent, ja, sie setzen, wie man beobachten kann, förm-
lichen Stolz darein, ihren unklaren Gefühlen unbedacht zu
erliegen, nichts als Gefühl zu sein und gar keinen Verstand zu haben, nicht einmal in ihren partikularen Ver-
richtungen. Vulgär ausgedrückt kriechen sie auf jeden Leim,
wenn es nur Leim ist und er nur geschickt gestrichen wird,
— von wem ist unsern Tieren gleichgültig. Denn gerade
das, was einige von unsern heutigen Tieren behaupten, das
tun sie gar nicht: denken. Sie sind daher gar nicht „Intellektuelle", sondern weit treffender „Affektionelle" oder

„Sensibilisten" zu nennen, die jeder Gelegenheit erliegen, die sie mit ihrem Gefühle ergreifen können: daß sie ihre Gefühle zuweilen Gedanken nennen, diesen Irrtum haben unsere literarischen Tiere mit den heutigen Menschen gemein. More eruditorum obliegt mir noch die Pflicht, denen Herren zu danken, welche sich um dieses Bestiarium Verdienste insofern erworben haben, als sie, gewissermaßen Hagenbecke der Fauna literaria, oft mit beträchtlichen Opfern an Zeit, Geld, Geduld und Kraft unseren Tieren ihre Teilnahme bewiesen, sei es, daß sie sie überhaupt entdeckten, sei es, daß sie ihnen auf ihr Leben gewissermaßen Vorschuß gegeben haben, sei es endlich, daß sie für die Möglichkeit komfortabler Betrachtung dieser Tiere sorgten durch Anlegen von Steigen, Reservaten, Käfigen und Behältern. Namentlich möchte ich hier für solche nützliche Hilfe mich bedanken zuvörderst bei dem Doyen unserer literarischen Hagenbecke, dem ebenso um- wie einsichtigen Herrn S. Fischer-Berlin, dem weitschichtigen Herrn G. Müller-München, dem immer neugierigen Herrn K. Wolff-München, dem kühnen E. Rowohlt-Berlin, dem herzlichen G. H. Meyer-München, dem vorsichtigen A. Kippenberg-Leipzig, dem unentwegten G. Kiepenheuer-Potsdam, dem lebhaften P. Cassirer-Berlin und dem Herrn Reiß schlechthin. Allen denen Herren meinen Dank dafür, daß sie das ihre tun, in die seltsamen Geschöpfe aus der mannigfach bildenden Hand Gottes einige Ordnung zu bringen, wie wir Menschen solches in Unkenntnis der höhern göttlichen Ordnung brauchen in diesem Erdenleben. Bei meinem Freund, dem Dr. Negelinus, muß ich mich noch bedanken für seinen auf Spezialstudien gegründeten Beitrag, die Beschreibung der Fackelkraus.

VORWORT ZUR ZWEITEN AUFLAGE

Äußere, vom Verfasser nicht änderbare Umstände ließen das Bestiarium in seiner ersten nur für eine eingeschränkte Leserzahl gedruckten Auflage etwas im Improvisato stecken,

bei dem der Ernst manchmal um den Witz zu kurz kam
und umgekehrt. Dieser kleine Schönheitsfehler ist in der
neuen vorliegenden Ausgabe beseitigt. Es ist aber noch
mehr als das getan worden. Eine Menge Zutaten, Ergän-
zungen, Feststellungen, ferner Ordnungen und generelle
Bemerkungen zum Gattungsbegriff der bestia literarica, des
weitern die Einbeziehung fremder in Deutschland dome-
sticierter Tiere wie die Beschreibung solcher, die kürzlich
bürgerlich wohl verstorben, aber literarisch noch lebendig
sind —: alles dies macht das Bestiarium zum Großen
Bestiarium und zu dem, was trotz vieler solcher Titel auf
dicken Büchern durchaus gefehlt hat: zur ersten gründ-
lichen kritischen Darstellung dessen, was man einem Sprachgebrauch mehr als der Sache folgend die Moderne Literatur nennt. Der wißbegierige Leser sei versichert: diese
abstrusen Kompilationen aus Geburtsdaten, Büchertiteln,
Waschzetteln und Zeitungsausschnitten, welche sich moderne Literaturgeschichten nennen, weil es ihren Verfer-
tigern so beliebt, sind insgesamt ein öder Mist, jawohl,
meine Herrn Verfasser, öder Mist, wie man nur noch von
den Geschichten der ältern deutschen Literatur sagen kann
mit der einzigen, aber auch grandiosen Ausnahme des
Werkes von Josef Nadler, der weder, wie sonst üblich, von
seinen Vorgängern das Schema übernimmt, noch die Urteile, noch die Unkenntnis von Gegenstand und Methode.
Will einer die Geschichte der Mathematik lesen, so muß
er einigermaßen die Mathematik kennen. Das gilt auch von
der Geschichte der Literatur, so sehr sich auch alle deren
sogenannte Historiker anstrengen, mit Inhaltsangaben und
sogenannten Werturteilen ihren Lesern diese Kenntnis ganz
überflüssig erscheinen zu lassen. Der mit dem Gegenstand
nicht vertraute Leser des Großen Bestiarium wird mit
dessen Urteilen wenig anzufangen wissen, denn sie sind
weder geschmacklich, noch gefühlig, weder schöngeistig,
noch messen sie den Hinz und Kunz an einem als bekannt
angenommenen Standardwert, Goethe zum Beispiel oder
Schiller. Wer die Gegenstände dieses Traktates nicht kennt,

der wird den Wald vor Bäumen, die Zoologie vor Tieren nicht sehen. Ich sagte ja schon: das Bestiarium ist die erste kritische Darstellung der neuern Literatur, also ein dialektisches Buch.

VORWORT ZUR DRITTEN AUFLAGE

Es ist mir ein Vergnügen, zwei Briefe mitzuteilen, die ich nach Erscheinen der zweiten Ausgabe des Bestiarium von zwei indignierten Belletristen oder Literatieren bekam, weil sie nicht als Löwen, die sie doch wären, darin vorkamen. Der eine schreibt: „ . . . hat mich Literatur, wenn Dichter darunter faßbar, nur gering, denn zunächst ist mein Dasein in dem Leben. Ich turne, radle, schwimme, rudere, segle, steige Berg, fahre Auto, fliege Luft, boxe, ringe, reite, skie, verführe jede Frau mit Hastenichgesehn, spiele Tennis, Golf, Football, Baseball, Laferme, Poker, führe überhaupt das openste aer live — ich spreche auch englisch wie darmstädtisch —, nehme an allen Rauf- und Liebeshändeln der Welt teil, schlage mich in allen Waffen des Erdkreises und habe, dies auch nebenbei, zum mindesten den Deutschen in der Erneuerung der Sprache und der dichterischen Prosa Wege gewiesen und neue Möglichkeiten geboten, die zu ergreifen und zu gehen nur mehr an den Deutschen liegt, hélas, worüber mir C. Sternheim schrieb: ‚Das ist Klasse! Ist Baudelaire einfach! Ich schüttle Ihnen die schwielige Proletarierfaust.' Außer daß ich, wie jeder Gentleman, diese Faust natürlich auch besitze, habe ich dem nichts von Bedeutung hinzuzufügen."

Der andere Brief: „ . . . Ihr unmenschliches Buch . . . ich habe mindestens den Deutschen zum erstenmal gezeigt, was Prosa ist. Das gabs vor mir nicht. Satz wie dieser mein Satz: ‚Sie stülpte, lag er in sie gestürzt, Begriffe und brachte es fertig, schwächte er sie, ihn stärker zu schwächen' ist einfach deutscher Sprache nicht nur erstes, sondern pyramidalstes Monument. Um Schweiß, mich gekostet, weiß ich allein und C. Edschmid, der mir schreibt: ‚Sie

haben den klassischen Stil in Deutschland.' Ich habe dem
nichts von Bedeutung hinzuzufügen." Wer wollte, könnte diesen beiden den Begriff der Bedeutung so schlagend definierenden Briefen noch etwas von
Bedeutung hinzufügen, ohne sich damit das Zeugnis der
lächerlichsten Bedeutungslosigkeit auszustellen?

VORWORT ZUR VIERTEN AUFLAGE

Siebentausendvierhundertfünfundvierzig Postkarten, auf
denen sich eben so viele (7445) deutsche männliche, weibliche, mittelstufige und geschlechtslose Schriftsteller, Belletristen und Poeten entrüsten, im Bestiarium nicht „vorzu-
kommen", seien hiemit summarisch erwähnt, damit sie vorkommen. Man erstaune nicht über die hohe Zahl. Es sind
so viele Militärs und Beamte darunter, die, wie man weiß,
nach dem Kriege das Inland mit ihrer Literatur überfielen,
einerseits weil der Deutsche überhaupt so gerne schreibt,
andrerseits des Gewinnes wegen, dritterseits um ihre Unschuld am Kriege zu beweisen, viertens zu versichern, daß
sie nichts als das Beste gewollt hätten. Die Unschuld, das
Beste und die Literatur blieben auch hier nicht Sieger; sie
verloren auf der ganzen Linie.

Als ich aber nochmals die große Zahl der nicht vorge-
kommenen und darüber empörten Poeten überdachte, kam
mir der naheliegende Gedanke, es einmal damit zu versuchen, von der Literatur zu leben. Ich erließ eine öffentliche Bekanntmachung, daß jeder nicht vorgekommene
Dichter gegen Einsendung einer Reichsmark in der neuen
Auflage vorkommen werde. Ich war mit meiner Forderung
so bescheiden, um dem Vorwurf zu entgehen, daß ich die
Köpfe zu hoch einschätze. Aber dies schien doch der Fall
zu sein, denn ich bekam nur noch einige grobe Postkarten,
aber keine einzige Mark. Man kann eben von der Literatur doch nicht leben. Nun soll man mich aber kennen
lernen, sagte ich mir. Ich öffnete der Weste meiner Ge-
nerosität sämtliche Knöpfe und stürzte mich in das Stu-

dium der ungenannten Verfasser, mußte es aber bald aufgeben, systematisch dabei zu verfahren, denn diese Fülle
ging weder in ein vorhandenes noch in ein zu erdenkendes
System. Ich griff also aus der alten Hutschachtel, in
welche ich die Proteste der Ungenannten getan hatte,
heraus und ließ den Zufall walten. Man findet, was ich
fand, in jenem Kapitel des Großen Bestiarium, das über-
schrieben ist: Die großen Dichter deutscher Nation.
Ich muß noch nachtragen, daß wir beide, ich und der
Leser, uns für die Mithülfe einiger Freunde an diesem
Großen Bestiarium zu bedanken haben. Dr. Maturin Melas
und der Baron Albrecht Peyronnet haben einige Beiträge
für dieses Buch geschrieben —, welche, dies wird der
darauf neugierige und feinhörige Leser leicht erkennen.

Peregrin Steinhövel
[Franz Blei]

DAS GROSSE BESTIARIUM

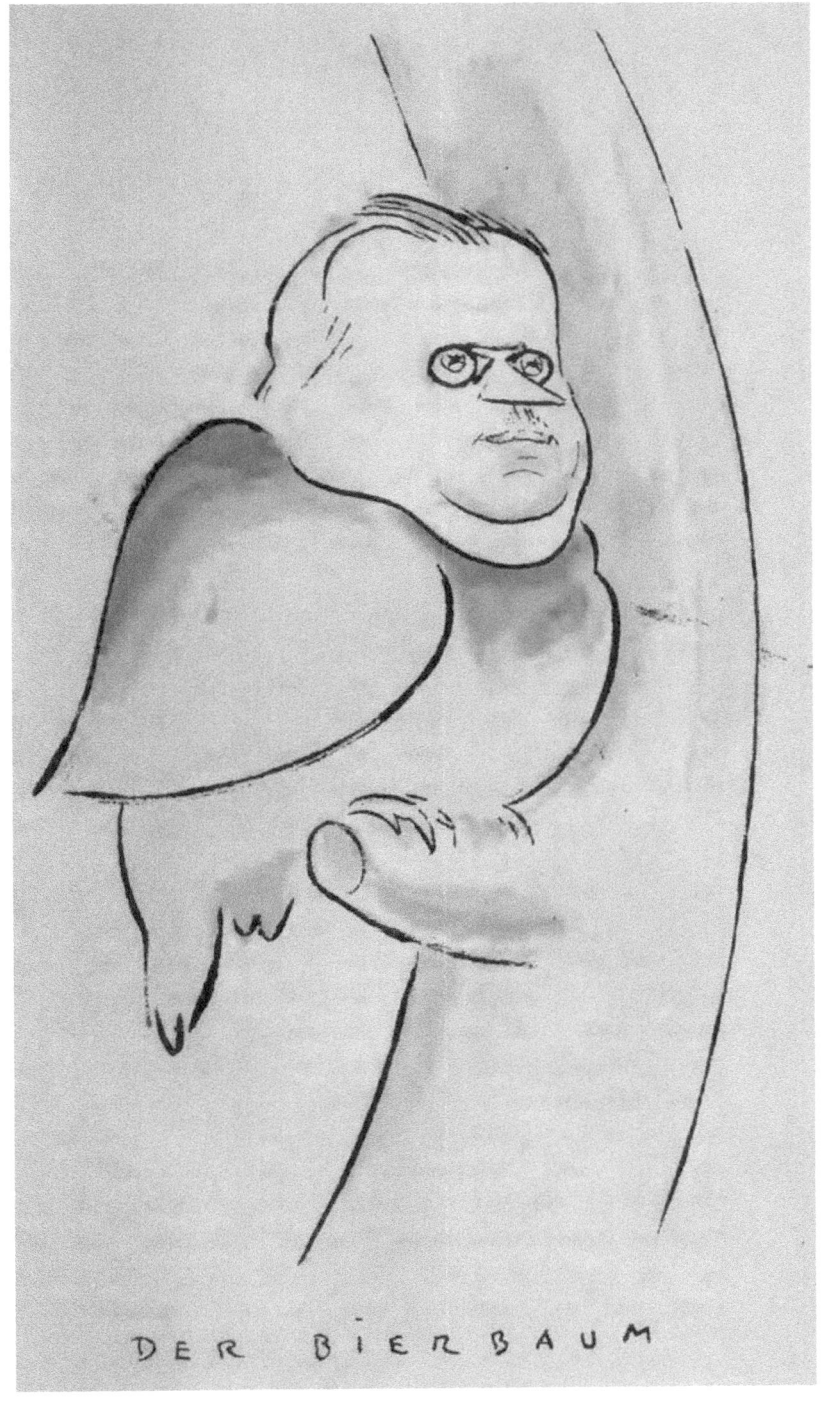

DER BIERBAUM

ALTENBERG oder auch den Peter nannte man aus unbekannten Gründen die seltsame Laune Gottes, der hier
ein Wesen schuf, das nur aus einem einzigen Organe bestand: aus einem Auge, dem der Fliegen gleich in tausend
Fazetten zerlegt und die sichtbare Welt in kleinsten Bildern
von großer Schärfe etwas übersichtig auffangend. Einem
solchen seltsamen Wesen war von Natur aus nur eine kurze
Lebensdauer bestimmt. Aber gegen die Natur und die Absicht Gottes bildete dieses stolz gewordene Auge so etwas
wie einen Leib aus. Der war nun etwas schwächlich geraten, wie nicht anders zu erwarten, und das Auge Peter
hatte mit ihm seine argen Molesten, die schließlich auch
dem Auge nicht gut bekamen. Das Auge Peter hatte sich
mit der Erzeugung seiner Verdauungs- und sonstigen Organe
übernommen, und es sah am Ende nichts mehr als den
prekären eigenen Mageninhalt: es spiegelte keine umgebende
Welt mehr, sondern nur die Farben seiner Exkremente.

D'ANNUNZIO. Ist er nicht des heutigen Italien Apoll, so
doch dessen Pegasus, auf dem apollinisch für eine Weile
die leichte Libelle Pascoli Platz nahm und den später dann
der Clown Marinetti zu erklettern versuchte, ärschlings
natürlich, wie es sich für den Clown gehört; doch blieben
ihm von dem Versuch nur ein paar Schweifhaare in der
Hand und auf dem Pegasus zu reiten wurde und blieb
Futurismo. Der Pegasus d'Annunzio schlug mit seinen ele-
ganten Hufen die herrlichsten, herrischesten Takte der letzten
drei Jahrzehnte, ihm darin gleich nur des Northumberland-
hirsches Swinburne Flug und Fougue. Später dann verlangte
die Zeit Probe aufs große Wort, und der Pegasus gab sie.
Er ließ sich die Hufe mit Eisen beschlagen, wirbelte damit

die Trommel und wieherte Fanfaren. Die an tönenden Worten reichste Zeit, die des Krieges und seines Après, machte aus dem Pegasus nicht den Tyrtaios, aber das lauthinwiehernde Schlachtpferd gab den hellen italienischen Trompeten Brust, Luft und Schwung. Ein römischer Kaiser hat sein Leibpferd zum Konsul gemacht — der Pegasus d'Annunzio konnte es für möglich halten, daß ihn sein Volk zum Kaiser der Adria erhebe.

ANDRIAN. Dies ist ein im Jesuitenkonvikt Kalksburg gebräuchlicher Name für eine Jugendsünde, deren man sich nur mehr bei Eintritt ins Greisenalter erinnert. In der Zwischenzeit spricht man nicht davon.

AVENARIUS ist eine so sehr sächsische Angelegenheit, daß sie in einer Beschreibung dieses merkwürdigen Volksstammes glatt aufgeht. Aber diese Ethnographie ist nicht unsere Sache. Wie alles Sächsische hat auch das Avenarius den Ehrgeiz, nicht nur für das spezifisch Deutsche, sondern das schlechthin Menschliche zu gelten. Man nimmt eben in diesem Erfindungs- und Herstellungslande des Odol den Mund voll.

AUERNHEIMER ist der Name des Jockeis, der am häufigsten den Schnitzler geritten hat. Derzeit gibt er Tips in der Neuen Freien Presse.

DER BAHR. Den Bahr gibt es nur mehr in einem einzigen Exemplar, das im Salzburgischen gehalten wird. Seinen frühern scharfen Geruch hat es in den milderen der Heiligkeit gewandelt, und die Hörner hat das Tier, seit es den Teufel fürchtet, ebenso wie die Zähne, längst verloren. Dafür wuchsen ihm Mähne und Bart immer länger, was dem Bahre ein ehrwürdiges Aussehen gibt. So kann es der Wanderer in seinem Reservat am Untersberg beobachten oder mit ihm Zwiesprach pflegen, denn der Bahr ist ein ungemein gesprächiges und, fehlt ihm der Partner, selbstgesprächiges Tier. Seine Wärter, wie der überaus fromme Pater A. B. C. D. Schmitz, fürchten immer, der Bahr werde sich noch einmal nicht totstürzen, sondern totreden. Denn gefallen ist der Bahr schon öfter ohne Schaden zu nehmen und auf die Knie fällt er gut zweimal im Tage, welche Alterserscheinung eine leichtgläubige fromme Bevölkerung wie die salzburgerische als bei solchem Tiere seltene und um so anerkennungswertere Frömmigkeit auslegt. Ein Kapuziner hat den Bahr deshalb einmal ganz frei in die Heilige Messe mitgenommen, und das Tier unterschied sich, wie Augenzeugen berichten, in nichts von seinem frommen Führer, so daß man nicht hätte sagen können, war der Bahr mit einem Kapuziner oder ein Kapuziner mit dem Bahr in der Messe. Um so mehr oder um so weniger als der Bahr bei diesem frommen Besuche über seine flinken, kleinen, scharfen und klugen Äugerln seine ehrwürdige Mähne hatte fallen lassen.

BARRÈS. Als ihm in der Jugend auffiel, daß ihm nichts einfiel, machte er daraus eine sublime Fümisterie. Da dieser Culte du Moi nicht lange anhalten konnte, erfand er auf Reisen den Culte de Terre de ses morts und wurde fromm. Denn er mußte Gott jeden Tag danken, daß er nicht als Findelkind das Licht der Welt erblickt hatte.

BARTELS ist der Name eines Zoologen der deutschen Fauna literarica, der solches erst wurde, nachdem er als ein Tier besagter Fauna begonnen hatte. Schwer festzustellen, was er zuvor und überhaupt war. Jedenfalls hat er als Literatier wenig Glück gehabt, wessen er Schuld gibt, daß die Ställe mit jüdischen Literatieren so überfüllt seien, daß ein dünnes Christenschwänzchen darin keinen Platz fände. Als Zoologe hat er einen Radiometer für Nasen erfunden, die ihm nicht passen.

DER BÄHR HOFMANN sieht bloß so aus. Wirklich ist er ein jüdischer Hirtenknabe des alten Bundes, der auf den Fluren von Zion die Schalmei bläst, wobei ihm der zweite Wiener Stadtbezirk, die Leopoldstadt, entzückt zuhört.

DER BAUDISCH. Das ist ein für die weichlichen klimatischen Verhältnisse seines Vorkommensgebietes — wohl aus nördlichen Gegenden eingewandert? Schlesien? — sehr kräftig gebautes, ruppig befelltes, einzelgängerisches Tier aus der Gattung der Quadrupeden. Sehr harter Schädel zeichnet es aus.

BECHER. Gehört nicht hierher. Denn was man Becher nennt ist eine Rakete der neueren Feuerwerkerei, die ihr den Namen Becher oder Raketenvogel gegeben hat, aus welch letzterer Bezeichnung sich wohl der Irrtum herschreibt, diese Rakete für ein Tier zu halten. Mit Lebewesen hat sie nur das gemein, daß sie nie so geht wie der Schöpfer will. Mit allem Möglichen und Unmöglichen prall geladen platzt sie entweder gar nicht oder zur unrechten Zeit, fliegt statt in die Höhe in den Zuschauerraum, verpufft mit Gestank statt in Feuergarben und derlei mehr.

DER BENN ist ein kleiner Lanzettfisch, den man zumeist in Leichenteilen Ertrunkener festgestellt hat. Fischt man solche Leichen an den Tag, so kriecht gern der Benn aus After oder Scham oder in diese hinein.

DIE BIE. Die Bie ist ein in der Scheinform einer Molluske auftretendes Krebschen mit Bartfäden. Lebt seit Jahrzehnten in den Spalten der Tageszeitungen, ohne an Unschuld einzubüßen. Nährt sich von Tanz und Musik. Bildet einmal im Monat einen blattförmigen, rasch verkalkenden Panzer aus den Ausscheidungen der deutschen Literatur, wobei sie wilde Rückwärtsbewegungen ausführt. In diesem Zustand von Fischern sehr geschätzt.

DER BIERBAUM, wie im Sächsisch-Meißenschen der Birnbaum ausgesprochen wird, war aus Pappe, Buchbinderleim, Bütten und Vorsatzpapieren ein Gemächte. Seine Früchte waren aus der Zuckerspritze gegossene krumpelige Dinger aus Dragant. Kinder schleckten daran und riefen: „wie süß!" Dieser papierne Birnbaum war eine Zeitlang beliebtes Versetzstück des zweitwilhelminischen Puppentheaters deutscher Kulturkonjunktur. Alt und Jung spielte Volkslied und Minnigliches im Schatten seiner kleisterpapiernen Blättchen und tanzte mit O- und X-Beinen, so Christ wie Jud wie Ber-

liner, neckisch, schelmisch, meierisch und bieder mit Kling-
klang und Gloribusch Ringelreihen um den als deutsche Eiche
betätschelten Stamm aus Pappe. Poetischer schon konnte
man nicht mehr, als man sich hatte 1902 unter dem Bier-
baume. Ihn fällte nicht die Axt des Krieges. Lange zuvor schon
moderte er in der Rumpelkammer der deutschen Poeterei.

BJÖRNSON. Das Land Norwegen hatte einmal zwei Könige,
einen für zu Hause, den andern fürs Ausland. Den ersten
zahlte das Ländchen, den zweiten zahlte er selber. Dieser
zweite nannte sich Björnson I. Er kam gewaltig daher, seine
goldenen Brillen blitzten und alle alten Ehrenjungfern standen
Spalier. Mein Gott, Norwegen ist ein kleines Land, und man
darf von seinen zwei Königen nicht zu viel verlangen. Zudem ist, was ich hier erzählte, längst Legende.

DER BLEI. Ist ein Süßwasserfisch, der sich geschmeidig
in allen frischen Wassern tummelt und seinen Namen —
mhd. blî, ahd. blîo = licht, klar — von der außerordentlich glatten und dünnen Haut trägt, durch welche die jeweilige Nahrung mit ihrer Farbe deutlich sichtbar wird.
Man kann so immer sehen, was der Blei gerade gegessen
hat, und ist des Fraßes Farbe lebhaft, so wird der Blei
ganz unsichtbar und nur die Farbe bleibt zu sehen. Unser
Fisch ißt sehr mannigfaltig, aber gewählt, weshalb er auch,
in Analogie zu jenem Schweine, der Trüffelfisch genannt
wird wegen seiner Fähigkeit, Leckerbissen aufzuspüren.
Gefangen und in einen Pokal gesteckt dient er oft Damen-
boudoirs als Zimmerschmuck und macht da, weil er sich
langweilt, zur Beschauerin nicht ganz einwandfreie Kunststücke mit Flossen und Schwänzchen. Aber es ist dies
wahrhaft ein Mißbrauch mit dem die Freiheit liebenden
Fisch zu nennen, welcher der Jagd nach seinem Belieben
entzogen und gefüttert eingeht. Eine merkwürdige Freundschaft unterhält der Blei mit dem Kartäuserkrebs ebenso
wie mit dem Rothecht, aber über die Natur dieser Freundschaft ist man noch nicht genügend im Klaren, als daß
hier gewissenhafter Bericht möglich wäre. Zumal der echte

Kartäuserkrebs sehr selten ist und über die Lebensweise des Rothechtes die unsinnigsten Fabeln im Umlaufe sind.

BLEIBTREU. In den grauen Zeiten Anfang der achtziger Jahre des vorigen Jahrhunderts tobte im Berlinischen ein Krieg um die moralische Anerkennung der intimeren Beziehungen zu den Kellnerinnen. Nun, man hat schon um weniger bedeutende Sachen Krieg geführt, 1914—18 z. B. Jener heißt in der Geschichte der erste Naturalistenkrieg. Die Namen der Krieger sind vergessen. Aber in irgendeinem Zeughaus von Großlichterfelde gibt es so was wie Waffen jener Helden. Eine hölzerne Kanone trägt den Namen „Bleibtreu", wie ihn wohl neckisch, aber voll trüber Ahnung eine der weißbierschenkenden Helenen dem harmlosen Blasrohr gab.

ERNST BLOCH ist der chaldäische Name für die Beziehung des Beziehungslosen. Das Sternbild des Herkules, eine bayrische Weißwurst und ein jüdischer Witz haben einen gemeinsamen Schnittpunkt, den man Ernst Bloch nennt. Die Ebene ist nicht bestimmbar, man weiß nicht, ob auf, über oder unter dem Tisch.

DAS BONSELS. Der zuverlässige Zoologe Reiser hat sich besonders mit diesem Tiere beschäftigt, das er mir also beschreibt: englische, sehr bewegliche Windhundrasse, die nur männlich, aber mit starken weiblichen Merkmalen behaftet vorkommt. Daher liebt es das Bonsels, auch außerhalb der läufigen Zeit nach weiblichen Hunden zu jagen, um dadurch die Männlichkeit seines Geschlechts auffälliger zu machen. Da sich aber alle echten weiblichen Tiere von der Zwitterhaftigkeit des Bonsels abgestoßen fühlen, so gesellen sich ihm nur solche Hündinnen, deren weibliches Geschlecht ebenso fragwürdig ist wie sein männliches, wodurch wieder sein Verhalten illusorisch wird. Dem ölig glatten Fell entspricht ebensolche Gangart. Elsterhafte Vorliebe für glänzende Gegenstände. Sehr eifersüchtig auf fremde Eindringlinge im Salon, wo es sehr beliebt ist. Die Gattung wird wegen starker Blutleere nicht alt.

DER BORCHARDT. Ist ein sehr sporadisch vorkommender, immer allein und hoch fliegender schöngefiederter Vogel aus der Gattung der Edelfasane. Er zeigt nur in der Höhe sein über alle Maßen kostbares Gefieder, im Busche kriechend weiß er es so geschickt zu verbergen, daß man nur die graue Unterseite seines Federschmuckes sieht, was Beobachter, welche den Borchardt im Fluge nicht gesehen haben, sondern nur manchmal im Buschwerk, zu der Behauptung veranlaßte, der Borchardt sei grau und nicht so prächtig. Es gehören aber klare und scharfe Augen dazu, ihn in der Höhe zu sehen. Auch das solitäre Vorkommen des Borchardts haben einige bestritten und behauptet, er sei ein Gefolgsvogel der George. Doch stimmt dieses mit nichten. Denn daß der Borchardt zuweilen hoch über den George hinfliegt, darin kann Gefolgschaft nicht gesehen werden. Darin ganz unähnlich den Fasanen ist des Borchardts Schrei von prächtigem Klange und fast ein Gesang zu nennen, in dem manche vieler Singvögel Singweise zu entdecken meinen. Aber die wenigen, die sich ohrbegabt genauer mit dem Gesang des Borchardts befaßt haben, sprechen, er habe eine ihm durchaus eigene Melodie, nur singe er viel zu selten, als daß man sie sich merken könne.

PAUL BOURGET. In der grünenden Jugend versprach eine ungemein mondän gebügelte Hosenfalte, was ihr Inhalt auch hielt. Für kurze Zeit. Dann gab's eine lange Zeit nur mehr mondän gebügelte Hose in allen Salons, wo man seit Generationen weiß, daß es Schenkel und Wade nicht gibt, sondern nur Hosenfalte. Ganz zuletzt und kurz vor dem unvermeidlichen Knick auch der besten Hose verwandelte sich dieses Schneiderkunststück wie immer in Frankreich in einen Palmenfrack und kam in das Depot Akademie.

DAS BROD. Oder auch Maxbrod genannt ist ein neuerdings viel in jüdischen Tempeln gehaltenes Haustier. Es ist harmlos und nimmt, auch wenn es gereizt wird, das Futter aus der Hand. Woraus man eben auf seine Eignung zu einem religiösen Tier geschlossen hat. Einige wollen voraussagen, daß das Maxbrod noch einmal die Verehrung genießen werde wie das Buber, das bekannte heilige Tier der Juden. Doch fehlt dazu dem kleinen, gar nicht stattlichen Maxbrod das Format, so große Mühe es sich dazu auch gibt. Vergleichsweise gesprochen: das Format der Gartenlaube wird nicht dadurch größer, daß ich den heftenden Bindfaden durchschneide und den Bogen auseinanderfalte. Vergleichsweise gesprochen.

$$\text{BŘEZINA} = 2 \times 2 = \tau\left(\frac{d\sigma}{d\tau}\right)_0 + \frac{\tau^2}{2}\left(\frac{d^2\sigma}{d\tau^2}\right)_0 + \cdots$$
$$(d\sigma_1 + d\sigma_2) = 4.$$

DER BROWNING. So hieß der Riese, dessen eines Bein weit kürzer war als das andere. Das machte seinen Gang exzentrisch, um so mehr, als er wie ein echter Engländer, der er war, immer nur seiner Nase nach ging. Gar nicht wie der Zwerg Tennyson mit dem einen einzigen Riesenbein, der sich immer ernst nahm, sondern der sich eigensinnig nahm wie er war.

DER BURTE. Das ist ein Schwarzwaldhirsch und leidenschaftlicher Alleingänger. Er trägt sein vielendiges, an manchen Stellen etwas verhakenkreuztes Geweih mit großem Stolze. Seine Kraft imponiert ihm außerordentlich. Seine Stimme ist so stark, daß sie siebenmal ihr eigenes Echo machen kann.

DAS CHESTERTON bedient sich nur unbeobachtet seiner Beine, vor andern nie. Öffentlich geht es immer auf dem Kopfe und hat es darin zu einer Virtuosität gebracht, welche ihm erlaubt, jede beliebige Gangart auf dem Kopfe zu gehen: das Chesterton kann schlendern, schreiten, torkeln, taumeln, marschieren, hüpfen, springen, laufen, alles auf dem Kopfe. Zum Schrecken der Gläubigen liebt das Chesterton, la tête terrible, diese seine Virtuosität besonders in Kirchen während des Gottesdienstes zu zeigen. Es hält sein Auf·dem-Kopfgehen für den unwiderleglichsten Beweis für das Dasein Gottes.

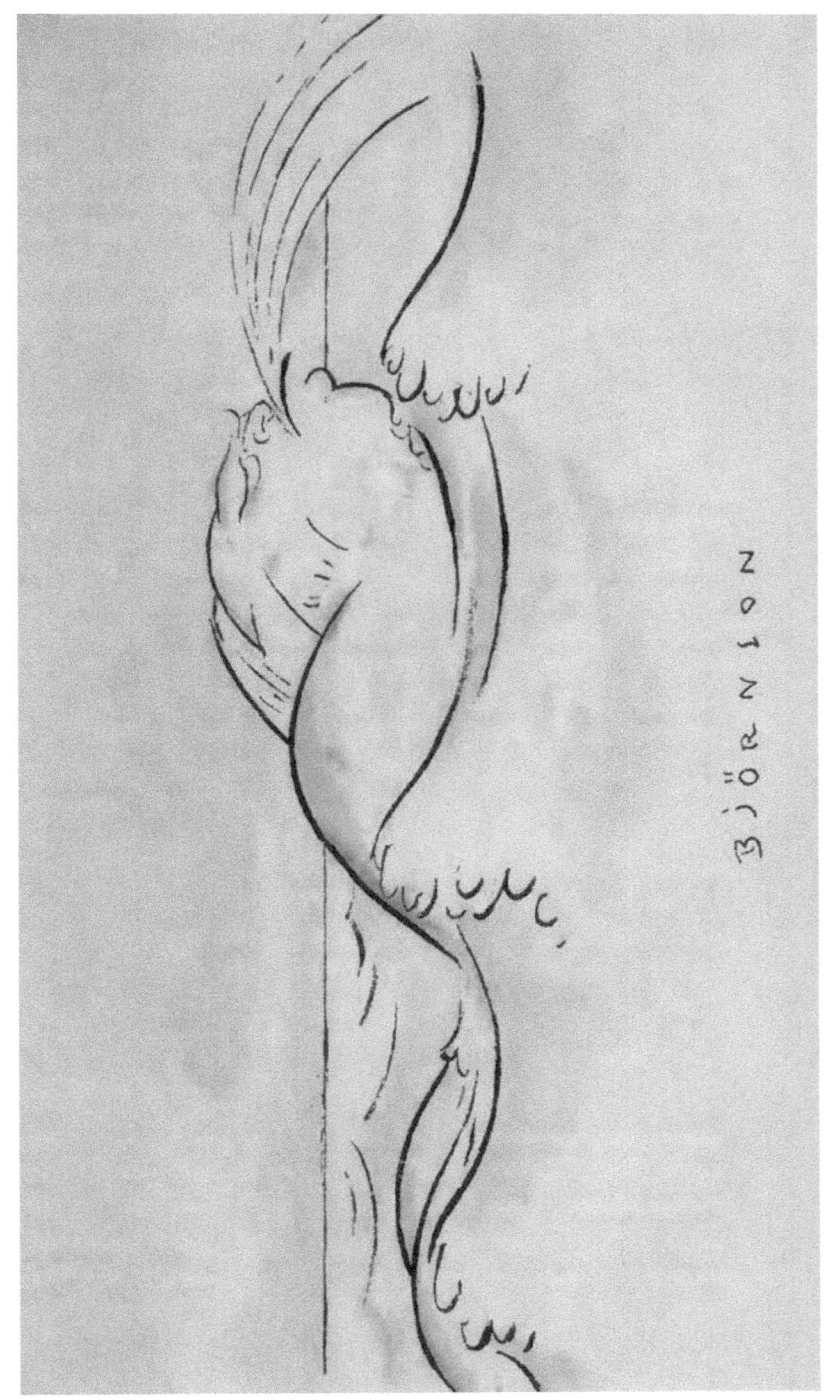

BJÖRNSON

CABELL. Das ist der sieghaft-trunkene Schrei eines amerikanischen Zauberpferdes auf der Prärie unendlicher Seele und horizontweiten Denkens. Wie aus stählernem Silber ist dieses federnde Pferd, sein Schrei ein Lachen. Vielleicht ist es der Kentaur, vor zwei Jahrtausenden über den Ozean geschwommen und dort ans Land gestiegen, wo die Häuser hoch wie Wälder stehen. Wo der Große Pan als Whitman auferstand, da — ja, Cabell ist der Kentaur.

CLAUDEL. Er hat einige religiöse Stücke geschrieben, um damit zu beweisen, daß es Gott nicht gibt. Er bekam dafür von einer republikanischen Regierung das Kreuz der Ehrenlegion. Er trägt es wie Jesus Christus das seine.

DAS CONRAD. Das Conrad gehört, da längst ausgestorben und nur mehr in ein paar Knochenresten vorhanden, schon in die Paläontologie. Der in München gezeigte museale Rest bestätigt die Annahme, daß es sich um einen stark mikrokephalen Zwergstier handelt, dem eine wollige flachsgelbe Mähne auffallend um die Ohren stand. Aus seinen Hörnern machten, wie Funde beweisen, deutschnationale Vereine gerne Trinkhörner, die sich aber als unbrauchbar bewiesen, denn sie brachten das in sie Hineingegossene in leeres Schäumen.

KORRODY. Das ist der Name des distinguiertesten Zoologen der schweizerischen literarischen Fauna. Sehr elegant hält er sich oft bei seinen Untersuchungen sein Spitzentaschentuch vor die Nase. Dieses zeigt über dem Monogramm etwas wie eine Krone. Er trägt ein Einglas, aber seiner Landsleute wegen nur des Nachts im Schlaf.

DIE COURTHSMAHLER. Ist eine Laus, die in der Sekunde eine Million Eier legt. Sie tut das am liebsten in Kinobuden, wo sie am sichersten ist, die Ausbrütung und Ernährung ihrer zahlreichen Eier zu finden. In Warenhäusern streichen sich ältere Ladnerinnen die Eier der Courthsmahler als Kaviarersatz aufs Brot.

CHAMBERLAIN ist der Name eines englischen Präparates, das, eingenommen, rasche Verblödung bewirkt. England hatte seine Ausfuhr mit hohen Prämien bedacht und erreichte damit, daß die gesamte Produktion nach Deutschland kam. Darauf fing England frohen Mutes den Krieg mit diesem Lande an, sicher, ihn zu gewinnen. Und es hat Recht behalten. Die Wirkung des genossenen Chamberlains ist so stark, daß sie jahrzehntelang vorhält.

DAS DAUTHENDEY heißt jene scharmante Erfindung, welche die Farben des Sonnenspektrums zum Tönen bringt. Man hat sie auch das singende Sonnenspektrum genannt. Einige wollten behaupten, man habe damit die Musik der Sphären eingefangen.

DIE DÄUBLER. Sie ist eine mächtige Qualle, welche in der Adria lebt und vornehmlich silbergrau ist. Doch vermag sie auch andere Farben hervorzurufen. Das System ihrer Gedärmfäden ist außerordentlich verwickelt. Oft kennt sie sich selber darin nicht aus, und verwickelt sich, im Bemühen, sich zu entwickeln, noch mehr. Wobei sie immer die Fähigkeit des Farbenspieles verliert.

DEHMEL. Frühzeitig beschloß er, seine Sämtlichen Werke zu verfassen. Er überblickte die Zeitlage und seine eigenen Bestände. Mit Mädchen, Wein, forsch sah er seinen ältern Freund Liliencron den saloppen Versetrab Heinescher Beiläufigkeit reiten. Das schien leicht, und war es. Heine, Weine, das Weibliche besaß man. Dazu war man eines Försters Sohn, und der deutsche Wald gab einem keine Rätsel auf. Die Zeitlage war sozial. Das nahm man mit. Und nun konnte es losgehn. Der Gesamtaufstieg der neuen Literatur manifestierte sich, und daß man damit mitstieg schien selbstverständlich. Es ging ja so natürlich zu. Zumal mancher Vers gelang. Da gab es im Gewissen Dehmels einen Knax. Er sah, daß Liliencrons schlendriger Ritt direkt in den Bierbaum führte, der auch schon da war. Und Dehmel bog ins Problematische ab, ein Dichtziel für sich zu suchen. Er schulmeisterte sich. Aber die dichterische Substanz war nicht groß und bedeutend genug, sich gegen den Schulmeister zu behaupten. Dehmel begann zu schwitzen. Er reimte und versifizierte Gott und die Welt: die beiden aber blieben hartnäckig draußen. Er dachte mehr, als er sich seinem Talente nach erlauben konnte, dessen kleines Herz davon die Sklerose bekam.

DER DÖBLIN. Dieses ist der Name eines vortrefflich und stark gebauten Tieres, das fest auf seinen vier Beinen steht und schreitet. Es hat irgendwann einmal in seiner Lebenszeit, und man weiß nicht weshalb, eine immer nur kurzdauernde seltsame Gewohnheit, nämlich auf seiner linken Vorderpfote zu stehen und die Welt verkehrt durch seine Hinterbeine zu begucken, wodurch sie ihm, ob sie nun wirklich so ist oder nur wegen der Nähe eines bestimmten Organes unseres Tieres, recht dreckig erscheint. Aber unser Döblin gibt diesen Gang auf der linken Pfote bald als doch nicht seiner Art entsprechend auf, und sieht man ihn dann wieder mit Vergnügen seinen guten straffen eigensinnig geraden Weg gehen; ein starkes, ausdauerndes, vortreffliches Tier.

DAS DRÖHM. Das früher von seinem Entdecker Dr. Spengler ***, dann Dröhm genannte winzige Tier fand sein Entdecker im Blech, mit dem er sich gerade beschäftigte. Der Professor behauptete, es entdeckt zu haben. Aber es ergaben mikroskopische Untersuchungen, daß, was Spengler für ein selbständiges Lebewesen hielt, nur des Professors Fingerspuren auf eben dem Bleche waren. An des Spenglers Fingern haftete etwas Druckerschwärze von dreitausend gelesenen Gedichtebüchern. Was man erst für ein Tier halten konnte, dann für einen Blechpilz ansah, klärte sich auf. Nur sein Entdecker, der zu seinem Tier ein viele hundert Seiten langes Vorwort genannt „Der Untergang des Abendlandes" geschrieben hat, hält an seiner Entdeckung und am Tiercharakter des Dröhms fest.

DAS EDSCHMID. Ein erst kürzlich vom Träger selber entdeckter Parasit auf dem Sternheim, das sehr stolz darauf

ist, es im struggle for life bis zu einem Schmarotzertierchen
gebracht zu haben. Doch bestreitet der Frankfurter Ama-
teurzoologe Dr. H. Simon den parasitären Charakter des Edschmids unter Berufung auf des Tieres große Lebhaftig-
keit, welche es zeigt, sowie man es auf Gelatine setzt, die
beim Edschmide aus Papiermasse und Druckerschwärze
hergestellt sein muß. Jedenfalls hat das Edschmid weder
Beine noch Augen, weshalb es sich in rasenden Drehungen
weiterbewegt ohne den Schwindel zu bekommen. Von der
Wirkung auf die Ursache übertragend, hat man das Edschmid auch das Geschwindel- oder kürzer Schwindel-
tierchen genannt.

DER EINSTEIN. Das ist eine kometarische Angelegenheit,
insofern der Einstein ein Schwanz- oder Irrstern des metaphysischen Himmels ist, aus dem er zuweilen, auf nicht
erklärbare Weise, da seine Bahn nicht berechenbar, in die
Erdatmosphäre abirrt, hier zum Glühen kommt und zum
Sprühen und Spucken. Sein also irdisches Auftauchen ist
katastrophal für bürgerliche Hirne, deren breiige Substanz
bei Einsteins größter Erdnähe vor Wut zum Kochen kommt.
Worauf der Einstein wieder seine metaphysische Laufbahn
fortsetzt, von der nicht einmal sein schärfster Beobachter
Rowohlt weiß, wie sie verläuft.

DAS EHRENSTEIN ist ein um eine ganz schiefe Achse ge-
legtes Tier, das von der einen Seite, wo es einen Flügel hat,
einem Vogel gleicht, der es nicht ist, von der andern, wo
es eine Tatze hat, einem Wolfe, der es auch nicht ist.
Wie zum Hohne über seinen einseitigen Flügel liebt das
Ehrenstein, diesen Flügel im Dreck zu schleifen. Dann aber
wieder breitet es ihn zu großer Überraschung aus und man
sieht, daß es ein Flügel voller Schwungfedern ist.

DER ELOESSER. Er gehört zur Familie der Kopffüßler,
jener überall gleich heimischen Tierart, die mit Hilfe ihres
Kopfes in der Advokatur ebenso gut vorwärts kommt wie
in der Literatur. In letzterem Falle entsteht durch eine

metaphysische Senkung des Mittelfußknochens der sogenannte Plattkopf.

DER PAULERNST. So heißt eine hartnäckige Bandwurm-
art, die dem bekannten längst toten Friedrich Hebbel
noch immer abgeht. Die Stücke unseres Bandwurmes sind
ganz harmlos, trotzdem empfindet der Mensch, gewahrt
er zufällig eines, ein Grauen unbegreiflicher Art davor, das
sich in Gähnkrämpfen äußert. Um die völlige Harmlosigkeit dieser Stücke zu zeigen, hat sie der bekannte Münchner
Zoologe Georg Müller gesammelt. Aber er konnte auch
dadurch die Menschen nicht von ihrem Irrwahne abbringen.
Vielleicht gelingt dies erst, wenn die Sammlung aller Stücke
dieses Paulernstes vorliegt, was aber noch lange nicht der
Fall sein dürfte, denn unser Paulernst ist ein außerordentlich
langer Bandwurm.

ESSIG. Das wurde am Ende aus einem gut duftenden
kleinen schwäbischen Landwein, als die Flasche unge-
trunken, aber offen, zu lange auf einem Berliner Schank-
tisch der Kaschemme „zum Sturm" stand.

DAS EULENBERG. Das Eulenberg ist ein Pechvogel aus
der Familie der Käuzchen. Es baute sein kunstvolles Nest
in den Trümmern von Barock- oder Rokoko- oder Bieder-
meierpalästen oder sonstigen Schlössern. Es hat aber, da
man es da immer aufstöberte und verjagte, auf solchen
Nestbau verzichtet und lebt seitdem im Riß von anderer
Schatten. Man gönnt ihm diesen Platz, wenn es auch keiner
an der Sonne ist, und nimmt es auch hin, daß es zuweilen
seinen Ruhplatz in einem fremden Schattenriß auf abscheu-
liche Weise verunreinigt.

EUCKEN. Dieses rätselhafte Wort findet man in alle Kuh-
glocken des deutschen Ideal-Idealismus graviert. Das Läuten
der so gravierten Glocken ist am hohlen schönen Klang
erkenntlich. Die damit geschmückten Tiere sind, in der
österreichischen Metzgermundart gesprochen, Beinlvieh. Das
heißt sehr mager und zu Braten gar nicht gesucht.

DAS EWERS. Eine kleine Hunderasse harmloser Erscheinung, dem ein launiges Naturspiel ein Bauchfell gegeben hat, das Nicht-Kenner für Leopardenfell halten können. Jede Berliner Nutte wünscht sich, wie man weiß, zu ihrem dreizehnten Geburtstag ein Ewers an die Leine für die Tauentzienstraße, und bekommt es auch ganz nahe bei, wo das KDW immer einen großen Vorrat auf Lager hält. Mehr ist darüber nicht zu sagen.

DIE FACKELKRAUS. Die Fackelkraus hat eine Anti-Natur, weil sie aus dem Kote dessen geboren ist, den sie vernichten will. Sie ist stets wutgeschwollen wegen ihrer unreinen Geburt. Ausgezeichnet ist sie durch ihre Fähigkeit, die Stimmen der Menschen nachzuahmen. Sie tut solches auf verschiedene Art. Sie ahmt die Stimmen von Propheten und Dichtern nach, um ihnen zu gleichen und mit ihnen verwechselt zu werden. Die Stimmen anderer Menschen hinwieder, um sie zu verhöhnen und zu vernichten. Bevor das Wedekind ausstarb, war die Fackelkraus dessen Freundin und stellte sich auf das erhöhte Podium, wenn das Wedekind sich begattete oder sonst sekretierte. Die Fackelkraus äußerte dann immer lauten Beifall, damit man sie höre. Sie gerät in großen Zorn und wird äußerst boshaft bis zur Giftigkeit, wenn sie meint, daß man andere höre. Um zu verhindern, daß andere gehört werden, gebraucht sie zwei Mittel: das eine ist, daß die Fackelkraus diese andern lobt, das andere, daß sie sie verhöhnt. Beides tut sie mit überschreiender Fistelstimme, damit man sie hört. Die Fackelkraus hat nämlich keine Natur, sondern sie ist nichts als Stimme und lebt infolgedessen nur so lange, als man sie hört. Da sie das weiß und den Tod fürchtet, wie jedes Lebewesen, hat sie ihre Stimme kunstvoll geübt auf Gehörtwerden. In der Wut wird die Stimme der Fackelkraus oft besonders kunstvoll, weil sie aus Angst, man würde sie sonst nicht hören, mit immer neuen Stimmen schreit. Sieht sie dann, daß man sie hört, so ist sie sehr stolz und wiederholt alles, was man über sie gesagt hat, noch einmal.

Dann kann man eine Stimme bei ihr hören, die sie sonst nicht zeigt, da sie in solchen Augenblicken ihre Angst vergißt. Der Atem der Fackelkraus ist häßlich zu riechen, weil sie aus dem Kot ihrer Feinde geboren ist. Weil sie jedoch ihre Feinde zu vertilgen meint, wenn sie deren Exkrement vertilgt, so frißt sie zornig ungeheure Mengen davon. Darum ist die Fackelkraus ein nützliches Tier, wenn es auch in ihrer Nähe nur aushält, wer ohne Geruchsinn geboren ist. Hier kann der Mensch Gottes Weisheit bewundern, der den meisten Tieren nur eine Stimme gab, weil sie nur eine Natur haben. Die Fackelkraus aber hat keine Natur, sondern eine Anti-Natur, dafür hat sie aber zahllose verschiedene Stimmen. Wegen der Stimmen hören manche auf sie, und diesem Umstande, daß sie von manchen gehört wird, verdankt sie ihr Leben und kann große Mengen von dem Exkrement vertilgen, aus dem sie geboren ist.

DAS FLAKE im Kleinen Bestiarium war ein Irrtum, wie die folgende Mitteilung des Flakes beweist: „Lieber Steinhövel, aus dem neuen Bestiarium: Peregrin Steinhövel, ein Esel, von dem man naturgemäß nur Eselsfußtritte erwarten kann. Gar nicht ergebenst Flake." Das Flake wäre demnach ein Löwe. Aber ein toter. Lieber, gescheuter Flake!

DER FONTANA. Inmitten einer Fauna, deren Regel die schwächliche Absonderheit ist, macht ein so gut und gerade gewachsenes Tier wie der an den Quellen des Lebens äsende Fontana leicht einen ungewöhnlichen Eindruck statt des starken, der ihm zugehört. Gute Witterung und scharfes Geäug sind dem Fontana eigentümlich.

DER FRANK. Der Frank ist ein Schaltier ohne Schale, trotzdem es in einer so derben Umgebung lebt, daß sein sehr weicher, empfindlicher Leib sehr wohl einer Schale bedürfte. Diese Weichheit erstreckt sich bis auf des Franks Gemüt und erlaubt es ihm nicht, daß er sich, wozu er imstande wäre, eine feste Schale durch Ausschwitzung von harter Substanz bilde. Alles was der Frank vermag, ist, mit lieben Augen die ihn tretende und stoßende Umgebung anzuflehen, daß sie doch so gut sein möge wie sie sei. Man muß glauben, es habe hier dem Herrn gefallen, einen Sankt Franziskus des Tierreiches zu erschaffen.

DAS FRIEDRICH-WILHELM-FÖRSTER. Das Friedrich-Wilhelm-Förster ist ein Tier, das sich am liebsten ungeschlechtlich fortpflanzen möchte. Es hat deshalb sein Hauptaufenthaltsgebiet in die Ethik verlegt. Dort nährt es sich von den Wurzeln des christlichen Glaubens. Es ist sehr sozial und liebt das Gute. Es hat nur einen einzigen Feind, gegen den es blindwütig anrennt, das ist das Bessere. Es sieht genau so aus, wie der Mensch in seinen Idealen aussehen möchte. Hilfreich, edel, beharrlich, diszipliniert, rein usw. Im irdischen Jammertal ist er also ein Ideal. In den Gefilden der Ideale ist er aber ein Jammer, ein Nachzügler, der das längst Überholte noch einmal einholt. Sein biotechnischer Typ ist Massenbeförderung; das hat in der Wirklichkeit Vorzüge und im Geist Nachteile. Manchmal kämpft er nur mit dem Weihwedel, manchmal aber mit starken und verläßlichen Schlägen. Er ist alles in allem in einer sehr sympathischen Weise unsympathisch und hat deshalb starken Einfluß auf das deutsche Volk. Daß man ihm eine undeutsche Haltung vorwirft, ist nur eine Meinungsverschiedenheit. Denn es kommt doch nicht darauf an, was man denkt, sondern wie man denkt, und der undeutsche Mensch ist der, welcher auch in ethischen Fragen so tief denkt, wie es der deutsche nur in wissenschaftlichen tut. Diesen Vorwurf läßt sich das Friedrich-Wilhelm-Förster aber nicht machen.

DER FREUD. Siehe: Zur ideologischen Morphologie. S. 97.

FRANCE. So heißt ein immer schon alter geistvoller und scharmanter Herr in Paris, berühmt durch eine Bibliothek voller Wunder. Seit vierzig Jahren pflegt er jedes Jahr seine Bibliothek zu ordnen, wobei er mit seiner spirituellen Nase in den Büchern schmökert. Und das Ergebnis des Ordnens und Schmökerns ist immer ein Buch. Und weil er

DIE DÄUBLER

ein ganz alter, guter, lieber, mokanter Franzose ist, widmet er jedes Buch dem Andenken Voltaires.

DAS FRIEDELL. Nicht zu verwechseln mit dem Frettchen, da eher verwandt mit dem archaischen Enu, einem Megatherium aus der Vielsaufgruppe. Nährt sich vornehmlich von Chesterton, Kierkegaard, Shaw, Hegel, Nietzsche und anderm Kraut. Verdaut vorzüglich mit dem großen Kopfe; die dabei ausgestoßenen Geräusche sind weithin gefürchtet als Humor.

DIE GEORGE. Die George, auch die große George genannt, ist ein hochbeiniger Watvogel, der durch die außerordentlich schöne Proportion seiner Glieder wie auch durch seine Größe weit über seine Genossen im Wasser hinausragt, die es ihm mit Strecken und Recken ihrer kurzen mißgeformten Glieder gleichtun wollen zum großen Vergnügen der zuschauenden Kinder. Aber die George nimmt solches Stelzen der andern lächelnd hin, weil es ihr ihre Einzigartigkeit und Mustergültigkeit beweist. Die George hat Töne, die sie nur im Gehen von sich gibt, und es bekommen diese vom wohlgeordneten Spiel der Glieder eine gefällige Rhythmik. Das Gesicht der George ist von geringem Umfang und wird von ihren Beinen beherrscht, insofern ihr Sehen darüber nicht hinausgeht. Ihr subtiler Organismus macht sie Krankheiten geneigt, die leicht chronisch, aber nicht gefährlich werden. So ist die George dauernd mit der leichten Indisposition einer Wolfskehl behaftet. Den Schmitz, den sie einmal am Bein hatte, hat sie rasch überwunden. Einen irritierenden Gerardy ist sie aber so wenig los geworden wie an ihrer linken Pfote einen Gundelfinger, der sich da breit macht.

GIDE, ANDRÉ ist ein zartgebauter Schüler des Port Royal, aus ihm entsprungen und seitdem — es ist leicht, aus einer Stadt zu entfliehen, aber schwer, dann die rechte Straße zu finden — seitdem müht sich dieses vom Port Royal sublimierte Gewissen um Weg und Wege zwischen Genf und Paris, Rom und Moskau. Es flüchtet bisweilen erschöpft in Gärten, vergeblich von Blumen derbe Früchte dieser Erde erwartend. Oder es eilt ins Parisische und trinkt sich ein ganz kleines Voltairesches Schwippschen an. Manchmal auch bleibt es zwischen Paris und Genf in der Provinz liegen. Die Saiten dieser Kunst, eine Zuflucht, sind über eine offene Wunde seiner Seele gespannt; er schlägt sie wie es nur möglich ist: diskret und mit peinlichster Gewissenhaftigkeit.

DIE GODWINTRINE. Eine schöne pusseliche weiße Katze mit chronischen Tintenflecken am Fellchen. Sie kam nämlich auf einem Schreibtisch zur Welt und hält daher dieses Möbelstück für den natürlichsten Aufenthalt der Katzen. Sonst sehr empfindlich gegen alle Unsauberkeit macht sie sich aus den Tintenpatzen gar nichts.

DER VONDERGOLTZ. Die schwarz-weiß gestreifte Raupe ließ einen ähnlichen Schmetterling erwarten. Man riet auf einen Kaisermantel. Aber die Puppe nahm schon ungewöhnliche Form an, zuckte heftig. Der Falter ist weiß mit einem farbigen Schimmer, morgenrötlich. Das Wetter ist noch zu trübe, um aus der zarten Farbe zu deuten, ob eine kleine Aurora oder eine neue Art daraus wird.

GORKI. Ein braver Bursch, den man, Propheten aus Rußland immer vermeinend, als der alte Tolstoi Rückkehr zum Schweinekofen vorschlug, ebenfalls für einen Propheten hielt. Kurzatmiger Nacherzähler des breitbrüstigen Korolenko war und ist er ein braver Bursch.

DAS GÜTERSLOH. Das Gütersloh ist ein Animal, von dem nur feststeht, daß es ewig ante coitum triste: woraus man erkennt, daß es nur in der männlichen Art vorkommt. Im Hinblick auf diese seine zwecklose Virilität hat man es auch das Nönnchen oder den Klostermatz genannt. Das Gütersloh ist eigentlich ein leichter Vogel, fliegt aber so selten, daß man ihn einen ethisch verkommenen Windbeutel nennen kann. Will man ihn zum Fluge zwingen, so soll er, wie einige behaupten, die sogar hören können,

was er singt, anfangen, in rührender Art seine Hemmungen
zu besingen. Diese Vogelsprache eines Flügellahmen, dieser
Ton, der seine eigene Existenz wieder aufhebt —: es ist
zu bezweifeln, ob er auf den Wachsplatten des literarischen
Institutes sich wird festhalten lassen, von einer gebräuchlichen Literatur meinen wir, wo alle, die reden können,
auch reden wollen. Der Klostermatz liebt die Vernunft
über alles. Glaubt aber, sie nicht deutlich genug accen-
tuieren zu können. Daher gilt sein spärlicher Gesang wegen
der allzu großen optischen Nähe des großgeschriebenen
Kleinsten den Meisten bestenfalls als unverständlich,
schlimmstenfalls als pedantisch. Da er überdies kein wasch-
echter Sänger ist, färbt sein prächtiges Gefieder leicht ab,
wodurch das Gerücht entstand, das Gütersloh habe etwas
mit der Malerei zu tun.

HÄCKEL. So heißt der Schwurgott der deutschen Frei-
denker. Denn hier ist wahrhaft der Mensch Gott geworden,
durch nichts als daß er das den Deutschen sagte, was
sich Darwin den Engländern zu sagen gehütet hat: daß
der Mensch vom Affen abstammt. Eine begeisterte deutsche
Menschheit kletterte auf die Stammbäume solcher Erkenntnis und klatschte mit allen vier Beinen Beifall. Nach einigem
Währen dieses Affenspektakels mußte in die Sache ein
Sinn kommen. Und da erfand der Menschenaffe das ihm
nächstliegende, den Monismus. Und weil solches sich in
protestantischen Ländern vollzog, stellten sich auch alsbald
die monistischen Sonntagsprediger ein — natürlich aus dem
Lande Sachsen. Die Monisten erkennen sich untereinander
am deutlich getragenen Stammbaum.

DIE HALBE. Die Halbe ist, was man in ihrer Jugend noch
nicht erkennt, ein letzter Wurf der Marlittziege kurz vor
ihrem Tode und daher ist die Halbe wenig lebensfähig.
Bei zunehmenden Jahren der Halbe kommt die Mutter
immer mehr zum Vorschein, die von so robuster Konstitution war, daß sie ihrem letzten Sprößling noch das wenige
Leben schenken konnte, das er besitzt.

DAS HAMSUN, die schönste der lebenden Echsen, ein Naturspielwerk. Obwohl von Größe der Alligatoren und scheinbarer Unbeholfenheit der Glieder, brütend im Zustand versonnener Ruhe, ist es doch von einer geradezu absurden und unwahrscheinlichen Behendigkeit. Sehr scheu wohnt es verschlüpft im Gefels. Gesehen hat es eigentlich nur ein einziger Forscher, wie man sagt, und zwar bei Sprengung eines Steinbruchs, wo sich das Hamsun mitten im Pulverdampf aufrichtete. Daraus entstand wohl die Mär, es sei im Grunde ein schlichter, biederer Geometer mit genial gestörten, beinahe weiblichen Launen. Aber dies dürfte eine Großstadterfindung sein. Das Hamsun ist nicht einmal durch den Nobelpreis aus seiner Höhle zu locken. Es leidet etwas an seinem großen Maule, einem Organ, das bei Amphibien, die in mehreren Elementen, aber auf jeden Fall im Element leben, immer rachenähnlich ausgebildet ist. Da das Hamsun nun scheu, bescheiden und demütig ist, verargt es sich dies wie auch sein großes Maul sehr. Denn seine Schönheit läßt sich oft nicht verleugnen, und es nimmt oft den Rachen dagegen voll.

DIE HANDELMAZETTE. Die Handelmazette ist ein ausgezeichnet erhaltenes Paradepferd aus dem Hofstall des Kaisers Ferdinand des Andern. Sie hat den 30jährigen Krieg als junge Schimmelstute auf der katholischen Seite mitgemacht, ließ sich einmal von den Schweden fangen, was ihr kaiserlicher Herr, zu dem sie zurückkehrte, ihr etwas übel nahm. Heute, in hohem Alter, trägt die Handelmazette immer noch Heerpauken wie ein Junges durch die längsten Prozessionen. Unter dem letzten österreichischen Kaiser trug sie dessen Kinder auf ihrem Rücken manchmal in den Prater. Aber das stand der alten Schlachtstute so wenig, daß die Passanten sie ob dieser Kindischkeit belächelten. Aber die gegen heutiges Licht etwas erblindete Handelmazette merkte es nicht.

DER HARDEKOPF. Dieses Käuzchen wird nur bei Nacht sichtbar, doch schläft es auch nicht bei Tage, denn es schläft überhaupt nicht. Das Hardekopf ist immer nur etwas müde, nie schläfrig. Es verbreitet einen leicht phosphoreszierenden Schein. Vielleicht verwest es. Es ist den seltsamen Käuzchen zuzurechnen.

DER HARDEN. Dieser Specht hat die Manie, bedrucktes Zeitungspapier in sein Nest zu schleppen und es derart damit auszustopfen, daß er selber gar nicht mehr darin hausen kann. Er muß daher immer neue Nester machen, die alsbald wieder mit Papier gefüllt sind. Auch hohle Bäume stopft er auf diese Weise aus, damit sie nicht in den Himmel wachsen.

DER ERNSTHARDT. Der Ernsthardt ist aus der Familie der Spatzen, die wir alle kennen. Ihn zeichnet nur die seltsame Gewohnheit aus, daß er es einem Kolibri gleichmacht, insofern als er, was er dank seiner Kleinheit auch leicht vermag, in große Blütenkelche eintaucht, um hier so zu tun, als suche und fände er darin sein Futter. Er kommt vom Blütenstaub ganz bestäubt und betäubt zum Vorschein, so daß er immer eine Weile taumelt, was einen sehr komischen Anblick gewährt. In ungebildeten Kreisen hielt man den Fliegenfänger manchmal für einen wirklichen Kolibri, aber man wurde rasch belehrt, daß die Landschaft des deutschen Mittelgebirges, in welcher der Ernsthardt lebt, das Vor- und Fortkommen eines echten Kolibris ganz ausschließe. Heute weiß jedermann über die Spatzennatur des Ernsthardts Bescheid.

DAS HASENCLEVER. Weil sie clever wie ein Hase ist, hat man eine stark überzüchtete Windhundrasse so genannt. Das Hasenclever besteht zu Zeiten nur aus Nase und Wedel, das andere ist alles Wind. Das bedauernswerte Tier kommt dann immer in die fatale Lage, nicht mehr sein Vorne und sein Hinten zu unterscheiden, so daß es mit dem Schweiferl riecht und mit der Nase wedelt. Es ist zum Erbarmen. Wenn es auf die immer alerte cleverness verzichtete, könnte vielleicht noch ein guter richtiger Hund aus ihm werden.

HATVANY. So heißt der antiphilologische Philologe, der sämtliche neueren ungarischen Literatiere, wenn nicht erfunden, so auf dem Gewissen hat. Er stehe also hier als das Totum pro partibus. Das von ihm erfundene Ungarn rächte sich an seinem Erfinder damit, daß es ihn verbannte. Der Hatvany aber staunt im Auslande über solche Stärke seiner Schemen.

DAS GEHAUPTMANN. Das Gehauptmann ist der umfangreichste Vierfüßler der deutschen Fauna, bei außerordentlich kleinem Kopf, der mit zunehmendem Alter immer kleiner wird, dafür wächst der Leib immer mehr. Die ursprüngliche Form dieses Leibes ist nicht mehr zu erkennen. Es bleibt erstaunlich, daß vier Füße alle diese Buckel, Wülste, Täler, Auswüchse, Beulen, Geschwülste tragen können. An manchen Stellen dieses Leibes wachsen kleine Federn, an andern wieder Haare, an dritten liegt die Haut ganz bloß, an vierten ist sie eingestürzt oder zu Stein geworden. Die Unförmigkeit unseres Tieres erklärt es wohl, daß sich auf einige Stellen seines Leibes ganze Schichten von Schutt gehäuft haben, die es geduldig trägt, ebenso wie auf andern Stellen wieder eine kleine Wiese grünt. Ja, an einer Stelle hatte sich eine Zeitlang ein pygmäisches Köhlervolk angesiedelt. Aber das Gehauptmann ist so ungeheuerlich, daß seine Moral gar nicht merkt, was auf ihm vorgeht. Das Gehauptmann ißt nur Vegetabilien in ungeheuren Mengen. Fleischnahrung bekommt ihm schlecht. Sein kleiner Kopf bleibt oft ganz unsichtbar; oft enthält er sich aller Funktionen. Woraus sich auch das ungeheure Leibwachstum und der unsicher schwankende Gang unseres Gehauptmann erklären dürfte.

DAS CEHAUPTMANN. Das Cehauptmann war ein kleinerer Verwandter des Gehauptmann, zeigt aber im übrigen alle dessen Eigenschaften. Um es dem Gehauptmann im Wachstum gleichzutun, hat man beobachtet, daß das Cehauptmann seinen ursprünglich richtig gebildeteu Kopf verstümmelte, woraus man eben schloß, daß des Gehauptmanns Minimal-

kopf Ursache seines macht- und planlosen Körperwachs-
tumes sei. Das Cehauptmann war in den letzten dreißig
Jahren im Aussterben.

HAUSENSTEIN. Wer kennt nicht diesen Namen des schnell-
sten derzeit lebenden Schnelläufers? Hausenstein hat, wie
man weiß, jeden aufgestellten Schnelligkeitsrekord gebrochen.
Er ist unüberlaufen. Sein Wettlauf mit der Zeit steht einzig
da. Er hat, wie man weiß, die Zeit — die absolute nota-
bene — um eine Stunde vierzig Minuten sechseindrittel
Sekunden geschlagen. Sein Laufen war dabei so rasch, daß
die Zuschauer von dem durch den Laufenden erzeugten
Wind umgeworfen wurden.

DER HEIMANN. Der Heimann lebte ehemals freischwim-
mend in den nördlichen Gewässern der Mark, wo er aber
außerordentlich selten mehr gefunden wird, seitdem die
Menschen eine physiologische Eigentümlichkeit des Heimanns entdeckt und ihrem gemeinen Nutzen dienstbar gemacht haben. Der Heimann ist nämlich mit außerordentlich
sensiblen, fast rational arbeitenden Tastfäden ausgestattet,
mit denen er alles Unordentliche in Ordnung bringt, allen
Schmutz beseitigt, alles Vergessene erinnert, alles Verlorene
auffindet usw. Wegen dieser für die Freiheit des Heimanns
so bedauerlichen Fähigkeit wird er in Aquarien als ordnung-
schaffendes, differenzierendes Tier gehalten.

DIE HENNINGS. Herz, das ein Schmerz nicht zu brechen
vermag. Es hat nur einen kleinen Sprung bekommen, aus
dem es Rede gewann wie aus einer Stimmritze. Herz, dem
ein Schmerz ein engelhaftes Lächeln gab, nicht jenes gewisse „unter Tränen", oder sinds schon Tränen, dann
klingeln auch diese, fallen sie, wie silberne Schellen.

DIE HESSE. So wird eine liebliche Waldtaube genannt,
die man aber wild nicht mehr antrifft. Ihrer Zierlichkeit
wegen wurde sie ein beliebter Käfigvogel, der den Beschauer damit ergetzt, daß er im Käfig immer noch Ge-
bärden tut, als wäre er im freien Walde. Er verschafft

dadurch dem ihn haltenden Stadtbewohner die Sensation der Natur, und wird solches erhöht von ganz kleinen Drüsen unserer Hesse, aus denen sie einen Geruch absondert, der leise an Tannenduft erinnert.

HILLE nannte man in Norddeutschland einmal einen weiten Havelock — Hille = Hülle. Er, den wir besonders so benannt finden, war ganz vollgestopft mit Zetteln, beschrieben mit orphischen Zeichen. Man fand diese Hille samt Inhalt einmal steinhart gefroren auf der Landstraße zwischen Berlin und Niederschönhausen.

HILLER. Der Umstand, daß man ihm manchmal aus unbekannten Gründen Tiernamen gab, ließ bei Fernstehenden — und wer steht hier nicht gerne fern? — die Meinung aufkommen, es handle sich um ein Geschöpf der Fauna literarica. Das ist ein Irrtum. Herr Hiller ist ein Berliner Journalist und hat nie ein Hehl daraus gemacht.

DAS HOFMANNSTHAL. Dieses gazellenartige, außerordentlich dünnbeinige, daher nur stolzierende, schönfellige Tier ist Produkt interessanter Kreuzung aus italienischer Windhündin — Züchter d'Annunzio — und englischem Northumberlandhirsch — var. Swinburne —, und sein Zustandekommen war so bestaunt, daß man menschlichem Sprachgebrauch folgend von einem Wunderkind sprach, das es auch eben wegen des Bestauntwerdens sozusagen bis ins mannbare Alter hinein blieb und als welches es auch, und sei es mit achtzig Jahren, stirbt. Das sehr kostbare, zerbrechliche Tier kann nur künstliche Luft atmen, wovon es einen außerordentlich vornehmen Geruch hat. Sein Geschmack ist durch die Fragilität seines gekreuzten Magens so verfeinert, daß es oft monatelang überhaupt nichts frißt, um zarteste Därme nicht in Gefahr der Verstopfung zu bringen, die sein geheimes Leiden ist, das es zu solchen Zeiten von seiner silbernen Terrasse aus mit klagender Stimme in die Schwermut eines Sonntagnachmittags im Juli röhrt. Manchmal äußert das Hofmannsthal gern erfüllten Wunsch nach einer ländlichen Heuwiese, wo

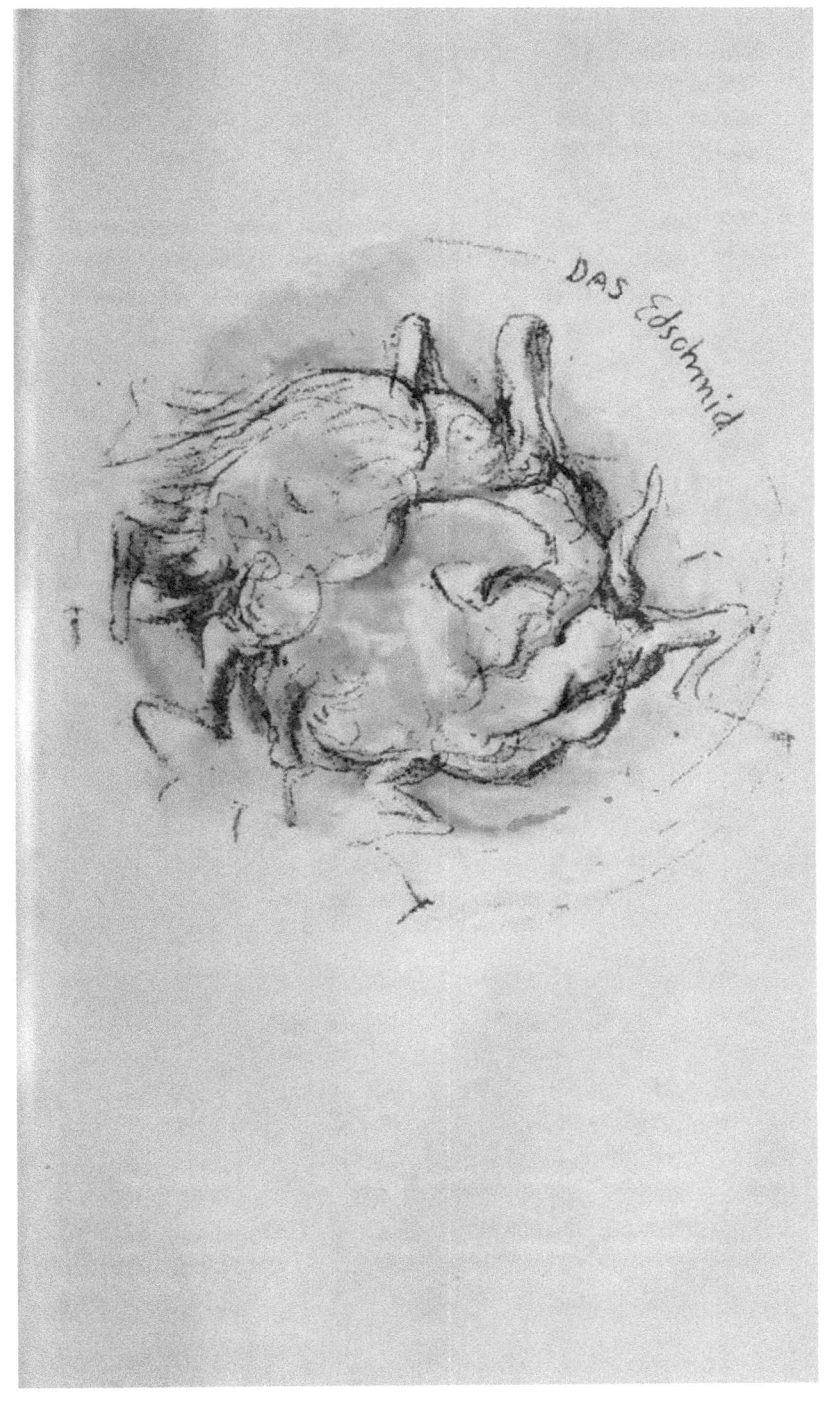

es dann ein paar humorige Sprünge tut, welche alle die es sehen zu Trauer und Tränen rühren, die aber das Hofmannsthal sehr lustig findet, wenn es auch bald davon sehr erschöpft ist. Damen haben seiner oder ihrer Zeit dem hübschen Tiere den Namen Cherubin gegeben und es hört, wenn auch in den Jahren lang darüber hinaus, immer noch darauf, einerseits aus Liebenswürdigkeit, andererseits aus Melancholie. Es ist eines unserer schönsten Tiere.

DER HOLZ. So heißt eine Finkenart. Er zwitschert so lange er jung ist seinen Reim Fink-Flink wie alle Finken. Aber im kritischen Alter wird der Holzfink dessen überdrüssig. Er reißt sich mit einer spaßigen Theorie die Stimmritze seines Fink-Flink durch, und alles was der Fink in der Kehle hat läuft aus. Mit dem Schwänzchen wippt es zu diesem Lautestrom etwas, das wie eine Caesur in der abstrusen Melodie aussieht.

DIE HUCH ist eine Schleiereule. Sie befindet sich am wohlsten im Keller. Ihr Ruf klingt manchmal heyser, manchmal luther, wie ein hier spaßender mittelhochdeutscher Beschreiber sagt, der sein Mittelhochdeutsch eben nur so kennt, wie man's heute auf der Schule gelehrt bekommt.

DER HUYSMANS. Dieser ist ein salamandrisches Wesen. Es verbrannte auch in den Feuern der Hölle nicht, in die es sich stürzte. Sondern erglühte darin wie der Teufel in einer Nonnenzelle.

IBSEN. Als Apothekerlehrling wurde er beim Pillendrehen und Pulverstampfen nachdenklich über die Menschen, welche schluckten was er da herstellte. Und erstaunt darüber, daß sie es schluckten, machte er sich selbständig und verkaufte nach eigenen Rezepten, deren Formulare er von der Pariser Firma Dumas Fils bezog. Die Firma war in der kleinen Stadt gut eingeführt und gewährte dem kleinen Apotheker, der sich selbständig gemacht hatte, Kredit. Die Rohstoffe seiner Heilmittel bezog er mannigfach, insonders aber aus England. Durch zu lange Lagerung seiner Sendungen in dem kleinen fensterlosen Magazin seines nordischen Städtchens wurden die Sachen etwas muffig, was aber gerade den Deutschen schmeckte, an die er eine Zeitlang ausschließlich exportierte. Erst heimlich, dann schon kühner, schließlich sehr ostentativ nahm jede halbwegs miß- oder unverstandene deutsche Frau Nora- oder Heddapillen. Was einen schwedischen Exporteur mit schärfern Pastillen auf die Beine brachte, wodurch die des norwegischen etwas aus der Mode kamen. Der bedachte die Sache in seinem kleinen Laden und kam zum Schlusse: nosce te Ibsen. Und begann, seinen frühern Schwindel aufzudecken.

DER JACOBSOHN. Er ist wie der Kerr und der Harden aus der Familie der Spechte, deren Glieder sich in den Tod nicht leiden können, was mit dem bedauerlichen Verfall der Familie zusammenhängt. Der Jacobsohn ist von ihnen allen der geschickteste in der Unterscheidung voller und tauber Nüsse. Im Verspeisen eines guten Kernes zeigt er weniger Fertigkeit als im Zerschnitzeln eines tauben Gehäuses.

FRANCIS JAMMES: ein bäurisch-simpel, aber zierlich mit Herzen und Rosen bemalter Nachttopf, der in lächelnder Demut und sonnbeschienen auf der Holzgallerie des ländlichen Pfarrhofes steht. Die lawendelduftende, leicht hinkende ältliche Schwester des guten Pfarrers hat in frommer Unschuld und nicht ein bißchen lächelnd weiße Lilien in den Pot de chambre gesteckt. Eine Schwalbe fliegt nah dran vorbei.

DER JOHST. Voll Kraft der Glieder und innerm Feuer trägt dies wohlgebaute Tier, auf leichte Sprünge verzichtend, herzhaft und klug selbstauferlegte Halfter und Zügel. Es sieht Weg und Ziel.

DIE KAFKA. Die Kafka ist eine sehr selten gesehene prachtvolle mondblaue Maus, die kein Fleisch frißt, sondern sich von bittern Kräutern nährt. Ihr Anblick fasziniert, denn sie hat Menschenaugen.

DAS KAISERÄFFCHEN. Der Affe ist wie man weiß ein in der Nachahmung des Menschen sehr geschicktes Tier. Man hat ihn auch deshalb oft vom Menschen abgeleitet, behauptend, der Affe sei ein degenerierter Mensch. Solches haben aber nur Gelehrte aus einem so eingeschränkten Beobachtungsfeld wie den heute lebenden Menschen behauptet. Das Kaiseräffchen übertrifft seine Mitaffen in der Nachahmung des Menschen um ein Bedeutendes. Besonderes Geschick zeigt das Kaiseräffchen in der Nachahmung aller menschlichen Exzentrizitäten und Ungewöhnlichkeiten. Kaum geht so etwas an seinem Käfig vorbei, so kann es das Kaiseräffchen schon zum großen Gaudium der Kinder. Da diese Eigenschaft auch dem Kaiseräffchen viel Vergnügen zu machen scheint, liegt es immer in den Gitterstäben seines Käfigs auf der Lauer und es ist so gar nicht vorhanden. Denn das Kaiseräffchen ist nur da, wenn es nachahmend, also nicht da ist. Das Kaiseräffchen an sich, das reine Kaiseräffchen, gibt es nicht.

DER KASSNER. Der Kassner ist ein Bohrwurm, der die Eigentümlichkeit zeigt, sich selbst zu durchbohren und dabei mit so außerordentlichem Geschick zu Werk geht, daß es ihm nicht schadet. Der Kassner lebt in Büchern sehr verborgen und tritt nur ans Licht, wenn er sich aus ihnen ganz voll, ja fast überfressen hat. Wegen seiner obenerwähnten Eigentümlichkeit wird er in gewissen Zirkeln schöngeistigen Tischrückens gern gezeigt.

KELLER. Diese deutsch-schweizerische Nationalflagge steht auf dem Verlagshause Cotta 1921 halbmast. Auf allen andern deutschen Verlagshäusern ist sie hochgezogen, denn man ist hier fieberhaft dabei, das im Keller lagernde Gold in derzeitige deutsche Mark zu verwandeln, also ein glänzendes Valutageschäft zu machen. Mehr ist darüber nicht zu sagen 1921.

DIE CELLARMAN RECTE KELLERMANN. Das ist ein modischer Konkurrent des Jensens, mit dem es in Folge äußerer Hurtigkeit verwechselt werden könnte, wäre sie nicht ein Tausendfüßler. Die interessant geformte und begabte Assel gedeiht im Schatten anderer Riesenbegabungen. Oft hält sie sich warm unter dem Leibe des träg liegenden Hamsuns. Die tausend Beine bringen die Kellermann beliebig schnell und auf allen Flanken, vorn, hinten, am Rücken, auf der Nasenspitze fort. Seine Zartheit ist Lichtscheu. Lebt im wilden Westen des „Gefühligen" eben so gut wie in Wallstreet des „Gedanklichen". Kommt aber auch in der Küche vor, unter Backtrögen.

DAS KERR. Das lebhafte Kerr ist eine Abart des Buntspechtes. Es beklopft mit seinem ausgebildeten Schnabel alles, was es auf der Welt gibt, und unternimmt, um noch mehr beklopfen zu können, oft weite Reisen. Wenn es klopft, stößt es immer seinen Schrei aus „Kerrkerr" oder „Cri-Tik", in allen Modulationen versucht, aber immer deutlich bleibend. So daß man ihn im Walde an diesem Schrei sofort erkennt schon von weitem. Man nennt ihn den König der Grunewälder. Erhebt er sich gegen seine Natur um einen Meter höher als sein Baumwipfel, so duldet das ein auf dem Nachbarbaum horstender Verwandter des Kerrs nicht, welcher Harden heißt.

DER KEYSERLING. Der Keyserling war ein Kranich, also ein Wandervogel. Er wanderte aber immer. Nirgends blieb er länger, als bis der sehr neugierige Vogel die Denkgewohnheiten seiner Hausgenossen ausgekundschaftet hatte, die sich der Keyserling am liebsten unter den Philosophieprofessoren aussuchte. Dieses gelang ihm bei seiner großen Übung darin und bei den wenig eigentümlichen Denkgewohnheiten der Professoren meist schon in einer halben Stunde. Zur Zeit brütet er Teeier in Darmstadt.

KIPLING. So taufte man die große Kanone, die zum ersten Male über dem Grabe der Queen abgeschossen wurde und deren Echo die Buren ebenso hörten wie die Hindus, die Kanadier wie die Australier und das im Jahre 1914 endlich auch die deutschen Langohren schmerzlich erreichte, indem es ihnen das Trommelfell in jedem Sinn des Wortes zerriß. Daß man da ein Lissauerchen in die Hose pißte, konnte nicht erleichtern.

DER KLABUND. Der Klabund ist ein überaus buntfarbiger Kugelkäfer, dem seine natürliche Buntheit noch nicht genügt. Wo immer er was Farbiges findet, rollt er sich darin herum, so lange, bis er auf seinen kleinen Stacheln einiges davon aufgespießt hat, was ihn noch bunter erscheinen läßt als er ist. Solches macht dem Klabunde Spaß.

DIE KOLBANNETTE. Ist der Name einer Edelziege von vornehmem Pedigree. Ihr Fell ist seidig und hat einen Schimmer ins Romantisch-Blaue. Ihre vier graziösen Beine tragen sie leicht, aber nicht immer sicher überall dorthin, wohin sie, mit einer Leidenschaft zu hohen Bergen, gern möchte. So muß sie bisweilen, wenn sie sich wieder irgendwo verstiegen hat, heruntergetragen werden. Die Kolbannette ist außerordentlich soigniert.

DIE KOLBENHEYER. Die Kolbenheyer ist die größte in Österreich vorkommende Ameise, welche mit ungeheurem Fleiße eine Art Termitenbau errichtet gegen Feinde, die sie ihrer Harmlosigkeit wegen gar nicht hat, und mit vielen Räumen, die alle hohl und leer sind. Aber sehr sauber gehalten.

DAS KORNFELD. Es ist aber trotzdem ein Tier, wenn auch ein seltsames. Von seinen sechs Beinen sind nur die vordern beiden so weit ausgewachsen, daß das Kornfeld damit springen könnte. Die beiden mittleren Beine sind nur zum langsamen Gehen geeignet und die beiden hintern, die ganz verkümmert sind, schleppt das Tier nach. Daher hat es einen grotesken Gang Es versucht oft, seine Hinterbeine abzubeißen, aber es gelingt ihm nicht. Es würde auch, gelänge es ihm, daran zu grund gehen, denn diese Hinterbeine sind mit seinem Herzen verwachsen.

DER KRELL. So heißt ein scharfäugiger Sperber, gewandt im Niederstoß auf das Kleinzeug heutiger Welt. Nicht immer gut bei Stimme klingt diese oft grell. Daher der Name.

DER LASKERSCHÜLER. Er ist die einzige Art Scarabäus, den man, ehemals Königsmumien beigegeben, heute noch lebend antrifft. Er entfliegt einem geöffneten Mumiensarge, indem er seine bläulich-grün schillernden Flügel schwirrend entfaltet. Er stirbt aber allsofort im heutigen Wüstensand, wobei der Käfer einen seltsam melodischen Seufzer hören läßt.

DIE LOERKE. Ist wie der Name sagt eine nahe Verwandte der Lerche. Sie steigt singend hoch über die Höhe eines Fabrikschornsteines hinaus, dessen Rauch ihr oft die Kehle irritiert. Ihn zu vermeiden macht sie höchst kunstvolle und dabei äußerst anmutige Spiralen. Die Loerke ist weder zu fangen noch zu zähmen. Sie gehört zu unsern tönendsten und schönsten Sängern.

LAUTENSACK. Diesen Namen gab man einem in der Zeit verspäteten altbayrischen Landstreicher, der nie die Knoten des Sackes zu lösen vermochte, der seine Laute enthielt. So spielte er darauf durch den Sack durch, was sonderbar klang und dem vortrefflichen Spieler einen wildwütigen barocken Humor gab. Einmal wäre es ihm fast schon gelungen, den fatalen Knoten zu lösen, da fiel er von einem zufälligen Streich. Oder Gott schlug ihn, denn dieser Lautensack sollte, guter Katholik der er war, nur gedämpft spielen.

MAETERLINCK. Unter den vielen Leichenwäschern des toten Sardou war auch einer namens Maeterlinck. Er nahm sich des Verstorbenen Hausapotheke mit. Die kleinen Reste populärer Gifte, die sie enthielt, verbrauchte er in seiner rasch etablierten Konditorei, deren also zart vergiftete Kuchen großen Zuspruch fanden. Nach Verbrauch dieser Giftreste wickelte der Konditor seine Ware in mit Weisheiten und Banalitäten bedrucktes Papier. Die Weisheiten waren von Emerson, die Banalitäten von ihm. Als die Deutschen der Duncan-Zeit unseligen Gedenkens nackte weibliche Beine auf der Bühne für höchste Kunstoffenbarung hielten, schickte ihnen der Konditor sein Ladenfräulein

Monna Vanna, die nur einen Mantel anhatte. Die deutsche Kunstbegeisterung saß in enthusiastischem Schweiß gebadet.

DER MELL. Dieses ist der Name eines in Österreich vorkommenden Rehs, das auffallend schüchtern ist. Es traut sich aus Schüchternheit kaum zu leben. Besitzt aber eine Festigkeit des Leibes, die oft weit größeren seiner Gattung nicht eigen.

DER MAUPASSANT. Ein Tauchervogel, der mit unendlicher Grazie Perlen aus der Tiefe holt. Diese Tiefe darf allerdings nicht tiefer sein als jene profondeurs du cœur, wie man sie um 1880 in Paris gelotet hat.

DIE MALLARMÉ. Ein zartes Insekt von außerordentlich geistvoller Konstruktion und ametystblauer Farbe. Es ist eingeschlossen in ein Stück glashellen Bernsteins, das, selber ein Unikum, eine kristallische Form zeigt. Das Erstaunliche ist, daß das Insekt in dieser Eingeschlossenheit zu leben vermag.

DER MORGENSTERN. Ist, wie man weiß, dasselbe wie der Abendstern. Es kommt nur darauf an, zu welcher Tageszeit man für den Stern schwärmt, ihn so oder so zu nennen. Unser Morgenstern hatte am Morgen allerlei schöne und allgemeine Gefühle, die ihm am Abend nicht mehr gefielen. Also wiederholte er sie abends, indem er sie persiflierte. Um doch andern morgens wieder in den Gemeinplatz seiner sternhaften Stereotypie zu fallen.

DER THOMASMANN UND DER HEINRICHMANN. Beide diese Tiere gehören zu einer Familie mittelgroßer Holzböcke. Sie sind von verschiedener Farbe bei sonstiger Gleichheit der Lebensweise und Natur. Man findet sie immer auf demselben Baume lebend, aber auf dessen gegengesetzten Seiten, da sich die beiden Holzkäfer durchaus nicht leiden können. Bohrt der Thomasmann unten an einem Baum, so sitzt auf dem gleichen der Heinrichmann oben. Findet der eine die bebohrte Linde saftig, so findet

sie der andere morsch, und umgekehrt. Das Seltsame ist,
daß sich beide immer im Baume irren. Sie glauben auf
einer Eiche zu käfern, wenn sie auf einer Tür aus Kiefern-
holz sitzen, auf einer Fichte, wenn es eine Kommode aus
Lindenholz ist. Immer aber findet aus Ärger über des
andern Anwesenheit der eine morsch, was der andere saftig
findet. Nur wenn man die beiden Käfer auf einen Feder-
halter setzt, geben sie sich eifrig ihrer Tätigkeit hin, indem
sie emsig darauf hinunter und hinauf laufen. Was die
Farbe anlangt, so zeigt der Thomasmann schwarzweiß gestreifte Flügeldecken, während die des Heinrichmanns blau-
weißrot mit manchmal auftauchenden, doch bei menschlicher Annäherung rasch wieder verschwindenden roten
Tupfen sind. Diese roten kleinen Tupfen lassen sich übrigens
durch leichtes Reiben entfernen.

DAS MEYRINK. Das Meyrink ist das einzige auf die
Erde gefallene Mondkalb, das einzufangen gelang. Das
Meyrink wird von seinem Einfänger zeitweilig gezeigt.
Schwangeren Frauen ist derzeit das Anschauen des Meyrinks wieder erlaubt, nachdem es anfangs wegen einiger
aus Schrecken vorgekommener Frühgeburten verboten war.
Inzwischen haben sich die Frauen in jenen Umständen an
den Anblick so gewöhnt, daß sie ihn schmunzelnd ertragen.
Österreichisch-ungarische Offiziere wie deutsch-nationale
Abgeordnete wollten die Schaustellung des Meyrinks ver-
bieten, weil es sie mit seinem einen großen Auge verzerrt,
wie sie sagten, spiegele. Der Besitzer wies aber nach, daß
die Spiegelung gar nicht verzerrt war, sondern daß das
Objekt des Meyrinks Auge verzerrte. Der Besuch des Meyrinks hat nachgelassen, seitdem man viele Mondkälber frey
herumlaufen sieht, von denen man nicht sicher sagen kann,
ob sie vom ·Monde, wohl aber, daß sie auf den Kopf
gefallen sind.

DAS MOMBERT. Das Mombert ist ein Invertebrat und
dadurch merkwürdig, daß es seine nicht zu große Hirn-
masse in Ganglien verwandelt besitzt. Dieser Umstand

hängt zusammen mit des Tieres Lautäußerung, welche eine auffallende Ähnlichkeit mit dem Lallen deutscher Lyriker zeigt. Das friedliche, einsam lebende Tier ist ein Wiederkäuer, doch nimmt es seit seiner ersten Nahrung keine neue mehr auf, sondern kaut die erste immer wieder.

DER HANSMÜLLER. So nannte der kleine Moritz Benedikt seinen Papierdrachen, den er meist des Sonntags in der Fichtegasse aufsteigen ließ. Da der kleine Moritz viel Schnur hatte, flog der Hansmüller sehr hoch, so daß Kinder ihn für einen Vogel hielten, was aber nur ein Gemächte aus alten Zeitungsblättern war. Später riß der Faden, und der Hansmüller fiel auf das Dach eines alten Theaters, wo man ihn manchmal aufflappen sieht. Jetzt wissen auch die Kinder, daß der gerissene Hansmüller nur aus Papierfetzen besteht.

DER ROBERTMÜLLER. Eine genaue Beschreibung dieses stark angegriffenen Tieres zu geben ist dadurch erschwert, daß es seinen Standpunkt sehr oft wechselt und selber nicht immer genau weiß, wo es steht. Um genau zu sein, sei hervorgehoben, daß es aber immer sein eigener Standpunkt ist, den es wechselt. Er ist ein amerikanisch präparierter Windhund mit Flügeln, fliegt und läuft im Zickzack und ist unverfolglich. Ähnlich der keltischen Shawblüte, die auf kymbrischen Gespensterschäften wächst und ihren Geruch über Nacht ändert, ist unser Tier schwer festzustellen. Manche sagen, er sei gar kein Tier, sondern sein eigener Trick. Andere wieder, er sei ein Abstämmling des Jensens, nur seien seine Vorderpfoten nicht zum Greifen eingerichtet, sondern mit einer metaphysischen Spannung überzogen, welche den Robertmüller befähigt, im letzten Augenblick immer in die Luft zu fliegen oder in die Zukunft. Die Zoologen streiten noch, ob diese Verkümmerung der Vorderpfoten ein Vorzug oder eine Schwäche unseres Tieres sei.

MENCKEN. So heißt der bedeutendste lebende amerikanische Zoologe, und das heißt, da Lowell nur amerikanisch, aber nicht bedeutend war, dieser Mencken ist nicht nur der bedeutendste, sondern auch der erste. Sein scharfer Witz macht es bedauerlich, daß man den Mencken keiner bessern Fauna gegenüber sieht als der zumeist ridikülen nordamerikanischen, die von presbyterianischen Pfarrersfrauen — und das sind 90% aller Bürger der U. S. — auf die dürre Weide geführt wird.

DER MEREDITH. Dies ist ein anglo-keltisches Synonym für Einhorn. Was sich sonst in dieser christlichen Zeit als dieses heidnische Tier gebärdete, war Kostüm und Pappe. Bloß das Meredith war ein natürliches richtiges Einhorn, das gigantische weibliche Wesen zeugte wie ein Gott. Das bekannteste heißt Diana. Zuweilen verwickelt das Meredith sein Horn in die Telegraphendrähte, befreit sich davon mit vielem Witz, aber ohne auch nur für einen Augenblick seine schöne Haltung zu verlieren. Als man das Meredith im protestantischen Deutschland zeigte, scheute das poetisch dressierte Deutschland davor, denn es kannte und liebte das Einhorn nur von Böcklin in Öl gemalt. Mit einer Jungfrau darauf. Und Schweigen im Walde genannt.

MÜNCHHAUSEN. Dies ist der Name eines heraldischen Scherzes, der ein aus sämtlichen Wappentieren zusammengesetztes Tier darstellt. Im Innern des Münchhausens ist ein Spielwerk angebracht, das, zieht man an einer Schnur, schmetternde Musik macht.

DER MUSIL. Der Musil ist ein edles, in schönen Proportionen kräftiggebautes Tier, an dem, da es zu der kleinen Familie der Damhirsche gehört, wo solches nicht Brauch, auffällt, daß es Winterschlaf hält. Der Musil schläft nach jedem reißend verlebten Jahre fünf Jahre lang in unzugänglichem Forst. Seine ungeheure Kraft der Muskeln nicht nur, sondern auch die hohe Sensibilität seines nervösen Lebens, welche der Musil in seinem wachen Jahre zeigt, scheinen den auffallend langen Winterschlaf nötig zu machen.

MARTENS. So heißt der steifste Stehkragen, der zu den Vorhemden heutiger deutscher Literatur getragen wird. Marke: never clean.

MEYER C. F. heißt ein kleiner spaßiger Hügel am Züricher-see, der eine Zeitlang für einen sehr hohen Berg gehalten wurde. Es war aber nur eine auf den Hügel gestellte Kulisse. Was den Hügel selber betrifft, so zeigt seine Spitze ein Häuschen, eingerichtet im Geschmack jener Renaissance, die man um 1885 für Renaissance hielt. Der Zoologe Franz Baumgarten hat ein ganz vortreffliches Buch über den Hügel geschrieben.

NIETZSCHE. Er ist vielleicht der bedeutendste Zoologe des Naturparkes. Nicht nur etwa, weil er die George Sand als Schreibbuch agnosziert hat — „wie sie dagelegen haben mag" — und Zola als „die Freude am Stinken". Solche Seitenblicke auf das Unwesentliche im Unwesenhaften messen ja nur immer wieder jene unabmeßbare Distanz ab zwischen Literatier und Schriftsteller und fallen wie Lote von fremder Oberfläche in eigne Tiefe. Haß gegen alles Angemaßte, wenn man gekommen ist, das Schwert zu bringen, scheidet von den bloßen Lebewesen die positive Person. Und diese verachtet die Kunst der Begabungen und die Talente, den Schauspieler Kunst, durch Verwandlung im Raume sich fortzubewegen, während ungenützt von ihren Seelen die Zeit verstreicht oder stillsteht im Kopf der Gaffer. So sind ja auch die Europäer, in Sonderheit die Deutschen, diese begabtesten unter den Juden, Alles geworden, was man bis zur jeweilig letzten Stunde werden kann, sind Christen geworden, ja Buddhisten sogar, aber — sie sind gar nichts. Sie machen mit nichts Ernst, diese Deutschen. Sie spielen Nation und Bekenntnis, Krieg und Frieden, spielen Potsdam gegen Weimar, Weimar gegen Potsdam aus, je nachdem man in einem symbolischen Versailles 1871 oder 1918 schreibt; und so bewegen sie sich durch äußerliche Verwandlung, durch Modulation, bei ungerührtem Wesenskerne, bei still- und strammstehender Zeit im Raume fort.

Daß sie aber irgendwo mit irgend etwas anfingen, endlich Ernst zu machen, dazu bedarf ihr Leben des Paradoxes, denn bloße Belehrung tuts nicht: Cesare Borgia als Papst. Des Zoologen Nietzsche Böses ist das Gladiatorennetz, worin der deutsche Spiegelfechter endlich sich verfinge, ist das erstgeborne Konkrete, woran der Spiegelnde endlich Lust fände zu Verhaftung, dieser Nein sagende Deutsche aus Bequemlichkeit, aus Komödianterie, aus Koketterie des Geistes mit den allerletzten Dingen endlich Ja und Eins sagte in der Zeit. Und Nietzsche, der Lust zur Geschichte macht, nannte dieses Böse mit den süßesten Namen gar verführerisch für nordische Ohren, nannte es Süden, Italien, Bizet . . . und er war eifersüchtig auf diesen Süden des Geistes wie auf einen Körper — „ich habe fehlerhafte Linien bei Sorrent gesehen". Ja, der mit der metaphysischen Schuld der Schauspielerei beladene Mensch — Wagner oder der Deutsche, oder der Europäer — muß um aus dem puren Werden zu einem Sein zu kommen ein ganz gefährliches Übriges tun, ein Monströses. Wie, wenn seine Bekehrung zum Kreuze in und durch den Antichrist erst geschähe? (Was erwartete Nietzsche von Wagner?) Damit der ahasverisch Werdende aus seinem Schicksale sich risse: ist sein erstes bewußtes Nein zum Guten, Spät-Heiligen, nicht sein erstes Ja zum Leben? Das Kreuz als zu früh, als arrogiert und als Arroganz gegen ein noch unbekanntes Leben, als noch nicht möglich, als geschichtlich noch nicht erreichbar, als das Vorurteil, man hätte schon Geschichte, die sich taufen lassen dürfte, als Religion vielleicht des jüngsten, sicher nicht des heutigen Tages —: es bleibt als ungeheure Aufgabe der große Rebus gegen ein vielleicht einmal bestätigtes, jetzt noch verfrühtes und daher unsittliches Urteil über die Instinkte, ein Urteil aus Mäulern und Mündern, die im christlichen Tonfall Musik treiben, bevor sie eine Sprache haben, es bleibt nur die Heraklesarbeit der Vorausnahme des Antichristlichen, um in der liberalen Gegenwart eine Gegenantike zu schaffen, eine „Fülle der Zeit" noch einmal und immer wieder zu ermöglichen. Das Nietzschesche Böse als das geschichtliche ens realissimum, woran man eigene Realität und Konsistenz erst empfängt; Renaissance der demiurgischen Zeitalter, wie die ein und selbe Erscheinung des Humanismus und der Reformation sie ans Licht hob, hier als Antike, dort als den Alten Bund; Renaissance als die eine „mystische" Idee aller „Bildung", um im Augenblicke des Einzelnen „Fülle der Zeit", das Demiurgisehe, bis zu seiner Selbsterkenntnis und Selbstüberwindung zu wiederholen, aber als historische Tat, nicht auf dem Wege des Historismus: Cesare Borgia also als Papst, als Paulseinheit des Verfolgers und Apostels, ja noch in der Judaseinheit des Verräters und „Allergläubigsten", und im Antichrist!

Das hier in den ewigen Augenblick und in die historische Gegenwart gerissene Erleben und Überwinden der demiurgischen Periode als hypothetische Negation des Logos, um der vollendeten Erkenntnis seiner in der Kirche, um seiner mit dem Indifferentismus korrespondierenden theologischen Überreife die Gefahr zu bereiten, ohne welche der Advent weder in der Zeit noch in der Seele seinen Begriff erfüllte: das ist zugleich die Vorausnahme des vornehmsten und tiefsten eschatologischen Geheimnisses und seine Integration in den Einzelnen — der Antichrist als Provokation des Christos. Die letzten Dinge und Gestalten, in die Zukunft projiziert, sind da vom bisher kühnsten Protestanten entdeckt als heuristische Prinzipe für die höchste Not des Glaubens, anzuwenden vom fast Übermenschlichen gegen sich selbst, gegen das Phantomatische in ihm, entdeckt als die verzweifeltsten Aphrodisiaca zum amor dei.

DER PANNWITZ. So heißt eine kürzlich entdeckte Papageienart. Er sagt alles was man ihm vorsagt nach, nur in der umgekehrten Reihenfolge der Worte. Dadurch wird das vorgesagte Einfachste dunkel oder, modern gesprochen, orphisch. Also orphisch finden des Pannwitzes Rede alle mit der Sprache nicht Vertraute.

PELADAN. Peladans nennt man die billigen Bazarartikel, die in den Fremdenläden der rue Rivoli in Paris besonders an sächsische reisende Hochzeitspaare verkauft werden. Die Dinger sind aus unbestimmbarem, aber billigstem Material hergestellt. So gibt es Richard Wagners Kopf als Zigarrenabschneider, den persischen Flügelmenschen als Futteral für Röllchen, Siegfried das Horn blasend als Stockgriff, Isolde als Zigarrenspitze usw. Die kaufenden Paare sehen entzückt in diesen Peladans eine Vereinigung von gallischem Esprit und deutscher Gemütstiefe.

DIE PFEMFERT. Ist eine Bremse, die sich mit Vorliebe Parteipferden auf die Nase setzt und sie durch ihren Stich zum Scheuen oder wenigstens zum Schäumen zu bringen sucht. Von dem schwachen Blute, das die Pfemfert bei diesen Gelegenheiten ihren Opfern zapft, lebt sie recht und schlecht, aber mit großer Leidenschaft. Ihre rotgefärbten Flügel haben der Pfemfert auch den Namen der Revolutionsbremse eingetragen. Ihre Tätigkeit bei den Pferden nennt man eine Aktion. Daß ihr Stich so starke Wirkung haben könne, ein Parteipferd zu töten, ist übertrieben. Wer solches glaubt, unterschätzt die Robustheit der Parteipferde, die es mit jedem starken Karussellgaul aufnehmen.

PHILIPPE, CHARLES LOUIS oder —: Unsere liebe Frau von der Träne im Auge. Oder des Menschenfreundes allerdemütigster Monolog, Nachts um Eins auf einer Bank bei Regen gehalten in Erinnerung an einen weiblichen Mitmenschen aus dem Viertel Grenelle: Daß Du Marie hießest, sagtest Du, und ich verstand alles. Aßen wir manchmal zusammen bei Vater Tageuille, so stieg das Mitleid und die Margarine in uns hoch. Du sprachst kein Wort, aber in unsern Herzen war Zwiesprach, daß uns Tränen in die Augen traten. Ich ging gebeugten Hauptes hinter Dir Deine Leidenswege. Hin und zurück, hin und zurück. Wir teilten das Brot, und die Taube, die heilige, war über uns. Wir teilten das letzte Hemd. Ich gab dir des guten Wortes Steuer, denn ich weiß, die Frauen sind steuerlos. Ich gab

dir meine Umarmung. Und endlich gab ich dir meine
arme Syphilis. Wie ein leuchtender Sternenmantel wird sie
sich um dein Elend legen. Du wirst ins Spital kommen,
wirst das weiße Linnen haben und die gute Suppe. Es
muß der Mensch sein Letztes, sein Einziges, das ihm blieb,
hingeben, um eine Seele zu retten.

DIE POLGAR. Das ist eine feine, stille, silbergraue Maus,
besonders artig anzusehn, wenn sie — was das kluge Tier
mit gut gespielter Unbewußtheit tut — über die verstimmte
Leier der Zeit läuft, hiebei ein verstaubtes, sehnsuchts-
volles kleines Geklimper verursachend. Die große Menge
hält das Polgar für harmlos, doch hat unsere Untersuchung
ergeben, daß jenes zarte Mehl aus dem von unserm Tiere
angenagten Fundamenten Ekrasit, wenn auch in sehr fein
verteiltem und abgeschwächten Zustande, enthält. Aus win-
zigen Vornehmheiten und Bösheiten, unvermeidlichem Zeitungspapier, Lyrismen und Lozelachs und mit schönen
roten Blutkörperchen eines bessern Lebens baut das Polgar
Viennensis aparte Gedankennester, die man wegen ihrer
seltsamen Zusammensetzung aus Fragilität und Dauer Fili-
granitkunstwerke nennt.

DER PULVER. Dies ist eine Tagfalterart aus der großen
Gattung der Kohlweißlinge. Doch zeichnen ihn zarte blaß-
rosa-farbige Flügel aus, die aus Wachs geformt sind.
Auch an Kunstblumen können sie erinnern. Sitzt das Pulver
auf einer Rose, so sieht es aus, als hätte man auf eine
natürliche Blume eine aus dünnem Stoff geheftet.

PRÉVOST MARCELLE hieß eine französische im Berlin
der neunziger Jahre etablierte Sprachlehrerin, die sich
großen Zuspruchs bei jenen Mädchen erfreute, welche un-
gestraft unter Palmen wandeln wollen. Sie lernten bei Mlle
Prévost ein niederträchtiges Französisch, aber sie kamen
in ihren Liebesaffairen damit aus.

DER RATHENAU ist aus der wegen ihres Nestbaues ku-
riosen Gattung der Webervögel. Er baut höchst kunstvolle

Nester. Aber nicht nur für sich, sondern auch für andere, nicht selbstbauende Vögel, die sich aber, da sie schweifend sind, nicht in diese Nester hineinbegeben. Der Eigensinn des Rathenaus, der sich auf den Stolz seiner Nestbaukunst gründet, geht so weit, daß er anderer Vögel Nester oft ausbessert und ändert, ja auch zerstört, um ein Nest nach seinem Plane hinzubauen. Das Nest des Rathenaus ist höchst kunstvoll. Wärme besitzt es der vielen sehr vernünftig erdachten Öffnungen wegen wenig. Da aber der Rathenau, immer Nester bauend beschäftigt, selten in seinem Neste weilt, geniert ihn das nicht.

DER RINGELNATZ. Kam die bordeauxroten Ozeane heruntergeschwommen, zwischen bottle und battle, weiß Gott woher, setzt er unvermittelt auf tiefsten Grund eines Witzes höchste Spitze. Vielleicht aus des Wanderers Rimbaud Lenden entsprungen irgendwo zwischen Abessynien, dem Niederrhein und der Welt.

RABINDRANATAGORE ist der Name des auf Europa heruntergekommenen Indien. Auf die Dauer konnte der schwächliche indische Mauerrest dem Ansturm englischer Bibelgesellschaften, amerikanischer Theosophen, sächsischer Naturapostel, französischer Bergsonianer und preußischer Monisten nicht widerstehen. Das sterbende Indien gibt von sich, woran es starb, und diesen Vorgang nennt man Rabindranatagore.

DIE RILKE. Um die Zugehörigkeit der Rilke zum Tier- oder Pflanzenreiche streiten miteinander die Zoologen und die Botaniker, indem sie diese nicht haben wollen und der Zoologie, die Zoologen sie nicht haben wollen und der Botanik oder Pflanzenkunde zuweisen; und sagen die Zoologen, es fehle der Rilke das Blut, weshalb sie sie von sich weisen, und sagen hinwieder die Botanisten, sie habe ein tierisches Gebiß, welches sie instand setze, Verszeilen jeder Länge immer dort auseinanderzubeißen, wo kein Gelenk sei, weder ein melodisches, noch ein rhythmisches.

Und es muß dieses Gebiß und seine sonderbare Benützung
wirklich zugegeben werden. Seltsam ist hinwieder der Umstand, daß die Rilke nur weiblich vorkommt, wenn auch
gewisse äußere Geschlechtsmerkmale, wie Barthaare, männlichen Charakter haben. Doch neigen sich diese Merkmale,
wie der Bart der Rilke, sanft melancholisch nach abwärts,
als ob sie eigentlich nicht da sein wollten und nur aus
Verlegenheit da wären, dementiert auch von der hohen
weiblich zarten Stimme der Rilke, die sich zu verflüstern
geneigt ist oder zu verhauchen. Ähnlich darin dem Werfel
ist auch die Rilke als Schoßtier beliebt, aber mehr von
älteren Damen wegen seiner sexuellen Stubenreinheit und
des frommen etwas blöden Augenaufschlages, der das bei
jenen Damen so sehr geliebte Entzückenswort „himmlisch"
auslöst. Unter sieben solchen Damen kann man sicher
immer als die siebente die Rilke treffen. Um ihr Geschlecht
zu betonen, bekommt sie da gern ein Häubchen aufgesetzt,
das ihr, wie die Damen ausrufen, „himmlisch" steht. Das
Tier hat von dieser dauernden Verhimmelung die Neigung
angenommen, seine Naseweise in theologische Bücher, Ma-
rienlegenden und ähnliches zu stecken.

ROSTAND, auch Fulda ausgesprochen, Fulda, auch Rostand ausgesprochen, war das Steckenpferd des deutschen
und französischen Geist-Philisters, das er für den leibhaf-
tigen Pegasus hielt. Mit einem kleinen Unterschied: der
deutsche Bildungsspießbürger glaubte dem Genius der französischen Poesie zu huldigen, wenn er sich für Rostand
entzückte. Aber der französische Épicier tat ein Gleiches
nicht mit Fulda.

RUSKIN. Dies ist der Name eines Propheten, der sich zuweilen, ohne jede geschlechtliche Entschuldigung, in eine
englische Gouvernante verwandelte, und als solche die
kirchliche Kunst gegen die Kirche ausspielte. Die Gouvernante Ruskin litt an chronischem sittlichen Kopfweh. Der
Prophet schrieb mit der rechten Hand, was die linke Hand
der Gouvernante nicht geschrieben haben wollte. In Ger-

many ist er nur als die Gouvernante geschätzt, denn hier zumal ist man sittlich, bieder, keusch etc. pp.

DAS SALTEN. Es gibt eine Fliegenart, die man unter dem Namen Salten nur in ihrem Zustande als Larve kennt. Als solche Larve lebt das Salten in und von Zeitungspapier jeder Farbe und jeder Zusammensetzung, unansehnlich, aber hartnäckig. Die ausgeschlüpfte Saltenlarve führt in mannigfachen Formen ein Eintagsleben. Sie kriecht aus als grüne, als blaue, als schwarzgelbe Fliege, je nach den Abwässern, über denen sie ihren Tag auslebt.

DER SCHAUKAL. Dieses harmlose Tier ist nicht mit dem Schakal zu verwechseln, wenn der Schaukal auch, solange er jung ist, sich vom Aase nährt und das Gehaben eines reißenden Tieres anzunehmen pflegt, sofern er sich unter Schafen befindet. Ausgewachsen kann er sein Bäh-Bäh nicht mehr verstellen, so gern er ihm auch einen bedeutungsvollen Klang geben möchte. Manchmal gelingt es ihm dabei, sein Bäh sozusagen himmlisch tönen zu lassen, aber man hört dies aus der großen Schar der Mitblökenden nur heraus, wenn es so still ist wie im Hochland.

DIE SCHELER. Die Scheler ist eine Echsenart von beträchtlicher Länge und geschmeidiger Dünne. Beides setzt sie in stand, überall hinzukommen, wo man sie nicht erwartet. Sie legt ihre zahlreichen Eier um verwitternde Steine, so daß sie deren Oberfläche oft ganz überdecken, zumal die Scheler die von Eiern unbedeckten Stellen mit einer schillernden Masse überzieht. Die Scheler besitzt zwei Augen, von denen eines sehr scharfsichtig, das andere aber blind ist. Was aber nicht hindert, daß das Tier das gutsehende Auge oft schließt, um mit dem blinden Sehversuche anzustellen, bei welcher Anstrengung es meist jenen Saft absondert. Die vier Füße hat unsere Scheler unter der Haut verborgen, wodurch sie eine sehr leise Gangart bekommt. In den langwährenden Brunstzeiten ist die Scheler außerordentlich lebhaft. Von den Eiern ist noch nachzuholen, daß sie oft das gleiche Ei einigemale legt. Was die Farbe betrifft, so ist die Scheler auf dem Rücken tiefschwarz mit einem ganz dünnen roten Streifen. Auf dem Bauche aber schillert sie vieldeutig und beziehungsreich.

DER SCHIEBELHUTH. Ein stolzbefiederter, hochfliegender Vogel aus der Familie der singenden Schwäne. Nur sieht man ihn nie im Wasser plätschern. Seine Rastplätze im unzugänglichen Dickicht des Urwalds. Voller Stimme und Stimmen, wie Orgel oft, dann wie zarte Kinderflöte ist des Schiebelhuth Gesang weithin tragend und tief eindringend, posaunisch und zärtlich, Schlittenglöcklein und Münsterglocke. Er gehört wie der Borchardt zu der allerseltensten Art.

DAS SCHICKELE. Das zierliche Schickele ist wegen seines rötlichen Pelzes viel gejagtes, elegantes Wiesel. Das Schickele, zu lebhaft und unruhig, immer im Laufen, immer im Suchen und immer gejagt, auch wenn es nicht gerade gejagt wird, den Jäger auf der Ferse glaubend, setzt keinerlei Fett an, wodurch das leidenschaftliche Tier in Deutschland, wo der Bauch die Würde bedeutet, nicht beliebt ist.

DIE SCHLAF. Die Schlafente gilt als der deutsche Marabu, weil sie kahlköpfig ist und auf einem Beine steht. Sie gilt darum als ein nachdenklicher Vogel. Aber die Schlafente denkt nur, warum sie keine Federn auf dem Kopfe hat. Manchmal versucht sie auf keinem Bein zu stehen und fällt um.

SUARÈS. Dieses ist nur mehr der große Schrei eines normannischen Wildvogels grauen oder steinschwarzen Gefieders nach dem lateinischen Süden. Aus Sterbensangst nach dem Leben, aus Regen nach der Sonne, aus Einsamkeit nach Gott: darum der Schrei.

DIE SCHMIDTBONN ist eine weit kräftigere Henne, als sie aussieht. In der Jugend gackert sie beim ersten Ei, daß man meint, ein Kind sei vom Himmel gefallen. Ausgewachsen gewöhnt sie sich das ab, und legt in Nachdenklichkeit ihre Eier, die, noch nicht ganz gewürdigt wie sie es verdienen, oft liegen bleiben.

DIE FRIEDSCHNACK. Die Friedschnack ist eine große Libelle mit Flügeln, deren Farben alle orientalische Teppichbuntheit überstrahlen. Sie bewegt sich in schönen Bögen mit außerordentlicher Grazie. Läßt sie sich nieder, so vermeint man, sie habe einen Tanz beendigt.

SHAW. Ist der Name eines Gärtners, der sich zum Bock gemacht hat. Also ein Zoologe, der sich in der Rolle des Zoon gefällt, wenn er auch immer wieder aus der Rolle herausfällt. Oft sehr amüsante Bocksprünge nimmt er zuzück, indem er ihren Witz erklärt. Daß Shaw ein Pseudonym für Trebitsch sei, wurde eine Zeitlang behauptet wegen einer gewissen philologischen Inkommensurabilität. Bis festgestellt wurde, daß die Trebitsch den Namen Shaw nicht einmal aussprechen, geschweige führen kann.

DAS SCHAEFFER, auch die pretiöse Albrecht genannt, ein Wesen mit vier Füßen, aber doch drei Meter über der Erde schwebend oder pendelnd oder — man kann's nicht genau sagen. Es geht auf Luft, scheint sich von ihr zu nähren. Das ganze noble Tier macht den Eindruck, als wäre es eine Einbildung seiner selbst. Oder eine Reminiszenz aus Sagenhaftem. Oder aus vielem Gelesenen.

DER SCHNITZLER. Schnitzler ist der Name eines seiner Zeit bei allen Wiener Damen und süßen Mädeln wegen seines melancholischen Feuers sehr beliebten Rennpferdes in der Freudenau, Stallbesitzer Fischer. Man setzte aus Sympathie auf Schnitzler, auch wenn man wußte, daß er nicht einmal auf Platz kommt. Weil Schnitzler so beliebt war und auf daß die Enkelinnen der süßen Mädeln in die Freudenau gehen, ist man im Jockeiklub übereingekommen, Schnitzler, wenn und so lang er rennt, immer Dritter sein zu lassen, auch wenn er nach der ersten Runde aufgegeben. Möge er noch lang so rennen.

DAS SCHÖNHERR. Großstadtbewohner halten das Schönherr für einen Hirsch und sein braves Muh für einen Brunstschrei. Auf dem tirolischen Lande, aus dem er stammt, steht das Schönherr im Stall des Bauern Kranewitter, wird aber da wegen seiner wässrigen Milch nicht gemolken. Dieser Wiederkäuer geht auch unter dem Namen des Thomas — bayrische Varietät — und des Ganghofers — österreichische Varietät. Alle drei Varietäten sind sehr stolz auf den idiomatischen Klang, den sie ihrem Muh geben können.

DER WEVONSCHOLZ. Das ist ein Vogel, der sich dadurch nützlich erweist, daß er die Bandwurmstücke, die dem Hebbel abgehn und die auch dem Paulernst als unverdaulich abgehn, nicht liegen läßt, sondern mit vielem Behagen verzehrt. Manchmal singt dieser Vogel ganz schön. Und er sänge vielleicht noch besser, wenn er andere Nahrung zu sich nähme.

DIE ERASCHRÖDER, scherzweise auch R. A. Schröder geschrieben, hat man einige Zeit für einen vertriebenen Paradiesvogel gehalten, der seine Vertriebenheit in opalfarbenen Tränen so still wie ausdauernd beweint. Als dann unser Vogel sein Paradies in Preußen wiederfand, erkannte man, daß er aus dem andern nie vertrieben worden war, sondern immer in diesem preußischen beheimatet gewesen.

SO MBART. So Mbart heißt der eherne Stier, dem die Juden an ihrem großen Reinigungstage, der alle zehn Jahre statt hat, ihre unreinen Glaubensgenossen opfern. Die wirkliche Opferung ist aber seit langem durch die Symbolhandlung eines Huldigungstelegrammes an So Mbart ersetzt worden.

DAS STEFFEN. Dieses ist ein apokalyptisches Tier und derzeit nur in einem Exemplare mehr sagenhaft als wirklich bekannt. Doch ist an seiner Existenz zu zweifeln nicht erlaubt. Es besitzt das Steffen nur ein Auge, kann dieses aber von einer Stelle seines seltsam geformten Leibes auf jede andere Stelle bewegen. Sein Geschlecht hält es verborgen. Es hat Flügel, doch sind diese derart angebracht, daß es damit nicht fliegen kann. Es hat Beine, doch macht es davon aus bisher nicht erkannten Gründen nur selten Gebrauch. Meistens hockt das Steffen, pflanzt sein Auge mitten im Gesicht auf und läßt eine Welt sich seltsam darin spiegeln.

DIE STEHR. So heißt eine große Made, die man im Fladen des Gehauptmann entdeckt hat. Ihre auffallende Größe brachte auf die Vermutung, daß sie nur zufällig in diese Umgebung geraten sei. Man hat daher versucht, die Stehr in andere Lebensbedingungen zu setzen, was mit großer Vorsicht, wenn auch selten, gelang. Aber die Stehr ist eine Made geblieben.

STEINER. Saxa loquuntur ruft jene Menschheit, die gegen gutes Entree, das dieser Noah einhebt, in seine Arche steigt, deren Zukunft nicht auf Wasser, sondern auf Steiner liegt. Schnell, schnell, gleich wird es regnen, ruft der Unternehmer, und die Schäfchen laufen. In hoc petro hat der Kapitalismus das, was er seine Kirche nennen mag, gebaut, und siehe, der Stein mehrte sich und wurde Steiner. Und alles Geschiebe und Geröll der gescheiterten, zerdrückten Seelen sammelte sich um ihn, um sie, um es, um diesen religiösen Großunternehmer auf Aktien, der was je zum Religiösen gedacht und geformt worden ist entdachte und entformte, zu Grus zermahlte, mit Schleim und Seich befeuchtete und Brot daraus buk für zahnlose Gebisse. Solches Tun nannte man Sophia, dem Theos schon seinen Segen geben müsse. Aber Gottes Segen war nur bei Steiner wie ehemals bei Cohn.

DER SCHWABACH. Ein langsam zu gut gebauten Knochen Fleisch der Muskel gewinnender Quadruped. Klug und nobel legt er sich keine heute so billigen Wattons bei, die je nach äußerm Anlaß dort und dahin rutschen, um aufzufallen.

DAS STERNHEIM. Dieses Tieres Hartnäckigkeit, mit der es in norddeutschen großen Städten lebt, führte nicht ge-

rade zu seiner Domestizierung, aber zu seiner Duldung,
insoweit jenen Großstädtern erträglich gemacht, als das
Sternheim durchaus und gerne deren Neigungen teilt, deren
Gewohnheiten mitmacht und sich eigentlich nur mehr durch
seine Absonderungen von dem Berliner unterscheidet. Diesen
mischt das schadenfrohe Tier einen ätzenden Geruch bei,
der die Hausgenossen etwas ärgert. Man nimmt an, daß
das sonst wenig bemerkliche Sternheim, welches ein sehr
eitles Tier ist, sich durch diese Beimengung bemerkbar
zu machen sucht. Es ist von der Art, daß es, erreichte
es damit seinen Zweck, bemerkt zu werden, auch ange-
nehmen Duft beimengte, wenn anders dies nur aus der
bestimmten Natur seiner Verdauungsorgane und der von
diesen bedingten Nahrung, welche allerlei Abfall oder sonst
Liegengelassenes ist, möglich wäre. Auch verlangt der
scharfsäuerliche Geruch seiner berlinerischen Hausgenossen
einen ähnlichen, weil ein angenehmer nicht gegen den
scharfen aufkäme. Das Sternheim ist, wenn solcher Anthropomorphismus erlaubt, von einem geradezu menschlichen
Geltungstrieb besessen, worauf sich auch sein besonderer
Mimetismus zurückführen läßt. Dieser Mimetismus gilt, wie
man annimmt, als ein Selbstschutz der Tiere und er äußert
sich in der Fähigkeit, Aussehen und Farbe der Unterlage
anzunehmen, auf welcher das Tier lebt. Das zu seinem
Ärger gar nicht auffallende, weil kleine und graue Sternheim mimetiert nun Auffallen. Es wechselt grau in rot,
wenn man es auf Grau setzt, wird blau auf gelb usw.
Das Tier gefährdet sich übrigens nicht durch dieses Auffallen. Mit dem Unangenehmen seiner Absonderung versucht es durch das Ungewöhnliche, wie es absondert, aus-
zusöhnen. Was ihm machmal auch gelingt. Manchmal aber
so mißlingt, daß es schon nicht mehr schön ist.

DAS STORM. Man kann von ihm nicht sagen, es sei lange
tot, denn es hat nie lebendig existiert, sondern immer nur
im ausgestopften Zustande. Es besaß also nie etwas, was
man innere Organe nennt. Die glatte graugelbe Haut war

mit Seegras, Heidekraut, Möwenfedern und derlei ausgestopft, wodurch das Storm einen faden, laulichen Geruch bekam, um dessentwillen es heute noch in den braven deutschen nordischen Bürgerhäusern pastorlichen Zuschnittes über alles geschätzt ist. Der Geruch ist das Wesentliche des damit ausgestopften Stormes. Man nennt diesen Geruch Stimmung. Er ist vielfach eingefangen, auf nullprozentigen Spiritus gebunden und in Fläschchen aller Formate auf den Markt gebracht worden. Das bekannteste dieser Stimmungswässer hieß einmal Jörn Uhl und war dies eine Zeit durch das beliebteste Mundwasser des deutschen Gemütes bis in seine zahnlosesten Tiefen.

STÖSSL. So heißt ein humorvoller Wiener Gassenhund ohne bestimmte Rasse. Bei allen netten Leuten bekannt und beliebt ist der Stößl klug, ruppig und immer guter Laune.

DER STRAUSS. Dieser schwäbische Strauß hat mit dem afrikanischen nur den Namen und ihn deshalb gemein, weil er sonst nichts mit ihm gemein hat. So verträgt des schwäbischen Straußes Magen nur die allereinfachste, gut verkochte Nahrung und seine kurzen Beine tragen ihn nur vom Schlafzimmer ins Schreibzimmer und wieder zurück.

DAS STUCKEN heißt eine kleine Pelzmotte. Sie haust in altem Pelzwerk, aber weniger weil es da warm ist, als um es aufzufressen. Das flügellose Tierchen wird in kürzester Zeit mit einem stattlichen Pelz fertig, dessen Farbe es jeweils annimmt. Darum kann man es auch mit dem Auge nicht wahrnehmen. Wohl aber mit dem Ohr, denn das Stucken macht beim Zerfressen des Pelzes ein rhythmisches Geräusch mit seinen vielen Beinen. Ans Tageslicht gezogen, merkt man, daß das Stucken keine Augen hat.

DIE SUDERMANN. So heißt eine in den ganz, aber schon ganz feinen Kreisen von Berlin WW vorkommende Milbe, welche einen Hautausschlag erzeugt, den man Eleganz oder auch Elejanz nennt. Davon Befallene reden außerordent-

Die george

lich fein, wenn sie auch geschwollen sind. Die Krankheit
ist nur dadurch zu heilen, daß man dem davon Befallenen
das Bankdepot, das wirkliche oder behauptete, wegnimmt
und ihn eine ehrliche Arbeit verrichten läßt. Die Sudermann selber ist unausrottbar.

STRINDBERG. Das war ein nordischer Kater, am Aschermittwoch des bürgerlich liberalen Lebens geboren, ewig
triste, immer post festum. Ein Dämon verdorbenen Magens
hielt er am Ende den Ichthys für den Hering seines Dalles.
Hungernd eigentlich nur nach dieser Fastenspeise, d. h.
nach dem einsamen Genusse der Wut und voll Gier nach
luziferischer Einsamkeit im All und unter den Allen, leben
der Strindberg und sein anderes Geschlecht wie Hund und
Katze miteinander, weil sie zur Zeit der Brunst bis zur
vollkommenen Unmöglichkeit selbst der innern Einsamkeit
einander besessen haben. Das große Geschrei, das dieser
Kater nach jeder Paarung erhebt und das man bezeichnend den Katzenjammer genannt hat, kommt tief aus Leib
und Seel des Tieres, das da im strafenden Feuer des Ge-
heimnislosen brennt, weil erotische Wut und psychologische Gier gleichzeitig am Weibchen gezehrt und so ihn
wie es völlig jedes Noch-Sinnes entleert haben. Das Be-
streben des Katers am einzigen Tage, den das nächtliche
Tier als solchen erkennt, am Aschermittwoch, geht dahin, die
ernüchterte Welt auf dem pessimistischen Wege, von unten
her, wo die Ratten und Mäuse wohnen, aus dem Jugend-
reich des chat noir und des schwarzen Ferkel wieder mit
Sinn zu laden; erstens um überhaupt weiterleben zu können;
zweitens um in den aufgezeigten Tragödien der seelischen
Delikatesse und der Diskretion die Genüsse der Defloration
des Sekreten noch einmal zu durchrasen. Diesen Versuch,
sich selber und das Mitgeschöpf vor Gott noch einmal zu
desavouieren, die Diskretion in einer permanenten theoretischen Indiskretion immer wieder zu brechen, dies nannte
man einst, als der große Kater von Strindberg noch nicht
gewichen war, seinen Naturalismus.

DER SWINBURNE. Dieser große englische Zaubervogel sang einmal vor dem Aufgang einer Sonne, die nicht aufging: ein Versehen. Er sang einmal vor dem Kruzifix gegen das Kruzifix; das war ein Mißverständnis. Das Wunder dieses Vogels ist, daß er trotzdem voll außerordentlichen Gesanges ist, menschlich gesprochen einen Stil hat, wie ihn männlicher keiner seinerzeit und später besaß. Dieser Stil ist so unnachahmlich, daß der Swinburne selber ihn nicht imitieren konnte, wie er alt geworden versuchte.

TENNYSON. Mit Musikbegleitung rezitiert bisweilen ein älterer Mime Enoch Arden — mehr ist von diesem Vergil der Provinz nicht bei uns vorhanden. Er war poeta laureatus; niemand lachte darüber, denn es paßte zu ihm; er dachte genau das, was seine Königin dachte, und er schrieb nur einen besseren Stil. Er nahm sich immer furchtbar ernst, was bei einem Engländer, wie Chesterton sagt, ein grauenvoller Anblick ist. Er hatte einiges zu sagen, besaß aber weit mehr Worte, als dafür nötig war; darum weiß er, redet er länger, nicht mehr was er sagt.

DER TOLSTOI. Der war ursprünglich ein Steppenpferd, doch aus einer bereits gepflegten Rasse. Er wurde zuerst von grusinischen, tscherkessischen Häuptlingen und Kosakenhetmans geritten. Später gehörte er zur regulären schweren Kavallerie der Literatur. Machte im Norden und Süden der Zeit und des Raumes alle größern Feldzüge mit, auch solche, die mehrere Bände dauern. Zäh, trocken, aber feurig, immer voll Kapriolen, als feiner Steppenklepper mit Wut Champagner aus Kübeln saufend, aber immer an der Krippe und eigentlich verwöhnt, nahm der Tolstoi sein Schicksal, Stabstrompeterroß zu werden, als selbstverständlich hin. Es hatte Sieger durch die Schlacht getragen; es wieherte nur freundlich und herablassend, als man seine spätern Äpfel als Goldäpfel anbetete. Das Ausschlaggebende an diesem Pferde ist sein Steppenpferdverstand. Es wollte niemals begreifen, daß es die Funken schließlich aus seinem Huf zog, wenn es dahinsprengte; daß aber sein stupsnasiger kurzer Kopf zottig, schwerfällig und unschön war, auch wenn es das große naive Auge rollte, bis es glotzig hervortrat; und daß der lange Schweif, den man ihm wachsen ließ, einer geistigen Wüste Gobi angehörte, ein Rudiment war aller asiatischen Wüstenrassen ohne Heiterkeit. Mit dem Besen dieses Schweifes peitschte es sich christlich die Lenden und glaubte dabei, die Welt zu kehren und zu stäupen — es entsprach das eben seinem engstirnigen Pferdeverstand. Aber die Funken, die ihm ehmals von den Hufen stoben, bleiben unvergessen.

DIE ULLMANN. Dieses Wesen gibt es nur in einem einzigen Exemplar. Es wird wohl „die" genannt wegen gewisser äußerlicher Zeichen, scheint aber alle möglichen und denkbaren Geschlechte in sich auf dunkle urtümliche Weise zu vereinen. Die Stimme der Ullmann erinnert an ländlichen Orgelton in einer leeren Frühkirche. Der organische Bau der Ullmann scheint einer ganz frühen Zeit anzugehören, zu der uns die Brücken verloren gegangen sind. So ähnlich muß der erste Mensch gesprochen haben, als er dem was er sah die ersten Benennungen gab und anbetete Gott im Wort und das Wort in Gott.

DAS UNRUH. Das Unruh ist ein netter Frosch, der normaler Weise im Teich lebt und sich hier von kleinen Wasserläufern nährt. Doch ist es mit einer großen Kehlblase ausgestattet, mit der es vielleicht singt, die es aber manchmal mit Luft zu füllen das Bedürfnis besitzt. Dazu begibt es sich, wozu ihm sonst alle Eignungen fehlen, auf das feste Land. Und zieht ordentlich Luft ein. Seine Kehlblase dehnt sich aus bis zur Größe eines Kindskopfes. Dadurch erregt das kleine Unruh die Aufmerksamkeit der Passanten. Und es verdoppelt seine Anstrengungen, Luft einzuziehen. Was dazu führt, daß seine Kehlblase den Umfang einer großen Wassermelone annimmt. Zu seinem Glücke verliert das Unruh bei diesem Mißverhältnis von Leib und aufgenommener Luft das Gleichgewicht und rollt ins Wasser zurück, wo sich die Blase sofort leert.

In diesen seinem Elemente ist das Unruh ein zierliches Fröschchen.

VAIHINGERS BAUCH IN JENA.

> Es kahnt ein Ich im Mondlichtschein
> Zweikantig um das Kantenbein
> Sowohl als ob, als ob so auch,
> Obwohl dann auch als ob im Bauch.
> Sowohl — als ob, als ob — so auch,
> Ob auch — der Bauch wohl so — wohl auch
> So wohl — als auch Kant redet hier
> Als Ob und Bauch.

DIE VOLLMÖLLER. Die Vollmöller ist eine Seeschlange, von der nur manchmal ein Stück auf der Oberfläche des Meeres sichtbar wird. Wie lang sie ist weiß man nicht, aber die Behauptung, sie sei länger als achtzig Zentimeter ist als übertrieben zurückzuweisen.

DAS WALSER. Dieses ist ein überaus zierliches, graziöses und launiges Tierchen aus der Familie der Eichhörnchen. Auf den allerhöchsten Bäumen sieht man es nicht; es macht auch keine Versuche, da hinauf zu gelangen. Aber den mittleren gibt des Walsers naive und schelmische Anmut eine frohmütige Lebendigkeit.

WASSERMANN. Auch mogen jaakob genannt ist ein Stern von größerer Kleinheit im Sternbild des Fischers und kann besonders gut von der hohen Warte des Beer-Hofmann gesichtet werden. Er steht so hoch über Wien wie unter Dostojewski und wurde berühmt durch einen mysteriösen Sphärenklang, der wie von Jahwe selber kommend den Deutschen, dem neuen auserwählten Volke, beziehungsweise dem Deutschen schlechthin seinen endgültigen ahasverischen Namen gab: Wahnschaffe. Diesen geheimnisvollen Namen fand man auch eingeprägt einem Meteoriten von unlesbarer Größe, der bei näherer Untersuchung sich als ein Gemengsel von Graphit, Dinte, Holzpapier, Mezieh, Ambition und Filmbändern entpuppte.

DIE WEDEKIND. So hieß eine Sphynx, halb Geschlecht, halb Kopf, doch beides in verkehrter Weise angeordnet, so daß das Geschlecht den Ober-, der Kopf den Unterleib bildete. Also ruhte sie und zeigte ohne Respektlosigkeit, sondern aus ihrer Natur, dem Beschauer den Hintern und was in dessen Gegend liegt. Die Sphynx Wedekind gab sich ihre Rätselfragen selber auf. Diese beschäftigten sich in der Hauptsache so sehr mit ihrer umgestülpten Natur, daß kein menschliches Wesen sich für dieses Fragespiel interessierte. Darüber wurde die Wedekind sehr indigniert. Sie erkannte, daß man sie verkannte. Sie hatte sich gefragt: Warum wollen die Menschen nicht im Geschlechtsakt ihre einzige würdige Tätigkeit sehen? Warum sind die Huren nicht die Königinnen der Welt, Muster der Frau? Warum genießt der Phallus nicht die Ehren des Gottes? Warum wird nicht ununterbrochen Tag und Nacht . . . ? Als sie so lange gefragt und sich Antwort gegeben hatte, weil niemand kam, die Rätsel dieser Sphynx zu lösen, stürzte sie sich in den Abgrund ihres Tiefsinnes, sich selbst und die Welt dreimal beklagend, daß sie ihren Propheten nicht erkannt hätte.

DIE WEIGAND ist unsere größte Süßwasserschnecke, die ihren schleimigen Leib in einem Gehäuse birgt, dem sie mit großer, im Altern zunehmenden Fertigkeit, eine umfangreiche Form gibt. An deren zerbrechlichen Rändern setzt die Weigand einen feinen Farbenschmelz ab, der an jene Seeschnecken erinnert, die sich an der französischen Küste finden. Das Fleisch der Weigand schmeckt süß. Es ziert den bürgerlichen Mittagstisch, ohne da sonderliche Aufregung hervorzurufen. Das Gehäuse ist bei manchen Raritätensammlern beliebt.

WEININGER. Nicht in geweihter Erde, sondern als Selbstmörder hier unter den Literatieren, doch gleich einem Pfahle im Fleische sumpfigen Bodens, ruht, fest in protestantischen Händen das Kreuz, worein durch ein Wunder Gottes die Waffe sich verwandelt hatte, O. Weiniger, ein Wiener und Jude, der diese Beiden in sich aufgehoben hat mutig, ehe Wandel und Lehre ihm sich spalteten. Solange er die Unschuld des denkerischen Menschen umspannte, durfte er alles dissociieren; solange er nicht selber fiel, durfte er das eine Geschlecht in die beiden Geschlechter fällen; solange das X ihm nicht konkret wurde, durfte er es ausdrücken durch M + W: Mann gekreuzigt an Weib und umgekehrt. Die Waffe in seinen Händen war das für sich da stehende Funktionszeichen einer gelösten Verbindung, und uns ziemt nicht zu wissen, welch ein Element da frei und aufgegeben worden ist. Nur eines kann man sagen über diesem Heldengrabe: er hatte gehört in den Lüften des Mannesalters das Heranbrausen des Konkreten. Das X lief in der Funktionsreihe Gefahr, seinen mathematischen Ausdruck zu verlieren und Impression zu werden. Da empfahl er sich der unbekannten Barmherzigkeit Gottes.

DER KONRADWEISS. Der Konradweiß ist ein Klopfkäfer, der am liebsten im Gestühl katholischer Kirchen oder im Holz der Altäre bohrt. Er erzeugt dabei mit seinem harten Kopf ein klopfendes, stark rhythmisches Geräusch, wodurch er manchmal die Frommen stört. Der Konradweiß hört mit seinem Klopfen auf, wenn die Orgel spielt, woraus man auf sein musikalisches Gehör geschlossen hat. Um so lebhafter klopft er bei der Predigt in einem seltsamen Gegentakt zum Takt des Predigers.

DAS WERFEL. Von kugeliger Runde besitzt das Werfel nicht wie der Igel dessen Fähigkeit sich einzurollen, sondern eher auszubreiten. Aber es hat vom Igel dessen Stacheln. Nur sind diese ganz zart und weich und manchmal auch, das Tier schmerzend, nach innen gekrümmt mit der Spitze. Dieser Widerspruch zwischen dem Aussehen und dem Sein des Werfels machen das runde, weichmütige, etwas faule Tier zu einem heute sehr beliebten mondänen Schoßigel empfindsamer Seelen. Kaum ein Salon, in dem man ihm nicht begegnet und wo es nicht herumgereicht wird. So im Schoße liegend wie eine spitzstachlige Granate bewundert der mit der Art dieser Stacheln nicht Vertraute die Hände, welche diesen Stachelhügel streicheln können wie eine Katze und soll solches auch in der Tat beim Streichelnden sehr angenehme Gefühle auslösen. Doch ist das Werfel vornehmlich um einer andern Eigenschaft willen beliebt, mit der es Gott ausgestattet hat. Es kann singen wie ein Caruso und tut es so gern wie oft, besonders wenn Lärm ist. Lärmt zum Beispiel ein Krieg, so singt das Werfel, daß, druckte man das Gesungene, leicht ein Oktavband von 308 Seiten damit zu füllen wäre. Um dieser seiner ausgezeichnet Arien und Triller singenden Tenorstimme wird das Werfel von andern Tieren, die es nachzuahmen suchen, stark beneidet.

WHITMAN. So heißt der Große Pan, nie gestorben, weil unsterblich, er allein unter den Göttern, wenn auch oft Zeiten lang verschwunden in der tiefsten Grotte der Erde. Auf des Greises verrunzelter Hand ruht ein Schmetterling, die er für das hält, was sie ist: Ast vom Baum der Erde, aus dem man auch jenes Kreuz auf dem Scherbenberge zimmerte.

DAS WILDE. Dies war ein berühmter und berüchtigter Scherenschnitt vom Ende des verflossenen Jahrhunderts nach einem menschlichen Kostüme, in welchem mit Vorliebe und mit dem Anstande eines Brummell das Wilde, eine Schönheit von Raubtier, also die Negation der Negation, vor den Urvätern unserer Snobs aufzutreten liebte. Nero ähnlich, der als Komödiant auftrat, um mehr noch als Kaiser, um Alles, um Proteus selber zu sein. Getreulich nahm Wilde teil an dem falschen Universalismus einer Zeit, eines Systems in ihren Hypokrisen: was man ist, man kann es auch scheinen, was man hätte werden müssen, auch spielen. Nur durch furchtbare Exzesse vermögen die nun einmal noch bestehenden Gesetze den Schranken der Kasten Ehrfurcht und dem Schauder der Charaktere vor dem Schicksal dessen offizielle Ahnung zu verschaffen. Einem solchem legalen Exzesse fiel auch das Wilde zum

Opfer, zu einem vergeblichen Opfer, denn dieselbe Kaste, die es ersetzte, verurteilte das Wilde, indem sie ihre Kleider wechselte, statt des Cutaway die Robe anzog.

WILAMOWITZ. Wilhelminische Monumentalfigur des preußischen Pastors, bekleidet mit Löwenfell und Keule des Herakles. Auf Rollen gestellt ist es verschiebbar. Man konnte es vor dem Berliner Dom, vor der Universität und vor dem Neuen Schloß sehen. Tönt wie eine Memnonssäule mit Hilfe eines Grammophons deutsche sogenannte Verse in antikischen Metren. Bürger halten's für Griechisch. Dichter halten's für gar nichts.

DIE WILDGANS. Die Wildgans ist eine ganz zahme Hausgans, gern in Wiener Kleinwohnungen gehalten. Kinder binden ihr, da ihr Flügel fehlen, solche aus Papier an, worauf die Wildgans sehr stolz ist und Flugbewegungen macht. Dabei stößt sie Schreie aus, welche durchaus die einer Gans seiend den Tonfall von oft gehörten Leierkästen angenommen haben. Kleine Bürgermädchen sagen „Mein Schwan" zur Wildgans.

DAS WOLFENSTEIN. Das grämliche Wolfenstein ist das Murmeltier der Flachlandschaft, die es vergeblich durch eifriges Graben mit seinen Pfoten, ja mit dem Kopfe, zu vertiefen sucht. Es hat von dieser Leidenschaft, das Flache tiefer zu machen, etwas Verbissenes bekommen, so daß es sich manchmal ohne es zu merken in seine eigenen Pfoten beißt.

DAS ZAHN. Dieses ist wie das Heer ein in der Schweiz gezogenes Haustier, das gepökelt massenhaft nach Deutschland exportiert wird. Es wird bei armen Leuten als Kellerfleisch gegessen. Doch schmeckt es nach Kuhleder.

DER ZECH. So heißt ein in Kohlenbergwerken lebender Höhlenkäfer, wo er das einförmige Geräusch der Spitzhacke mit seinem guten Takte begleitet. In den belgischen Gruben nannten die dortigen Leute den Zech auch Verhaeren.

DAS ZOBELTIETZ. Ein weitverbreitetes Tier, das unter Ullsteinen am liebsten haust und dessen Fell Zobel vortäuscht. Man kauft es und verkauft das Fell dieses Tieres ganz billig bei Tietz. Daher der Name.

ZOLA. Besaß ein weitläufiges Fabriksgebäude zur Herstellung sozialer Schematismen. Seine Situationsmaschinen stanzten den Menschen glatt und sauber heraus. Andere Maschinen, welche die Wahrheit in der Kausalitätsreihe platt walzten, nahmen die ausgestanzten Menschen auf und setzten sie zu Ensembles zusammen, die auf einer Versuchsbühne abgerichtet wurden, so natürlich wie die Natur zu spielen. Ein kleiner Mond aus Silberpapier macht die nötige Sentimentalität.

DAS STEFFZWEIG. Des Steffzweige muß in diesem Bestiarium Erwähnung geschehen, da es von einigen wenigen immer noch als ein Lebewesen angesehen wird. Aber es ist das Steffzweig ein Kunstprodukt, hergestellt anläßlich eines Wiener Dichterkongresses aus Federn, Haut, Haaren usw. aller möglichen europäischen Tiere. Es ist sozusagen ein Volapüktier. An seine organische Existenz glaubt man zur Zeit nur mehr in entlegenen Ländern und in gewissen Genfer Kreisen. Einige wollen das Steffzweig in einem Leipziger Hause, Kurze Straße 7, unter einem kleinen Glassturz gesehen haben. In den letzten Jahren hörte man von einem Arnzweig als einem richtigen Tier. Es zu erkunden war noch keine Möglichkeit, da es in Zion vorkommen soll. Dieses Land ist hinwieder in der Geographie nicht festzustellen. Verbürgte Nachrichten melden, daß der Arnzweig ein gutes, ehrliches, von Gott geschaffenes Tier sei.

DIE GROSSEN DICHTER
DEUTSCHER NATION

ABELES — nicht vorzustellen, wie eine so große Menschheitsliebe in so kleine Gedichte hineingehen kann!

AMAN — hat nur eine kleine Geschichte von 11 Zeilen veröffentlicht, aber sie ist der Daumennagel eines Riesen.

ARNHEIM — hat sich mit einem Roman, in dem nur Partizipialsätze vorkommen, so sehr selbst übertroffen, daß wir ihm raten, es bei diesem einen Roman bleiben zu lassen. Nach solcher erreichter Gaurisankarhöhe kann nur ein Abstieg folgen.

BEMAN — der größte Dichter der allerjüngsten Generation. Statt einer Probe geben wir dem Leser unser Ehrenwort.

BERNHEIM — seine unvergängliche Tat ist die Abschaffung jedes Artikels in der deutschen Sprache. Sternheims schüchterner Versuch charakterisiert diesen Verfasser doch als einen Schriftsteller des Überganges.

BRONNEN — sein Drama, in welchem der Embrio seinen Erzeuger mit der Nabelschnur erdrosselt, hat dem traditionellen jüdischen Familienproblem bis auf weiteres das größte Monument der Lösung gesetzt.

BUMCKE — um von ihm zu sprechen, müßte man von allem sprechen, aber das Leben ist zu kurz.

BUSSE — man zittert, dieser Dichter könnte einmal aufhören, denn die Nation würde den Schmerz nicht ertragen. Wir raten, sich allmählich diesem Sirenengesang zu entziehen.

CERFEL — er läßt seine Lieder des ersten Lebensjahres auf seine Windeln drucken. Der Effekt der Dichtungen wird durch jenen auf den Olfactorius außerordentlich gesteigert.

COHEN — Verfasser eines Stückes, das zu sehen man nie müde wird, weil man es nicht spielt.

CORI NOY — ist durch einen einzigen Vers berühmt geworden, der so viel enthält, daß der Nachwelt nichts mehr zu sagen bleibt.

DEDEKIND — hat gegen das Sprichwort Sotto umbilico ne religione ne verità beides dort gefunden.

DONAT — seit sie dichtet, nennt man Gefühle nur mehr Donate.

EMANN — ist trotz herrlichster Werke so unbekannt geblieben, als hätte er den deutschen Schillerpreis bekommen.

ERFEL — hat in seine Gedichte die Menschheit so völlig hineingepreßt, daß sie außerhalb dieses Bandes nicht mehr vorhanden ist.

FECHER — war durch seine proletarischen Dichtungen der Retter des Vaterlandes. Das Proletariat gab seine Revolution auf, als es an Fecher sah, wohin sie führe.

FLAISCHLEN — seine Gedichte gehen so direkt zu Herzen, daß man gegen die unvermeidlichen Überraschungen der ersten Lektüre Vorsichtsmaßregeln treffen muß.

GAUKE — seine Sonette stehen neben denen Petrarcas, mit dem Unterschied, daß der Italiener nur eine Frau, unser Dichter aber vier Dutzend unsterblich gemacht hat.

GEHMEL — hat 999 Gedichte an seine Frau gemacht; alles von ihr ist drin; nichts fehlt.

GINZKEY — ist der Stolz seines kleinen Landes, das sich in seinem Unglück nur an ihm aufzurichten vermag.

GRATAUS — hat sich aus seinem Talent einen kleinen Bezirk gemacht und ist da nie herausgegangen.

GRUTSCHKE — hat einen Einakter gemacht und geschworen, einen zweiten erst dann zu dichten, wenn der erste vergessen ist.

HAUSER — hat Dante so meisterlich übersetzt, daß seitdem der Italiener ganz vergessen ist. So ist zu übersetzen!

HÄUBLER — ist das Genie der Wortzusammensetzungen. Er hat das berühmte Gedicht gemacht, dessen vierundzwanzig Zeilen, jede zu elf Silben, nur aus einem einzigen Wortekomposit bestehen.

HORLICKA — sein Roman „Die Not von Wien" hat die Bevölkerung dieser Stadt ihre Not vergessen machen. Der Roman ist Österreichs einziger Ausfuhrartikel.

HUNCKE — sie hat ein Gedicht gegen Amerika gemacht, über das Amerika schäumt. Huncke aber wird von Japan gehalten.

HÜTERSLOH — hat, konsequent einen Versuch eines im Namen Gleichklingenden weiterbildend, eine leider aus äußern Umständen unvollendete Periode geschrieben: nach Verbrauch von 7860 Kilo Papier ging dieses in Deutschland aus. Die wieder gehobene Produktion läßt hoffen, daß Hütersloh seinen Satz vollendet.

KARLCHEN — seine bissigen Satiren machen seinem harmlosen Herzen Ehre.

KURCKE — man hat zur Erklärung seiner tiefen Gedichte eine Kommission eingesetzt.

LIENHARD — hat den Erdgeruch entdeckt und versucht, damit den Fußgeruch aus der deutschen Literatur zu vertreiben.

LISSAUER — sein Lied gegen England erschien unter glücklichen Umständen, hatte aber schlimme Folgen, denn es machte die andern Nationen eifersüchtig auf ein Volk, das solch ein Genie besitzt. Sie beschlossen daher Deutschlands Untergang. Es ist manchmal unpatriotisch, zu schöne patriotische Verse zu machen.

LÖBELES — hat grönländische Dichter so gut übersetzt, daß das Übersetzen Mode wurde, wodurch wir leider eine Unmenge Originaldichter verloren haben.

MARIE MADELAINE — die Wollust ihrer Gedichte stellt ihrer Keuschheit das beste Zeugnis aus.

MEVERS — eine Erzählung von ihm wurde ins Französische übersetzt. Es sind schon wegen geringerer Ursachen Kriege entstanden.

MOLFSKEHL — hat ein Distichon geschrieben, das nur einige Längen hindern, den Versen des Meisters gleich zu sein.

MUNDELFINGER — hat seine Trilogie Shakespeare Goethe George nur mehr durch einen Namen zu einer Tetralogie zu erweitern: Gundolf.

NORA, NUSCHE, NOWAK, NUMBERGER, NIEZKI, NUTSCHKE, NOGIGES, NIERENDORF, NOWASIS — eine Milchstraße von Sternen! Unsere Mühe, sie einzeln festzustellen, war größer als die, sich diese Namen zu merken. Man merke sie sich!

OMPTEDA — er ist so fruchtbar, daß wir alle seine Talente nicht aufzählen können.

PAWALKE — die Verse, die er den Musen abringt, lassen den Geiz der Damen bedauern.

PRESBER — der Homer des deutschen gutbürgerlichen Abtrittes.

RADAU, PETER PAUL EMIL HEINRICH — hat sich vier Vornamen gegeben in der Hoffnung, wenigstens mit einem von ihnen auf die Nachwelt zu kommen.

RAUBE — ist unter allen knorrigen Dichtern der Knorrigste.

SALUS — seine Gedichte sind so beruhigend, daß sie in Spitälern als Umschläge für Kranke verwendet werden. Der Dichter ist auch Arzt — ist nicht Apoll der Dichter und Ärzte Gott?

SCHERING — hat durch seine Übersetzung Strindbergs die Schwerverständlichkeit dieses Schweden erwiesen.

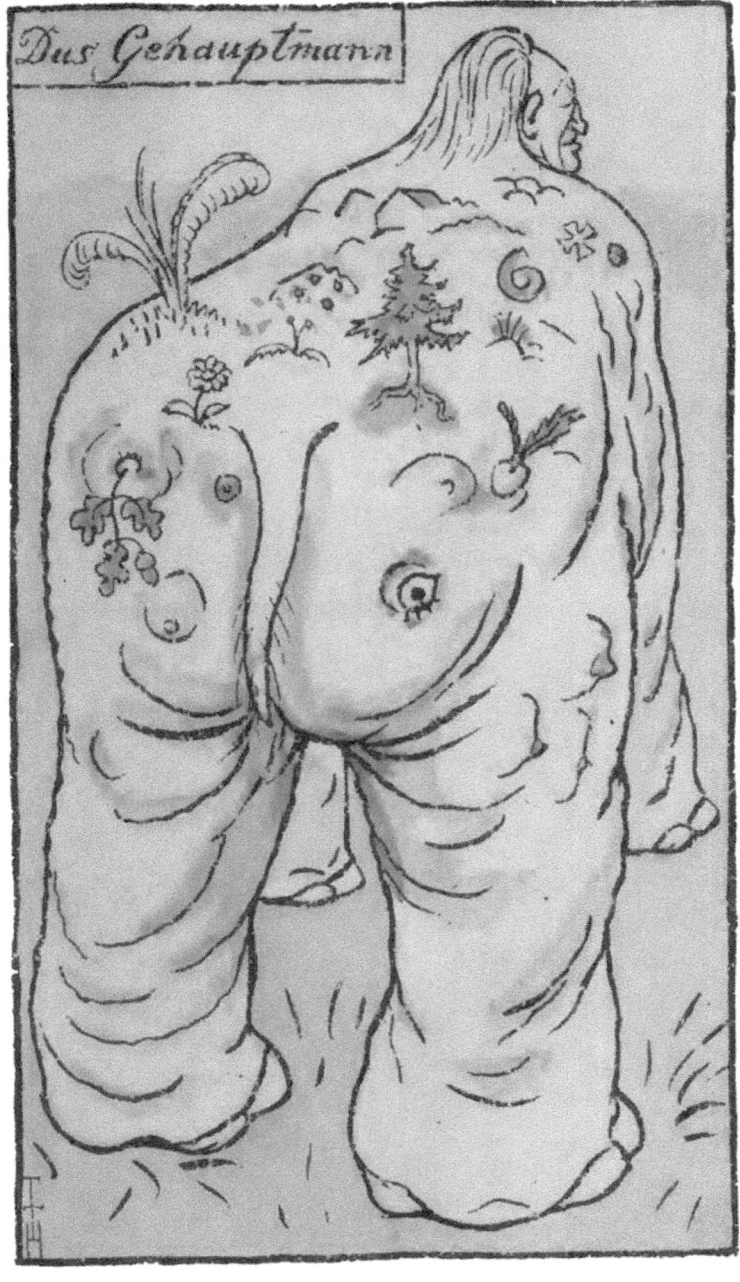

Dus Gehauptmann

SCHROIKER — setzt alle seine Operntexte in Musik, was sonst nie jemand gemacht hätte.

SOBELSOHN — seine Verse sind einziger Genuß einer Pension Berlin Augsburgerstraße. Egoisten wie Genießer schon sind lassen sie den Dichter nicht bekannt werden.

TEITELBAUM — hat die Milch seiner Amme in freien Rhythmen bedichtet. Die gerührte Amme spendet ihm seitdem das doppelte Quantum. Der Dichter ist die Freude seiner jungen Eltern.

WRZIZCINSKI — es gehört ein ungeheures Talent dazu, mit solcher Vorsicht, Rhythmus, Reim, Harmonie, Sinn und Klang zu vermeiden und doch solche herrliche Gedichte zustand zu bringen.

ZARUK — hat eine Hymne auf Zion verfaßt. Als sie dort bekannt wurde, verließen die 7600 Juden Palästina.

ZUBERBÜHLER — für ihn wurde das Wort „wurzelecht" erfunden.

ZUR IDEOLOGISCHEN MORPHOLOGIÈ
DER LITERARISCHEN BESTIAE

DAS FAUSTISCHE URVIECH

BEI Bearbeitung der norddeutschen Fauna — soweit sie sich nicht mit der europäischen Abart der felis leo palestinensis gekreuzt hat, welche Abart ihre Behandlung im Bestiarium erfuhr — konnten wir einer immer mehr sich aufdrängenden letzten Konsequenz aus den bisherigen Schlüssen uns nicht mehr entziehen, und mußten wir zu der Annahme schreiten, daß alle jene unbeschnittenen Tiere von der Gattung der genannten Wiederkäuer, die ihre Hörner nur mehr zum geistigen Aufstoßen tragen, ihren Ahnen in einem Geschöpf zu erkennen hätten, dessen exorbitante Reste in den verkohlten Wäldern des 30 jährigen Krieges gefunden zu haben wir so glücklich waren. Die Schwierigkeiten der Rekonstruktion waren groß. Fest stand, daß wir es hier mit einem vollkommen isoliert lebenden Tiere zu tun haben, das (zum Unterschied vom gleichfalls isoliert lebenden romantischen Einhorn, welches jungfräuliche Geschöpf seine Gehirntätigkeit in aller gottgefälligen Unschuld emaniert) sein Horn in eifersüchtiger Weise nach innen gebogen trägt, wie uns ein tiefes Loch in der Stirnwand und ein in das Hirn gehender hörnener Kanal bewiesen. Mit diesem Horne hat also das Tier, statt sich oder seinen Daseinsprozeß in die Welt zu integrieren, diese Welt gierig in sich selber integriert. Was wir zum Unterschiede von einem faktischen Vorgange auf der menschlichen Ebene als die metaphysische Seite des Nasenbohrens ansprechen müssen. Diese anatomische Kuriosität forderte den Schluß heraus, daß dieses Tier sowohl sehr tiefsinnig wie sehr bockbeinig gewesen sein muß, denn bei so aufreibender und unendlich zu denkender Beschäftigung mit sich selbst, als welches das Nasenbohren oder Hineinstopfen der Welt in sich selber beschrieben werden muß, ist eine bis zu ibsenischer Tollwut gehende Gereiztheit gegen alle selbständige Umwelt unmittelbare Wirkung, wenn diese Umwelt es wagt, den geschlossenen Kreislauf des kompletten Ichgefühles zu stören. Der Starke ist am mächtigsten allein, besonders unter dünner gesäter provinzialer Bevölkerung, wo der als ein Starker mißverstandene Sonderling, das monströse Ich nämlich, eine gewisse panische Wirkung übt und die Korrektur durch eine das schrankenlose Individualisieren hassende, ja verachtende Gassenbubenschaft fehlt. Des immanent jähzornigen und überheblichen Charakters unsres Tieres gewiß, schlossen wir auch sofort auf bösartige Absonderungen, und richtig: die Analyse der Reste seiner Hervorbringungen ergab, daß es seine Nahrung in Gestalt und Geruch des Problema von sich gegeben habe, chemisch also bereits so gespalten, daß kein Spatzenmagen mehr darin Nahrung gefunden hätte, zum Unterschiede von den Äpfeln des freundlich spenderischen Pferdes. Diese boshafte Art, eine restlose Verdauung durchzuführen, also nichts sonst zu scheißen als den abstrakten Dreck, den Mist an sich, das vollkommen Verwertete — dies muß aus dem Umkreis des Tieres jede Natur verscheucht haben. Was so egozentrisch fäkalisierte, kannte nicht Vogel noch Käfer in seinem Umkreis. Kein Gemeingefühl, keine engere Horde kann es gehabt haben, ja, daß es in der weiblichen Art vorgekommen sein sollte, auch das ist, wenigstens theoretisch, undenkbar. Jedenfalls hat ein ursprüngliches Mitteilungsbedürfnis ihm nicht ingewohnt, was seine Beschränktheit auf den nordgermanischen Boden beweist. Wir haben uns daher auch nicht weiter bemüht, Spanien, Frankreich, Italien oder andere gottes- und himmelsüchtige Länder nach Spuren unseres Tieres zu durchforschen. Erscheint doch in diesen Ländern durch das Vorhandensein eines echten Publikums das Mitteilungsbedürfnis, auch wenn es dem literarischen Ego nicht ab ovo ingewohnt haben sollte, in dieses per nationis gratiam einverleibt, woraus folgt, daß

eine Entartung des kunstfertigen Tieres zum wildschweifen-
den Schöpfer, der sucht, wie er sich selber verschlinge,
nicht vorkommen oder schlimmsten Falles nicht zu Ende
kommen kann. Hier möchten wir zu bemerken nicht unter-
lassen, daß ein ursprüngliches Interesse der Deutschen für
ihre Literatur natürlich nicht besteht, dasselbe vielmehr
erst durch Parasiten und Bakterien kritischer Art vermittelt
werden muß. Das so erzeugte Interesse ist, wie ohneweiters
klar, ein krampf- und krankhaftes, denn es entsteht durch
Bildung, als welche ein äußerst unangenehmer und pene-
tranter Aussatz ist.
Nach vollendeter Rekonstruktion des Skelettes haben wir
das so wiedergewonnene Tier, das in sich selber eine Niete
ist, als das „faustische Urviech" klassifiziert, stolz darauf,
den bisher illegitimen Bälgern der Gedankenblässe mit der
ungestümen Leiblichkeit damit einen Vater und dem nichts als
Individuellen sogar eine Vergangenheit verschafft zu haben.

DIE STRUKTUR DES MEIERSCHULZE

Es war an einem Maiabend des Jahres 1785, daß Friedrich Wilhelm Meierschulze aus einem Hause der Metzger-
gasse in Königsberg trat, leichten Schrittes und stramm
gehobenen Hauptes, und ohne rechts und links zu blicken
die Postgasse hinunterging, wo vor einem scheunenartigen
Gebäude eine Kutsche schon länger auf ihn gewartet zu
haben schien. Denn der Kutscher saß bereits auf ihrem
Bock, und sie rumpelte alsbald die Gasse hinunter, nachdem F. W. Meierschulze darin Platz genommen hatte. Vor
der Stadt schlugen die Pferde einen muntern Trab auf
der Chaussee ein, die nach Berlin führte, des Reisenden
Heimatsort, in dem eine zahlreiche Verwandt- und Be-
kanntschaft seine Rückkehr seit etlichen Jahren schon un-
geduldig erwartete, welch alle Zeit unser Meierschulze in
jenem Sanatorium zu Königsberg zugebracht hatte.
Sehr gehobenen Hauptes, leichten Schrittes und ohne nach
rechts und links zu sehen, genau so verließ er das Haus.

Und dessen war nicht Ursache die feinwehende Frühlingsluft, die ihn umfing — er achtete ihrer gar nicht im geringsten — und auch nicht, daß die Behandlung in dem Hause ganz ohne ihre Widerwärtigkeiten gewesen war, im Gegenteil, sie war oft recht rigoros, ja hart gewesen, wenn es auch der Patient nicht so gar sehr spürte. Denn er hatte in seinem Dasein so viel ertragen gelernt, daß es ihm dauernd den Rücken krumm bog — und diesen Schönheitsfehler zu korrigieren war er ja besonders in das Sanatorium des berühmten Mannes gegangen. Und der Fehler war korrigiert. Der Mann in immerhin schon gut mittleren Jahren hielt sich und stand und ging und sprach aufrecht wie ein Pfahl. Es saß sogar in seiner kommoden Kutsche wie ein Pfahl. Er hörte, brauchte man ihn später, diesen Vergleich nicht gerne. Denn es war gar keiner, und gerade daran wollte er nicht erinnert sein. Er wollte seinen überaufrechten Gang durchaus aus seiner Moral abgeleitet wissen, nicht, nun, es muß gesagt werden, aus dem Stock, den er auf Anraten des alten Professors verschluckt hatte, da nichts sonst helfen wollte. Als er nämlich die Geschichte seiner Leiden dem Königsberger Hexenmeister erzählte, kam er auch auf den Stock zu sprechen, den der alte König des öftern auf ihn hatte niedersausen lassen, zugleich mit dem Paradox: daß man ihn „nicht fürchten, sondern lieben" solle. Und da hatte schließlich der Königsberger, der doch sonst ein Feinschmecker war, den sonderbaren Einfall und Rat für den gekrümmten Patienten gehabt, er möge den Stock verschlucken, denn dann hätte er ja das Mittel, das zur Liebe zwinge, im eigenen Leibe, zugleich mit der den Stock schwingenden Kraft jenes, der die Liebe heische. Und nichts war einfacher als das. Friedrich Wilhelm Meierschulze schluckte und hatte seitdem einen aufrechten Gang, der etwas übertrieben aussah, aber immerhin Eindruck machte, wie er aus der Kutsche merken konnte, fuhr sie durch einen Krug; denn da standen die Bauernkerle bei seinem Anblick mit heruntergefallenen Armen und sperrten Maul und Augen auf.

Wie sagte der alte Herr beim Abschied? „Handle so, als ob die Maxime deiner Handlung durch deinen Willen zum allgemeinen Gesetz werde!" Ja, das war, so wußte er, wohl die kürzeste Fassung eines von jenem oft wiederholten Satzes, wobei es immer um Willen und Handlung herging, zwei Dinge, welche das arme Metökenherz unseres Meierschulze außerordentlich erfrischten, denn er fühlte sich, nach langen vergeblichen Anstrengungen zum Sein, durchaus zum Handeln geboren, wodurch er in einem Enkel und mit Hilfe eines kleinen philologischen Schnitzers — „das Leben ist ein Geschäft, drum handle" witzelte der Enkel — mühlos vom Handeln auf den Großhandel kam. Mit dem Willen, da wird es schon werden, dachte unser Held und schrie plötzlich laut auf „ich kann was ich will", so daß der fromme litauische Kutscher ganz erschrocken auf dem Bock zusammenfuhr und ein Kreuz mit der Hand schlug, welche die Peitsche hielt. Denn er hatte die Gotteslästerung gehört und ihn schauderte.

Was ihm der alte Herr in Königsberg für den Anfang prophezeit hatte, das traf ein: daß man F. W. Meierschulze eine Zeit lang für sehr krank halten und darum meiden würde, aber daß dies kleine Martyrium ihn, wenn dies überhaupt möglich, nur noch gesunder machen würde. „Das ist die Konkurrenz der veralteten Doktoren, wissen Sie, die ihre Wut über meine Heilerfolge an Ihnen auslassen werden. Besonders den Willen wird Ihnen gelegentlich einer arg verekeln wollen. Aber nur immer aufrecht, lieber Freund! Und da Sie ja den Stock —". „Ich weiß, Herr Professor", wehrte etwas in F. W. Meierschulze ab, denn der genannte Stock war noch nicht ganz fest eingewachsen und rührte sich manchmal als ein richtiger Fremdkörper, der er im immerhin fleischigen Leibe war.

Man mied F. W. M. in der Tat. Man sah ihn nicht gern. Er litt. In der soi-disant Verbannung tröstete es den unentwegt Aufrechten nur wenig, daß er sie mit einem Freiherrn von Stein teilte, so nutzbringend ihm auch die Unterhaltung mit diesem Manne war, der an unseres Helden

Aufrechtheit eine etwas ironische Freude zu haben schien. Es war wohl nur ein Scherz, doch Friedrich Wilhelm Meierschulze liebte solche Scherze mit heiligen Dingen nicht; aber es gab ihm doch einen hoffnungsvollen Trost, als der Freiherr einmal zu ihm sagte: „Tu es Petrus et in hoc petro . . .‟

Darunter, seinem König nicht dienen zu können, litt unser Held damals unsäglich. Denn es fehlte so im Schachbrett seiner erkannten Pflichten ein Stein, und er war, auf das unbesetzte Feld stierend, gezwungen, diesen fehlenden Stein noch stärker als bisher zu denken, wodurch er sich ein theoretisches Wissen sowohl über seine Königstreue wie über seinen Pflichtenkomplex erwarb, womit er dann vier Generationen seiner Landsleute ausstatten konnte, ja, es profitierte sogar, und bis an den Bauch, eine siebente davon.

Daß ihm das Exil und seine vorübergehende Dauer vorhergesagt worden waren, bestärkte ihn in seinem Glauben an die gelungene Kur und hinderte die Ausbildung eines Ressentiments, wozu übrigens auch die Zeit im Exil zu kurz war. So kurz, daß er es bald darauf überhaupt vergaß. Und dies um so leichter, als sich Meierschulze inzwischen so ausgedehnt hatte, daß er sich selbstverständlich vorkam. Und da begann er sich historisch zu konzipieren, was anfangs nicht ohne einige dialektische Kunststücke abging, da es galt, das historisch Vergangene so in das Gegenwärtige hineinzubringen, daß eine dem moralischen Habitus Meierschulzes entsprechende Zukunft herauskommen mußte. Worin dieses schwierige Kunststück der Geschichtskonstruktion versagte, darin kamen später andere Umstände zu Hilfe.

Unser Held konnte ein gewisses Lächeln nicht vertragen, das er an seinen im Süden und Westen wohnenden Verwandten immer dann zu bemerken glaubte, wenn er das Wort „deutsch‟ aussprach. „Ihr wollt mir wohl mein Deutschtum nicht glauben?‟ konnte er da auffahren und machte sich bolzensteif mit Bauch heraus und Brust hinein, daß das zweireihige Jakett im Jägerschnitt nur so knackte. Er bekam darauf verschiedene Antworten, je nachdem er, sein Enkel, sein Urenkel, sein Ururenkel, sein Urururenkel die Frage stellte. Etwa diese: „Wir haben das Deutsche nur nicht so jede Zeit parat wie du, weil es bei uns ein guter alter Kasten ist. Nur Neuvermählte zeigen gern ihre Wohnungseinrichtung, die ihnen selber noch auffällt, weil sie ihnen noch nicht ganz richtig gehört. Unser alter Kasten, der steht schon so lang auf dem Fleck, daß wir ihn gar nicht mehr merken." — „Jawoll", sagte da giftig Friedrich Wilhelm Meierschulze VIII, „auch nicht, daß ihn Stück für Stück die tschechischen Würmer davon tragen." Oder man sagte ihm: „Wir können halt in der Herstellung eines Champagners aus Apfelmost und Zucker so was besonders ehrenwert Deutsches nicht sehen, außer in der Benennung dieses Sudes, den du ‚Kaiserblume' taufst." Darauf antwortete hohnlachend Friedr. Wilh. Meierschulze IX: „Deutschlands Zukunft liegt auf dem Wasser" und stimmte das Flottenlied an. Einer sagte ihm einmal: „Wenn seinerzeit die Tschechen so wie ihr Preußen und Wenden und Sachsen deutsch von uns gelernt hätten, dann wären diese verdeutschten Tschechen unsere Preußen, und in Wien hätte man statt tschechische Klofars und Kramars mit einem lauten ars deutsche Kramars und Klofars mit einem stummen ars, wie Ihr deutsche Bülows und Quitzows mit einem stummen Weh habt." — „Also du meinst, es sei eine Rassenfrage innerhalb der deutschen Nation?" schnarrte Friedrich Wilhelm Meierschulze X. — „Das meint er wohl nicht," sagte ein Fremder, „sondern nur, daß Sprachgemeinschaft noch nicht unbedingt Volksgemeinschaft oder gar Kulturgemeinschaft bedeutet. Die englisch sprechenden Irländer sind deshalb noch keine Engländer. Und die französisch redenden Vlamen noch keine Franzosen. Zu Metöken werden jene, welche Sprache und Sitte der Eroberer annehmen." — „Wir Metöken?" — „Ja, in der Seele, dort, wo ihr den Staat herumtragt." — „Und der Staat ist nichts?" — „Er ist euer zum Gesetz der Welt erhobenes Metökentum." — „Handel und Gewerbe lagen in Griechenland allein auf den Schultern der Metöken." — „Wie heute in der Welt. Ganz richtig. Nur daß damals Handel und Gewerbe nicht den Staat ausmachten wie heute. Neben Perikles saß nicht ein Schneider im Amte kraft seines Schneidertums. Darum seid ihr heut die Mächtigen, denn ihr habt heute die Macht des Staates, kennt daher nichts als ihn und wollt nichts anderes als ihn, denn Zweck und Sinn eures Lebens erfüllen sich nicht menschlich oder göttlich, wie es sonst der Brauch, sondern staatlich, und das heißt ohne persönliche Verantwortung." Nach solchen Debatten pflegte der jeweilige Meierschulze auf sein wohlgeordnetes Besitztum zu sehen, seine Kontore, Kanzleien, Krane, Lifte, W. C.'s, Schiffe, Soldaten und der zweifelhaften Wirtschaft dieser oder jener seiner südlichen Verwandten vergleichend sich zu erinnern, um allsofort wieder sein vollkommenes Gleichgewicht zu finden. Aus dem er eigentlich nie gekommen war, denn er verstand die andern gar nicht, und die andern ihn nur wenig. Auch deshalb, weil man, um sich etwas zu verständigen, auf ein Deutsch sich geeinigt hatte, das eigentlich kein Mensch redete. Und zudem war es ein reiner Zufall, daß sie überhaupt miteinander und deutsch redeten. Ein anderes Mal ging ein Gespräch so: „Lieber Bruder, du bist vortrefflich in der Not ...!" — „Ohne mich" — „Gewiß, ohne dich verloren in der heutigen Welt für Heutiges. Aber deine Art schafft uns eben die Not! Ja, manchmal kommts mir vor, als ob du wie vom bösen Geist besessen die Not extra schafftest, um dich so recht als Nothelfer zu zeigen, dein Dasein schön zu beweisen, dem ohne die Not der Sinn fehlte, den wir ihm zu geben gewohnt sind und den du aus deiner Art nicht anerkennen, kaum verstehen kannst, weil er dir nicht Pflicht wird und der als Pflicht, als ein so Selbstgesetztes, überhaupt nicht zu fassen ist." — „Aber du siehst doch den Zerfall überall dort, wo mein Pflichtbewußtsein nicht herrscht." — „Und die andern sehn den Verfall dort, wo es herrscht, oder sie geben ihren

Verfall zu und sagen, dein Pflichtleben verursache ihn, denn es verdränge das Leben. Was du lebst, das impostierst du andern, denen es nicht im Wesen liegt und bei denen es daher nicht gedeihen kann, wie bei dir. Das nennst du dann Verfall der Welt, aber es ist nur deine bestimmte Welt, die auf die ganze Welt ausgedehnt überall dort verfällt, wo sie eben nicht leben kann." — „Gut ist, was im heutigen Leben —" — „Verzeih die Unhöflichkeit der Unterbrechung, aber wir wollen nicht aus Vergleichen gut und schlecht, wahr und falsch bestimmen, denn das Urteil ist hier unwichtiger als dies, daß es und von wem es und wie es ausgesprochen wird. Und da ist nichts weiter zu sagen, als daß du in der heutigen Welt mit deiner Pflicht dich bis auf weiteres besser behauptest als der andere, den nicht die Pflicht vollkommen definiert, wie du sie allein kennst. Du bist nichts als der Stärkere in der jetzigen Welt, die in ihrer augenblicklichen Artung deiner Art günstiger ist. Du hast wie die Juden, die Schotten, die Norweger, die Amerikaner, lauter deinige Verwandte, die größere Anpassungsfähigkeit an das heute Kurrante, und das ist für dich gut, und deshalb auch, aber nur für dich, an und für sich gut, das Gute schlechthin." — „Ich handle nach Maximen, die sich selbst zugleich als allgemeine Naturgesetze zum Gegenstand haben können," antwortete der betreffende Meierschulze, nunmehr schon nichts mehr sonst als der leibhaftige kategorische Imperativ. Und das ist sein Malheur, dachte der andere, daß dieser Meierschulze mit uns sprachverwandt ist, und sich daher zugleich auch noch denken kann. Er wäre sonst ein so umgänglicher Amerikaner.

Friedrich Wilhelm Meierschulze machte sich seine Geschichte, denn Unsicherheiten der Herkunft verlangten eine Ahnenreihe, die auch bis Wittenberg zustande kam. Bis dahin. Denn da es ihm vor allem und auf nichts sonst eigentlich ankam als auf das Fortschreiten, ließ sich in Hinsicht auf den Weg bis Luther nichts weiter empfinden als die Freude, daß diese Zeiten wirklich überstanden seien, die er mit Vorliebe und stiller Verachtung die ‚dunklen‘ oder, redete er öffentlich, ‚finstern‘ nannte. Und er war glücklich, in der absoluten Gegenwart, nach der er strebte — und die ihm auch die Zukunft einschlang — keine andern Spuren jener finstern Zeiten zu finden als solche, die er sich ästhetisch zurecht legen und damit, wie auch mit der universellen Bildung, vom Halse schaffen konnte. Ja, es setzte ihn das Unhistorische seiner eigenen Lebensform, welcher der Begriff der Dauer fremd war, erst recht in stand, jenen Historismus zu produzieren, den einer die historische Krankheit nannte. Sie bestand darin, daß der hermetisch in seinen Pflichtbegriff wie Insekt in Bernstein eingeschlossene W. F. M. um sich ein Leben sah, dessen organisch sich formenden Werte aus historischer Kontinuität des Seins — und nicht des Wollens — sich produzierten, und die selber zu produzieren er sich ganz außer stand merkte. So versuchte er, sich diese Werte aus der wissenschaftlich disziplinierten Bildung wenigstens anzueignen, worin er auch bald jeden schlug. F. W. Meierschulze wurde der wissenschaftliche Mensch schlechthin. Er wurde der Mann, den man überall in der Welt und in allen Sprachen ‚Professor‘ nannte. Er verfaßte dickste Bücher über Malerei, trotzdem er den einen Maler in seiner Familie als einen Taugenichts auslachte und einen anderen, der überhaupt kein Maler war, ein malerisches Genie nannte. Er schrieb Abhandlungen über den Geschmack, trotzem er Stilformen aus dem Zweckgedanken erfand. Er beherrschte sämtliche indianischen Dialekte, nur die deutsche Sprache schrieb er, daß einem speiübel wurde. Er erfand das Gesamtkunstwerk mit ethischen Absichten, weil er das Einzelkunstwerk mit ästhetischen Absichten weder zustande bringen noch aufnehmen konnte. Nichts war vor seinem wissenschaftlich gedrillten Verstande sicher, nicht einmal der Verstand selber. Denn gelegentlich verleitete ihn sein in allem Gewesenen und Seienden herumvagabundierender und suchender Bildungstrieb dazu, seinem Verstand eine mystische Maske zu geben und gegen den Verstand zu Felde zu ziehen: er wurde höchst verständig verrückt. Aber das waren seltene Extratouren von sehr kurzer Dauer. Im Grunde waren unserm Helden beide Formen, in denen Outsider der Familie gegen die Aufklärung, diesen falschen Vertrag zwischen Wissenschaft und Orthodoxie, protestierten, gleich zuwider: sowohl die Form Goethes, der zugunsten des Denkens entschied, wie auch die Form der Romantik, welche zugunsten der Orthodoxie entschied. Unser Held war für Schiller, für die Aufklärung und den Fortschritt, seines ethischen Pflichtenkomplexes als des Normativen sicher.

Im verschluckten Stock, dem physiologisch-anatomischen Erbstück der Familie Meierschulze, besaß unser Held ein Attribut des Königs, der Stock und Pflichten auferlegte, im eigenen Leibe. Der Untertan wurde sein eigener Untertan und erkannte sich. W. F. M. propagierte den Demokratismus der Pflicht, die er hinreichend abstrakt faßte, so daß sie leicht alle Konkretierungen annehmen konnte. Er schuf damit keine Demokratie, die ja nichts als ein gefühlter Zustand ist, sondern die Organisation.

Der Begriff des Lebens deckte sich ihm mit dem Vorstellungskomplex einer zweckhaften Organisation erkannter Pflichten, wobei sich die Pflicht immer mehr aus ihrer bisherigen ethischen Kategorie herausbegab und gern jedem Ding als Etikette aufgeklebt wurde, das sich ohne diese Tabulierung nicht hantieren ließ. Diesem seinen Lebensbegriff ordnete unser Held auch die Wissenschaft unter, indem er ihre Methoden zu ihrem Sinne überhaupt machte, — die Wissenschaft wurde nichts als Methode, was sie gegen den bisherigen Sinn der Wissenschaft so sehr abhob, daß die Meierschulzes nicht ganz unrichtig von einer deutschen Wissenschaft sprechen konnten.

Friedrich Wilhelm Meierschulze liebte es überhaupt, vor gewisse Begriffe das Wort deutsch zu setzen, nicht nur aus dem begreiflichen nationalen Stolze des Herrn gewordenen Metöken, sondern in wenn auch nicht ganz deutlich gewordner Einsicht, daß die Sache in seiner Hand etwas anderes geworden war. Er sagte zum Beispiel: „Der Deutsche Gott." Oder er sprach von deutscher Treue, etwas mit dem Tonfall, als ob es wo anders keine gäbe, und es irritierte ihn wenig, als ihm — es war um 1866 — ein Bayer sagte, daß sich das Wort deutsche Treue wie eine Übersetzung von fides punica ausnehme. Er parierte damals mit „unabwendbarer Folge" — Meierschulze der Elfte sagte amerikanischer „Logik der Tatsachen" — und er flüchtete sich in die Hegelsche Geschichts- und Rechtsphilosophie, aus der sich eine Auserwähltheit jedes Volkes leichter lesen läßt als die Juden die ihre aus dem alten Testament. Wenn Meierschulze sich auf eine Diskussion von Rechtsgründen damals nicht einließ, so geschah es, indem er, seines metaphysischen Rechtes wie seiner ewigen Seligkeit aus dem alleinigen Glauben sicher, sich nur und auf nichts sonst als auf den Existenzgrund berief. Seit Sadowa stützte er sich auf die Kanone und trieb Rechtsstudien auf der Artillerieschießstätte. Das gab ihm so viel Sicherheit, daß er um diese Tatsache sein Leben gruppierte, später als er es niederschrieb gelegentlich und unter dem Pseudonym Heinrich Treitschke veröffentlichte. Meierschulze, der klein zu bleiben geboren war, wäre ohne den geschluckten Stock auch klein geblieben. Aber der Stock streckte ihn: er wuchs an ihm, wurde nicht größer, aber massig.

Dieses Prooemium meines deutschen Romanes, den zu schreiben nur Faulheit hinderte, nicht die oft besprochene Unmöglichkeit eines deutschen Romanes, steht hier an diesem Ort, weil es die wichtigsten Strukturteile der deutschen Seele enthält, wie diese sich heute zeigt. Auch in den Belles lettres und ihren Verfassern. Kapitel des Romanes enthalten mit allem Fleische, auf welches das Prooemium verzichten muß, unter vielem auch dieses: Meierschulzes Italienreise, id est seine künstlerische Ambition, seine Hochzeitsreise nach Paris, id est seine erotische Ambition, seine Fahrt nach London, id est seine geschäftliche Ambition. Enthält Das Wartburgfest, id est seine Religion. Sein Besuch bei Bismarck, id est seine Politik. Sein Empfang Roosevelts,

DIE HESSE

id est auch seine Politik. Seine Depesche an Ohm Krüger,
id est noch immer seine Politik. Die Gründung des Palais
de Danse, id est seine mit dem Geschäft multiplizierte
„Pariser" Erotik. Sein Kulturkampf, das ist sein Kulturkampf. Sein Eucken, das ist sein Idealismus für Minder-
bemittelte. Sein Reserveoffizier, das ist sein Idealismus für
Höherbemittelte usw. usw.
Ich werde den Roman doch noch schreiben und schenke
den Stoff niemandem.

DER FREUD

Der Freud ist zunächst eine zu Fackelkraus analoge Sprach-
bildung. Mit überraschender Weglassung des Vornamens
und durch die Hinzunahme vertraulichen Augenblinzelns
gibt sich hier eine Bekanntheit und zugleich eine Intimität
mit dieser Bekanntheit, die nun ihren Ruhm auch in der
ganzen Menschheit ausbreiten könnte, ohne doch aufhören zu können, eine lokale und esoterische Bekanntheit zu bleiben. Denn diese ganze begeisterte Menschheit
würde eben bloß zu Wienern, zu Lesern der Fackel und
der psychoanalytischen Schriften: der Begriff der Menschheit würde eingeengt statt erweitert werden kraft einer
fluchartigen Affinität der Leser zu ihren Autoren. Was den
Freud anlangt, so verwandelte sich da der Genius der
Menschheit auf dem Lokus des Allzumenschlichen in den
Genius loci und der Wiener „Stock im Eisen" erhöbe sich
zur Säule des Herakles, welcher Name hinwieder nur das
antike Pseudonym für den Fackelkraus ist, der insofern
— allerdings mehr Crêpe de Chine als Atlas — die ganze
Schuld am Weltkriege trägt, als und umsomehr er durch
immer heftiger betonte Schuldlosigkeit seiner Person Gefahr
läuft — man soll den Gott nicht an die Wand malen —
zum agnus dei zu werden, das diese fremde Schuld dann
hinwegnehmen müßte. Wie das Sonntagspublikum unserer
Zoologischen Gärten sich um den Affenkäfig drängt, weil
der Affen physiognomische, die Distanz scheinbar wieder

aufhebende Nähe zur Komik wird, so sammelt sich eine
Waisenschar der illegitimen Kinder ahndungsvoll um ihre
Väter, den Freud und den Fackelkraus, in der verschäm-
ten, aber zudringlichen Form des Abonnenten oder Patienten,
Scheinkomplemente des Wahlvaters, diesen zur Legitimie-
rung von Schemen lockend, die er gezeugt durchs Wort
er weiß nicht wie und weiß es doch; und so muß er in
unerhörter Weise mit diesem Worte, dieser Sprache ringen
gegen Neurose und Lektüre, als Arzt das Leben, das er
geschaffen, abtreibend, als Publizist wieder einsammelnd
in sich, was er ausgegossen. Der Fall, daß ein Publizist
sein Publikum zurücknimmt, also inmitten der Publizität
diese selber aufhebt und nichts sonst schildert als die
Wonne des Wegschauens von dem, was seine Schilderung
im Konkreten auswirkte: welch eine Verzweiflung, die sich
an den Worten erhängt, welch ein Schauder vor der Erkenntnis seiner selbst, aber auch welch ein Genießen am
Strick!

„Lieber krank werden, als unbehandelt von solchem Arzte
durchs Leben wandeln, der mit der Lust, der Libido auf
dem besten Fuße, dem Pferdefuße steht!" so ruft in der
hypokriten Gesellschaft, welche natürliche Bindungen nur
noch markiert und der die Kriege auf das Haupt kommen
müssen, um der eingebildeten Übel wieder Herr zu werden,
das alte Maß der wirklichen Leiden wieder herzustellen, so
ruft am Generationsende aller Laster der Müßiggänger aus.
„Lieber überhaupt lesen können als nicht lesen können, was
der Kraus über mich geschrieben hat," so ruft des in
Wien so Vielgenannten namenloser Zeitgenosse, dessen von
Gottes Zuchtrute noch unbefriedigter persönlicher Maso-
chismus sich wollüstig getroffen fühlen will in dem allgemeinen Porträt dieser Zeit. Er nimmt die Gefahr der Bildung in Kauf, die Gefahr des Zusammentreffens mit den
bedeutenden Phänomenen der Schrift, nur um lesen zu
können auf dem Höllentore, wer er sei: ein Schurke, ein
Schieber, ein Schmock — aber er siehts gedruckt, gedruckt
in der ihm heiligen rotbroschierten Schrift, er ist da in ihr,

immerhin auf der Seite der Böcke, aber er ist da, er lebt,
er hätte es nicht geglaubt!

„Dieser ist mein vielgehaßter Sohn, an dem ich mein Miß-
fallen habe", so verkehrt sich im Munde des falschen Propheten das Wort, und nur bei dieser Verkehrung wohnt
das Blasphemische solcher Schriftstellerei, welcher mit dem
unmöglichen Versuche, den Journalismus in den Bezirk der
Sprache zurückzuführen, aus welchem er sich selber durch
einen Akt der Einsicht gestoßen hat, ein ganz anderes, un-
beabsichtigtes gelungen ist: daß die Steine, die sie hinter
sich gegen die Leute geworfen hat, diese Leute erst aus
dem Boden gestampft haben! Für jeden entlarvten Betrüger
standen ihrer zehn auf und da und hatten anstatt Karriere
plötzlich ein „Höheres", eine verschwommene, verschmockte
Art Gewissen, die — „Hemmung" nämlich, die sie nun
nicht weiterließ, hin zu den ihnen bei den Königen bereiteten
Stühlen, zu den Redaktionsschemeln nämlich. Die Hemmung ließ sie nun nicht hin, sehr zum Wehe aller andern
Berufe und insonders der Dichtung, wohinein nun alle Ge-
hinderten können, sofern sie nicht noch immer dichtge-
drängt bei der tausendsten Vorlesung ihres Propheten
stehn, weder vor noch zurück können, die Ausgänge der
Redaktionen verstopfen und die Eingänge zu den psychoanalytischen Ordinationszimmern — ein Greuel für Gott
und den Teufel.

Jener nahm den mediokren Subjekten die Lust zum Schlechten, aber gab ihnen nicht die Lust zum Guten, gab ihnen
den Stein der Hemmung statt Brotes und zeugte so Wesen,
Menschen, die es nicht in Wahrheit gibt, sondern nur in
der Hysterie. Jener sprach über das Gute nicht dämonisch,
und das machte den Andern nötig, den Regimentsarzt
seiner Marodeure, die zum ewigen Rückzug befehligt werden
und nach den Wonnen eines unerreichbaren geistigen Hin-
terlandes schmachten. Das macht den Freud nötig als den
psychologischen Definitor der Hemmung und machte zum
ersten Male das sittliche Phänomen der Lauheit zu einer
Krankheit, also zu einem außersittlichen Phänomen, also

zu nichts und alles, was nach ihrer Behebung geleistet werden könnte, zunichte, da die volle und werthabende sittliche Entscheidung in der Hilflosigkeit und Verlassenheit von jedem Außen erreicht werden muß. Zoologisch gesprochen ist der Freud die zum Wurm im Apfel der Sünde degenerierte Schlange des Paradieses. Da der Teufel aus dem Mythologischen ins Psychologische fiel, tauchte der Verführer auf als der Arzt. In dieser Rolle korrespondiert er gleichsam unauffällig mit dem Tode, nimmt ihm zum Schaden der Seele einen Teil der Schrecken. Als Arzt ist der Teufel trotz seines Falles subaltern geworden. In der Gestalt der Schlange des Asklepios hält er die Würde des bösen Prinzipes wenigstens noch an einem Stabe aufrecht, gleicht jedoch einem Könige ohne Land, da er dieses doch notwendigerweise durch die Pyrrhussiege seiner Therapie verlieren muß, ohne es allerdings gänzlich durch den wahren Sieg über sich und die Sünde, wie ein absolvierender Priester, aufgeben zu können. Er bleibt im beruflichen Protest gegen die Gesundheitsfiktion Besitzer des Landes, d. h. der Notwendigkeit von Übel und Sünde. Da dieser Schlange gewesene Wurm gewohnt war, in unendlichen Zeiträumen zu denken, erscheint ihm sein Apfel als eine Globe, als eine ganze Welt. Es ist daher müßig, mit dem Freud über die Allgewalt der Libido zu streiten. Denn gerade in der Setzung dieser Allgewalt hat er sein ursprüngliches Wesen wahr. Sprach er als Schlange einst: eritis sicut deus, so spricht der jetzige Wurm: seid wie die Psychoanalytiker. Denn die missionierende Kraft der psychoanalytischen Schriften ist größer als ihre Absicht, die Therapie. Wider den bewußten Willen ihrer Autoren. Aber so geht nun einmal ihr Verhängnis und beweist den Satz, daß außer dem einen Arzte kein Heil, auf lateinisch: extra ecclesiam non est salus. Die böse Materie ist nämlich durchaus stärker als jeder sie voraussetzungslos Erkennende. Es kann das Böse nicht ohne bedeutende Gefahr für den Erkennenden erkannt werden, insofern dieser nicht auch die letzte Affinität zu ihm in sich gelöscht hat. Aber Wiener und Juden, diese beiden Kinder des Desillusionismus, können metaphysisch nicht untergehn; sie vermöchten in einer absoluten Entscheidung nicht zu leben; weswegen sie den Dreh lieben und den Begriff des Nebbich, also den Trugzug des Mattsetzens und das anarchistische Attentat auf das Continuum: den Bombenwurf des Nebbich. Wiener und Juden sind vermöge einer ahasverischen Lebensdauer mit allem, was fliegt, kriecht, singt, malt und dichtet, heilig oder erhaben genannt wird, intim, weil der Schein, daß sie alles das könnten, schon und wenn schon und von Akiba her und für alle Zukunft stärker in ihnen ist als die protestantische und protestierende Tatsache des schlechthin einmaligen in Subjekt wie Objekt, woraus der Problematiker seinen tiefen Respekt vor den Dingen zieht und vor sich selber. Diesen Respekt können Wiener und Juden nie haben wegen ihrer pseudometaphysischen Intimität mit sich, untereinander und mit allem was ist: also haben sie da in dem Freud, in dem Wurm und seiner Methode sich zu winden die wissenschaftliche Erlaubnis gefunden, kein Geheimnis mehr weiter mit sich noch außer sich zu haben. Zum ersten Male wieder seit langem tritt der Arzt als Magier auf, beinah mit einer Irrlehre, eingedenk also seiner Präexistenz als Schlange, und mit einer Praxis, die bis auf den Daimon des intuitiven Durchschauens ohne weiteres zu erlernen ist, welcher Daimon zudem jeden, der ihn besitzt, zum Arzte macht. Sokrates, der sich selber Arzt ist! Ahnt man, worum es hier geht? Das hohe Ziel der Erkenntnis wird unglaublich tief gehängt, die ahasverische Person möchte sich auf- und auswickeln, zu Ende kommen; die Schlange, schon Wurm geworden, möchte endlich ganz verschwinden. Mittelst einer Schein-Nichtexistenz des Teufels soll Gott aufgehoben werden. Über alles die Schweigsamkeit: nichts sagte Franz von Sales lieber. Ich bescheidener Zoologe sage nur noch: Hütet die Lust in jeder, auch in gestrafter Gestalt vor den Ärzten! Habt Achtung vor der Sünde und den Leiden aus ihr! Seid euch selber sehr geheimnisvoll auch im Bösen. Geht lieber unter als zum Arzte geistigen Schiffbruches. Denn eine gewisse Gesundheit möget Ihr gewinnen, was Ihr aber verliert ist der Adel.

ANTIGONUS UND PHILAMINTE

Jedes Kunstwerk muß exemplifizieren, den Gehalt haben, muß in seiner Einmaligkeit die Einheit und Universalität des Gesamtgeschehens aufweisen können. Wir wollen uns daher keiner zufällig durch die Zeitung oder von der Phantasie uns zugewehten Geschichte hingeben, sondern uns diese in bewußter Konstruktion selber herstellen.

Annehmend, daß Begriffe mittlerer Allgemeinheit eine allseitige Fruchtbarkeit zeitigen, sei der Held im Mittelstande einer größern Provinzstadt, sagen wir etwa in der Person eines Gymnasialsupplenten lokalisiert. Soferne derselbe Mathematik und Physik unterrichtete, kann vorausgesetzt werden, daß er diesen Beruf aus einer kleinen Neigung und Begabung zur Auflösung näherer Probleme erwählt habe, denen er in eigenen Studienjahren mit schöner Hingabe, roten Ohren und einem kleinen Glücksgefühl im klopfenden Herzen oblegen haben dürfte, ohne allerdings die Erstellung weiterer und höherer Aufgaben und Prinzipien zu bedenken oder zu erstreben, wohl aber mit der Ablegung der Lehramtsprüfung einen logischen, definitiven und bürgerlichen Abschluß findend. Es paßt in den solcherart imaginierten Charakter, daß er die Formen des Lebens mit der gleichen Selbstverständlichkeit hinnehme wie die Formeln der Mathematik: beide als seiende Dinge, über deren Realität man sich keine weiteren Gedanken zu machen hätte, denen Fiktivität zuzumuten verwunderliche Schrulle wäre und deren einzige Problematik in gewissen Schwierigkeiten ihrer Kombinationsfähigkeit, das heißt Auflösbarkeit sich dartue. Die Einteilungsfähigkeit und -aufgabe der rechnerischen und erlebten Materie war ihm stete Sorge, aber auch interessiertes Vergnügen, und immer darauf erpicht, daß „es genau ausgehe", hatte er zu den Fragen seiner sogenannten Wissenschaft dasselbe Verhältnis wie zu denen seiner Stundeneinteilung, seiner Geldsorgen und denen jener Lebensfreude, die ihn als solche gar nicht berührte, die er aber irgendwie mitzumachen sich verpflichtet fühlte, da sie von den Kollegen anerkannt wurde, mithin ein seiendes Ding darstelle, dessen Forderungen zu erfüllen waren. Er trank ohne sonderliches Behagen Bier, besuchte nachher das öffentliche Haus, hatte Wege zum Spezialarzte, gab Stunden, fuhr auf der Straßenbahn, stand im Laboratorium, fraß in den Ferien an Mutters Tisch, schwarze Nägel zierten seine Hände, rötlichblonde Haare seinen Kopf, von Ekel wußte er wenig, Linoleum schien ihm ein günstiger Bodenbelag.

Eine solche Existenz, vollständig determiniert von den Dingen einer ebenen Außenwelt, in der kleinbürgerlicher Hausrat und Maxwellsche Theorie einträchtig und paritätisch durcheinanderstehn, muß als Minimum von Persönlichkeit angesehn werden, so daß sich mit Recht die Frage erhebt, ob ein solches Non-Ich Gegenstand menschlichen, geschweige denn novellistischen Interesses sein dürfe, da man ja sonst ebensowohl die Geschichte irgend eines toten Dinges — sagen wir beispielsweise einer Schaufel — entwickeln könnte.

Dieser Einwand ist um so berechtigter, da nicht einzusehn ist, wie sich die Verhältnisse mit Ablegung der Lehramtsprüfung wesentlich ändern sollten. Wohl mußten im Kopfe des Helden — Namen tun nichts zur Sache, er heiße also Antigonus — doch auch irgend welche eigene Gedanken gewesen sein, umsomehr als die kleine Denkbegabung zur Mathematik unleugbar vorhanden war, aber sie blieben an das hier und jetzt Gegebene gebunden. Immerhin verdichtete sich dieses Denken zur Zeit der Examina zu gewissen Zukunftshoffnungen und vagen Bildern: er sah sich im eigenen Heim, sah, wenn auch ein wenig schwankend, das künftige Speisezimmer, aus dessen abendlichem Dunkel die Konturen eines schön geschnitzten Anrichteschrankes und der grünliche Schimmer des wohlgemusterten Linoleumfußbodens deutlicher sich abhoben. Auch ließ das Futurum exactum dieser Formungen ahnen, daß in jener Wohnung eine Hausfrau vorhanden zu sein haben werde, was jedoch alles, wie gesagt, schemenhaft blieb. Die Erheiratung einer Frau war ihm im Grunde genommen unvorstellbare Angelegenheit: wenn ihm auch beim Bilde der zukünftigen Hausfrau gewisse erotische Schwaden durchs Gehirn zogen und etwas in ihm meckerte, daß er deren Unterkleidung so genau kennen werde, mit allen Fleckchen und Löchern, wie seine eigene, wenn ihm also jenes Weib einmal als Mieder, einmal als Strumpfband angedeutet wurde — dies auszudrücken, vermöchte eine hierherzusetzende Illustration Kokoschkas — so war es ihm anderseits undenkbar, daß ein konkretes Mädchen oder Weib, mit dem man normale Dinge in normaler Syntax reden könnte, irgendeine sexuelle Sphäre hätte. Frauen, die sich mit derlei beschäftigten, standen völlig abseits, keinesfalls niedriger als jene, aber in einer völlig andern Welt, die mit der, in der man lebte, sprach und aß, nichts gemein hatte: sie waren andere Lebewesen fremdester Konstitution, die stumme oder zumindest unbekannteste irrationale Sprache redend sich vorzustellen ihm nahe lag. Denn wenn man — ohne auch gerade biervoll zu sein — zu diesen Frauen gelangte, so geschahn die Dinge mit großer zielbewußter Fixheit, und niemandem wäre es beigefallen, etwa über Staubtücher — wie seine Mutter — oder über diophantische Gleichungen — wie die Kolleginnen — zu reden. Es erschien ihm daher unerklärlich, daß es je einen Übergang geben könne von diesen rein objektiven Themen zu jenen subjektiven, es war ihm dies ein Hiatus, dessen Entweder-Oder (ein Urquell alles Sexualmoralismus) sich übrigens gleicherweise in der Wedekindschen Psyche leicht aufweisen läßt.

Wenn wir also Antigonus in die Konstruktion einer erotischen Begebenheit hineinsetzen wollten, so dürfte sich die Möglichkeit ergeben, daß er im Dilemma seiner Determinanten jene voluntaristische Entscheidungsfähigkeit eines verantwortlichen Ichs erlange, die ihn zu novellistischer Heldenhaftigkeit eben doch berechtigen würde.

Vorderhand geschah natürlich nichts dergleichen. Antigonus legte die Examina ab, erhielt eine Supplentenstelle mit dem Auftrage, sein nunmehr abgeschlossenes Wissen weiterzugeben, was ihm unschwer gelang, denn dieses war ihm, wie bereits berichtet, in keiner Weise persönliche Angelegenheit, sondern eben ein Paket, das nunmehr säuberlich abgeschnürt und handlich sowohl dorthin als daher gelegt werden konnte. Aus der gleichen Vorstellung heraus gab er dem Schüler kleine Paketchen seines Wissens, und dieser mußte sie ihm in Gestalt von Prüfungsergebnissen wieder zurückgeben. Wußte der Schüler nichts zu antworten, so bildete sich Antigonus die wenn auch nicht klare Meinung, jener wolle ihm sein Leihgut vorenthalten, schalt ihn als verstockt und war solcherart mit einem gewissen Temperamente an seinem Berufe beteiligt. Hatten die Schüler sein Wissen zur Leih, so war ihm jedes Klassenzimmer, in dem er unterrichtete, bald Aufbewahrungsort eines Stücks seines Ichs, gleich wie der Kasten in seinem kleinen Monatszimmer, der seine Kleider beherbergte und die er sinngemäß als ebensolche Teile selbigen Ichs rechnete. Fand er in der Tertia seine Wahrscheinlichkeitsrechnung, zu Hause im Waschtisch seine Schuhe vor, so fühlte er sich unzweideutigerweise der Umwelt gegeben und verknüpft.

Solches Leben währte einige Jahre. Hierauf trat die von uns als notwendig vorweggenommene erotische Erschütterung ein. Um nicht fernab zu schweifen, gesellen wir Antigonus ein naheliegendes Komplement bei, nämlich seiner Hauswirtin Töchterlein, das einem meiner Freunde zuliebe Philaminthe genannt sei.

Es entsprach der Weibauffassung des Antigonus, jahrelang ohne irgendeinen Wunschgedanken neben einem Mädchen einherleben zu können. Ob dieses Negativum auch der Wesenheit des Mädchens entsprochen hatte, bleibt eigentlich irrelevant, denn Antigonus wäre sicherlich nicht der Mensch gewesen, ihr bürgerliches Seufzen zu verstehn, und da es ohne männlichen Angriff eben meistens nicht geht, so wäre ihr Begehren gewißlich in Kürze eingeschlafen. Es ist daher anzunehmen, daß Philaminthes Phantasie, gleichgültig ob sie sich jemals mit Antigonus befaßt hätte oder nicht, auf auswärtige Objekte gerichtet war, und man wird nicht fehl gehn, ihr romantischen Charakter zuzusprechen. Es ist beispielsweise in kleinern Städten üblich, täglich den Bahnhof zu besuchen, um den durchfahrenden Schnellzug anzustaunen, einer Sitte, der Philaminthe gerne folgte. Wie leicht ist es nun möglich, daß ein junger Herr, am Fenster des abrollenden Zuges stehend, dem nicht unhübschen Dinge zugerufen hätte: ,,Komm doch mit", eine Begebenheit, die Philaminthe fürs erste in einen blöde lächelnden Pfahl verwandelt hätte, der nur mit schweren Füßen nach Hause gelangte, nachts aber sie von nun an immer häufiger träumen ließ, daß sie mit müden, ach so müden Beinen enteilenden Zügen nachzulaufen hätte, die auf Griffweite erlangbar in nichts versanken; blickte sie dann tagsüber von der Näherei auf, stundenlang den aufreizend unvollkommenen Zickzackflug der Fliegen um die Stubenlampe verfolgend, so erstand jene Bahnhofszene aufs Neue: es wurde ihr deutlich, daß sie wohl noch auf den abfahrenden Zug aufspringen, vielleicht eine rührende Verletzung bei diesem kühnen Sprunge davontragen hätte können, um sodann gebettet auf den weichen Polstern der I. Klasse und handgehalten von ihm in die dunkle Nacht hinauszufahren; Schaffner hätte sich, nachdem er Buße für die fehlende Fahrkarte samt reichlichem Trinkgeld erhalten, unterwürfig zurückgezogen, und es blieb nur offen zu überlegen, ob im entscheidenden Augenblicke die Notbremse ihrer Ehre erreichbar gewesen wäre oder nicht, da beide Alternativen atembeklemmende Möglichkeiten boten.

In solcher Sphäre lebend, hatte sie also wenig Sinn für Antigonus, denn wenn sie auch nicht seine grau-gestrickten Socken, die sie ausbesserte, gestört hätten — auch den Schnellzugsgeliebten würde sie wohl nicht anders als grausockig präzisiert haben, wenn sie sich die Frage überhaupt vorgelegt hätte —, so stand doch fest, daß Antigonus seine Sonntagsausflüge mit Rucksack und Gamsbart IV. Klasse besorgte, und selbst der Hinweis auf die Pensionsfähigkeit seiner Laufbahn hätte nicht vermocht, ihr Blut rascher fließen zu lassen.

So versteht es sich, daß diese beiden Menschen nur aus raumzeitlicher Zufälligkeit aneinander geraten konnten, daß in grob-materialer Dunkelheit sich ihre Hände aus wirklichem Zufall begegneten und daß das Begehren, das jäh zwischen Männer- und Frauenhand da emporflammte, zu ihren eigensten Erstaunen es tat. Sie sprach die reinste Wahrheit, als sie, an seinem Halse hängend, wiederholte: „ich wußte ja nicht, daß ich dich so lieb habe", denn das konnte sie vorher wahrlich nicht wissen.

Antigonus fand sich durch den neuen Sachverhalt einigermaßen beunruhigt. Er hatte nun den Mund stets voll Küssen, und stets sah er die Türwinkeln ihrer Umarmungen, die Bodenstiege ihrer raschen Zusammenkünfte vor sich. Schläfrige Pausen erlebte er am Katheder sitzend, kam mit dem Lehrstoffe nur ruckweise vorwärts, hörte den Prüflingen nur zerstreut zu und schrieb indessen „Philaminthe" oder „ich habe dich lieb" aufs Löschblatt, dies jedoch keinesfalls in normaler Buchstabenfolge, sondern er verteilte, damit des Herzens Geheimnis sich nicht verrate, die Buchstaben nach willkürlich erklügeltem Schlüssel über das ganze Löschblatt, wobei die nachträgliche Wiederzusammensetzung der magischen Worte ein zweites Vergnügen an ihnen darstellte.

Wenn er dabei Philaminthes über alle Maßen gedachte, so sah er sie allerdings nur in ihrer flüchtigen Geschlechtsbereitschaft. Hinter den Türen Geliebte, in der Öffentlichkeit neutrale Gesprächspartnerin — das heißt, man sprach vom Essen und der Häuslichkeit —, war ihm das Mädchen doppeltes Lebewesen geworden, und während er des einen Namen sehnend aufs Löschpapier malte, war ihm das andre gleichgültig wie ein Möbelstück.

Philaminthe, dieserhalb weniger punktuell veranlagt, faßte
eines Tages ihre Erkenntnis in die glücklich gefundenen,
glücklich gewählten Worte: „Du liebst nur meinen Körper",
und wenn sie auch zwar nicht recht wußte, was sonst
Liebenswertes an ihr zu finden wäre, ja wenn sie sich —
und da kann Wedekind wieder als Zeuge angerufen werden
— auch wahrscheinlich jede andre Art Liebe verwundert
verbeten hätte, so war dies weder ihr noch ihm bekannt,
und beide empfanden die aufgeworfene Tatsache als
Kränkung.

Antigonus nahm sichs zu Herzen. Hatte ihr Liebesspiel bis
jetzt erst nachmittags begonnen, wenn er aus der Schule
heimkehrte und die Mutter ausgegangen war, während
stiller Übereinkunft gemäß der Morgenstunden relative Un-
gewaschenheit von dieser ästhetischern amourösen Tätigkeit
ausgeschlossen geblieben war, so bemühte er sich nunmehr,
die Universalität seines Liebens durch dessen Ausdehnung
auf sämtliche Tagesstunden zu beweisen. Nie verabsäumte
er in der Folge, den ihm knapp vor dem Schulgange gebrachten Kaffee rasch schlürfend, ihr einige innige und
leidenschaftliche Worte zuzuraunen, und die Zusammenkünfte auf der Bodenstiege, früher bloß ein eilendes und
ununterbrochenes Finden von Mund zu Mund, wurden nun
vielfach zu einem sinnigen, stummen Aneinanderpressen
und Handverschränken verwendet. Auch sie schien Zugang
zu seinem Geiste zu suchen: korrigierte er abends seine
Hefte und waren sie allein zu Hause, so wurde diese Zeit
oft nicht mehr zu tollen Umarmungen verwendet, sondern
sie nötigte ihn bei seiner Arbeit zu bleiben, die er unter der
Petroleumlampe am Speisezimmertische ausführte, räumte
inzwischen im Halbdunkel beim schöngeschnitzten Anrichte-
schranke und kam nur manchmal zu ihm, seinen blonden
unter der Lampe gebeugten Scheitel, der wenigen Haar-
schuppen nicht achtend, zu küssen oder, Hand auf seiner
Schulter oder Schenkel ruhend, sich still und traulich zu
ihm zu setzen.

Wir wollen nicht rechten, ob die Mutter im Hinblick

auf seine Pensionsfähigkeit häufig genug abwesend war,
denn weder Antigonus noch Philaminthe dachten in ihren
Seufzern vorderhand an bürgerlichen Segen, vielmehr
hegten sie eine panische Furcht vor plötzlicher Heim-
kehr der Alten, hatten für diesen Augenblick immer einen
genau festgelegten Sitz- und Beschäftigungsplan parat, um
den Kupplerblick, soferne die abgearbeitete Alte einen
solchen gehabt hätte, was aber schließlich doch nicht
unwahrscheinlich gewesen wäre, mit Harmlosigkeit auf-
zufangen.

Es war also keineswegs Angst vor der Ehe, deren Joch
er in seiner Liebesbereitschaft sogar willig akzeptiert hätte,
die ihn in einen Zustand des Unbehagens brachte, sondern
wir müssen, soferne wir die Setzung dieses Unbehagens
gelten lassen, uns der schematischen Weibauffassung erinnern, in der Antigonus früher lebte, um zu verstehn, daß
ihm die neue Sachlage nicht sonderlich adäquat sein konnte
und daß sich Komplikationen ergeben werden. Es könnte
beispielsweise Antigonus an seiner steten Aufgabe zur Ge-
fühlssteigerung, an seiner unausgesetzten Spannung, das
„ich-hab-dich-lieb", das beim ersten Kusse zwar erstaunlich aber immerhin einfach ins Wort trat, jetzt mit einem
Pathos erfüllen zu müssen, dessen Arsenal keineswegs einfach zu handhaben war, glattweg ermüden und sich aus
seiner komplizierten Hingabe nach jenen einfachen und
ruhigen Formen der Liebe sehnen, die einst die ausschließ-
lichen für ihn waren; ein Augenblick der Hemmungslosig-
keit könnte bald eintreten, und Antigonus würde fliegenden
Pulses zum Ziel der Sehnsucht seiner niedrigen Lüste ent-
eilen, um allerdings allsobald, im gleichen Tempo und in
schweigender Angst vor dem Spezialarzte, zu Philaminthe
zurückzujagen, die Sprachlose mit der Erzählung einer
romantischen Verführung — die Frau eines Generals zog
ihn in ihr Haus und Schlafgemach — imponierend zu über-
rumpeln. Wir wollen den sich anschließenden atemlosen
Dialog Heinrich Mann überlassen und uns nach andern
Kombinations- und Entwicklungsmöglichkeiten umsehn.

Antigonus malte nach wie vor Philaminthes Namen auf Löschblätter, doch ohne Teilnahme, setzte das Wort auch nicht wieder aus kunstreicher Zersplitterung zusammen, sondern verfolgte mit gereizter Aufmerksamkeit die Schüler, die weniger denn je wußten. Die Anspannung seiner Gefühle hatte ihm den Begriff des Seienden verschoben: lag es früher in seinem kleinen Wissen, das er mit den Schülern tauschte, in den Kleidern, die er in bestimmter Ordnung anlegte, in der pflichtgemäßen Rangordnung, in der er mit Vorgesetzten und Gleichgestellten zu verkehren hatte, so hatten diese unzweifelhaft berechtigten Belange nunmehr unliebsamerweise in seinem Ich keinen Platz mehr: Philaminthens Aufgaben, die er eben wie jede andere voll auf sich genommen hatte, war eine Unendliche, denn mehr als ihren Körper lieben, hieß nach einem unendlich fernen Punkte streben, und dies zu vollziehen, bedurfte es aller Kräfte der armen, erdgebundenen Seele. Und muß diese das aufgeben, was ihr wirkliche Welt bedeutete, also ihr ausgebreitetes metaphysisches Werterlebnis, so ist sie leicht geneigt, nicht nur sich selbst, sondern auch das ganze wunderbare Phänomen ihres bewußten Seinsbestandes zu entwerten und zu negieren.

Alles Unendliche ist einmalig und einzig. Und da des Antigonus Liebe sich bis ins Unendliche projizierte, wollte sie auch einzig und einmalig sein. Dem aber stand die Bedingtheit ihres Werdens gegenüber. Nicht nur, daß er zufällig gerade an das Gymnasium dieser kleinen Stadt versetzt wurde, nicht nur, daß er zufällig gerade bei Philaminthens Mutter Zimmerherr werden mußte: es war die wahllose Zufälligkeit des so plötzlich perfektionierten Liebesbeginns, die er nunmehr als Ungeheuerlichkeit empfand, und die Erkenntnis, daß das Begehren, das damals zu ihrem Erstaunen in ihren Händen emporschoß, das gleiche sei, das er in den Armen jener Frauen erlebte, die er jetzt als Huren beschimpfte. Doch hätte er sich über diesen Mangel an Einmaligkeit, so sehr er ihn auch wirklich schmerzte, von seiner Seite schließlich hinweggesetzt, wenn er ihn

nicht folgerichtigerweise auch bei Philaminthen hyposta-
sieren hätte müssen. Denn das Subjekt kann in seinem
Streben nach Unendlichkeit zu eigenerlebter, einmaliger
Universalität vielleicht wachsen, seinen objektiven Gegen-
pol zu gleicher Größe zu erweitern, bedarf es aber einer
Phantasie, die wohl Dante, jedoch kaum Gabriel Rossetti,
zum wenigsten Antigonus, aufbrachte. Dies heißt aber, daß
er die Flamme des Begehrens stets um Philaminthens
Händen sah und, obwohl ihrer Treue sicher, an der Möglichkeit ihrer Untreue leiden mußte und sicherlich tiefer
als er es in jedem materialen Fall vermocht hätte.
So wurde er nicht nur in der Schule unleidlich, sondern
auch dem Mädchen gegenüber. Setzte sie sich, ihrer Garten-
laubenhabitüde folgend, traulich zu ihm, so riß er sie
manchmal an sich, biß ihr die Lippen wund, um sie ein-
andermal wieder ungelenk wegzustoßen; kurz, er äußerte
alle Ungezogenheiten der Eifersucht in ihrer rüpelhaftesten
Form. — Es muß eigentlich nicht eigens erzählt werden,
denn es versteht sich von selbst, daß Philaminthe schon
längst, in Mutters Eßzimmer, Antigonus' Geliebte geworden
war. Wenn sie damals ihre letzte Gunst, wie sie das nannte,
was in Ansehung des von allem Anfang an als selbstverständlich Gewährten eher als symbolische Besitzergreifung
zu bezeichnen wäre, wenn sie diese letzte Gunst auch lange
hintangehalten und sich eigentlich erst gegeben hatte, als
er, um ihr eben zu beweisen, wie seelisch er liebe, keinerlei
diesbezügliche Wünsche und Gesten mehr äußerte, so lag
es jetzt auf dem Wege ihrer gradlinigen Phantasie, daß
sie, keiner Schuld sich bewußt, die Krise, die sie mit Ver-
ständnislosigkeit an ihm bemerkte, durch die verpönte
körperliche Liebe zu heilen suchte, ihm eifrig das entgegen-
bringend, was sie sonst, schelmisch erhobenen Fingers,
ihm so gern verzögerte. Die Arme! sie wußte nicht,
daß sie damit nur Öl ins Feuer goß. Denn wenn Antigonus die sogenannte Gunst auch nicht verschmähte, so
war es nachher um so ärger, denn umso klarsichtiger erkannte er, daß das ihm Geschenkte ebensowohl und mit

gleicher Leidenschaft jedem andern hätte zu Teil werden können.

Er hatte sich nie mit andern verglichen, hatte stets seinen Unwert nur an der Unendlichkeit seiner Aufgabe gemessen. Nun sah er auch mit Schrecken, daß eine Unzahl junger und eleganter Männer durch die frühsommerlichen Straßen sich bewegten, und nie verließ ihn mehr der Gedanke, daß jene mit Leichtigkeit und im Meßbaren bleibend, lächelnd über ihn, den Über-sich-ausholenden, nicht nur Phila-minthens, nein aller Frauen Liebe genössen, die allesamt für ihn bis jetzt unberührbar, doch nichts anderes seien als schlechte Weiber.

Zu ihr zurückkehrend, würgte er sie am Halse mit der Motivierung, niemand, hörst du, niemand könne und werde sie je so lieben wie er, und die Tränen des entsetzt ge-schmeichelten Mädchens, dessen romantischer Sinn die Situation bejahte, flossen mit den seinen zusammen, be-schließend, daß nur der Tod von solcher Qual erlösen könne.

Philaminthens Phantasie nahm das Wort des Sterbens auf und wandelte die Vorzüge der Todesarten ab. Die unge-stümen Formen ihrer Liebe forderten ein großes Ende, und sie hätte sich nicht gewundert, hätte ihnen Edschmid 16 ge-dungene Mörder auf den Leib geschickt. Da dies jedoch nicht geschah und sich auch nicht die Erde zu erwünschtem Beben öffnete, noch der Hügel vor der Stadt Lava zu speien anfing, vielmehr Antigonus trotz schmerzverzerrter Miene täglich zur Schule wandelte und sie schon voll blauer Flecke war, vermochte sie ihn, ein Ende zu be-reiten, daß er einen Revolver erstünde. Er fühlte, und wir, die wir es herbeiführen, mit ihm, daß damit die Würfel gefallen seien. Mit trockenem Munde, feuchten Händen be-trat er das Waffengeschäft, stotternd das Verlangte be-zeichnend und gleich sich entschuldigend, daß er solches zu seiner Verteidigung auf einsamen Wanderungen benötige. Mehrere Tage hielt er seinen Kauf verborgen, und erst, als sie, eines Morgens den Kaffee bringend, ihm mit

zurückgeworfenem Kopfe zuflüsterte: „Sage mir, daß du mich liebst", legte er ihr zum Beweise die Waffe auf den Tisch.

Nun erfolgten die Dinge mit großer Eile. Den nächsten Sonntag trafen sie sich, sie einen Besuch bei einer Freundin vorschützend, wie so oft, im Nachbarorte zu gemeinsamer Wanderung. Ein letztes Mal sich in den Armen zu ruhen, hatten sie einen verschwiegenen Waldplatz mit schöner Fernsicht auf Berg und Tal gewählt, dem sie nun zustrebten. Aber der Blick, dessen Weite sie sonst als schön bezeichneten, sagte ihnen in ihrer Beklommenheit nichts mehr. Sie durchstreiften bis in die Nachmittagsstunden ziellos den Wald, hungrig, da das Essen nicht zum Tode paßte, und ruhten endlich wahllos und erschöpft zwischen den Büschen. „Es muß sein", meinte Philaminthe, und Antigonus zog die Waffe hervor, lud sie behutsam, legte sie vorsichtig neben sich nieder. „Tu's rasch", befahl sie und schloß in letztem Kusse die Arme um seinen Hals.

Über ihnen rauschten die Bäume, Licht brach in kleinen Flecken durch leichtbewegte Buchenblätter, und weniges sah man vom wolkenlosen Himmel. Der Hand erreichbar lag der Tod, man mußte ihn bloß aufnehmen, jetzt oder in zwei Minuten oder in fünf, man war völlig frei, und der Sommertag war zu Neige, ehe ihn die Sonne verblaßte. In einer einzigen Handbewegung konnte man die Vielheit der Welt erledigen, und Antigonus empfand, daß sich eine neue und wesentliche Spannung zwischen ihm und jenem Komplexe auftat. Der Freiheit eines einigen und einfachen Entschlusses gegenüber wurde auch dessen Willensobjekt zur Einheit, wurde rund und schloß sich in sich, handlich in seiner Totalität wurde es problemlos und ein Wissen der Ganzheit, wartend, daß er es aufnehme oder wegstelle. Eine Struktur absolut ausgehender Ordnung, gelöster Klarheit, höchster Realität ergab sich, und es wurde sehr licht in ihm. Fernab rückte der Totaleindruck der Welt, und mit ihm versank das Gesicht des Mädchens unter ihm, doch verschwanden sie keineswegs völlig; vielmehr fühlte er sich jener Weltlichkeit und dem Weibe intensiver gegeben und verknüpft denn je, erkannte sie weit über jede Lust hinaus. Sterne kreisten über dem Erleben, und durch den Fixsternhimmel hindurch sah er Welten neuer Zentralsonnen im Gesetze seines Wissens kreisen. Sein Wissen war nicht mehr im Denken des Kopfes; erst glaubte er die Erleuchtung im Herzen zu fühlen, aber sie dehnte sich, sein Ich mitweitend, über ihn hinaus, floß zu den Sternen und wieder zurück, erglühte in ihm und kühlte in sehr wundersamer Milde, öffnete sich und wurde zu unendlichem Kusse, empfangen von den Lippen der Frau, die er als Teil seiner selbst und doch schwebend in maßloser Entfernung erfaßte und erkannte. Denn das Ziel des Eros ist das Absolute, das erreicht wird, wenn das Ich seine brückenlose, hoffnungslose Einsamkeit und Idealität, über sich und seine Erdgebundenheit hinauswachsend, dennoch durchbricht, sich abscheidet und im Ewigen Zeit und Raum hinter sich lassend die Freiheit an sich erwirbt. Im Unendlichen sich treffend, gleich der Geraden, die sich zu ewigem Kreise schließt, vereinigte sich die Erkenntnis des Antigonus: „Ich bin das All" mit der des Weibes: „Ich gehe im All auf" zu letztem Lebenssinn. Denn für Philaminthen, im Moose ruhend, erhob sich das Antlitz des Mannes zu immer weitern Fernen und drang dennoch immer tiefer in ihre Seele, verschmolz mit dem Rauschen des Waldes und dem Knistern des Holzes, mit dem Summen der Mücken und dem Pfiff der Lokomotive zu einem rührenden und beseligenden Schmerze der vollkommenen Geheimnisenthüllung eines empfangenden und gebärenden Wissen des Lebens. Und während sie die Grenzenlosigkeit ihres wachsenden und erkennenden Fühlens entzückte, war ihre letzte Angst, solches nicht festhalten zu können: geschlossenen Auges sah sie vor sich, vom Rauschen und von Sternen umgeben, das Haupt des Antigonus, und ihn lächelnd von sich haltend, traf sie sein Herz, dessen Blut sich mit ihrer Schläfe vermischte. — — Es ist der anmaßende Irrtum der Naturalisten, daß sie den Menschen aus Milieu,

Stimmung, Psychologie und ähnlichen Ingredenzien eindeutig determinieren zu können vermeinen. Wir wollen uns
hier mit der materialistischen Beschränktheit nicht ausein-
andersetzen und bloß anmerken, daß der Weg Philaminthens
und Antigonus wohl zur Ekstase hätte führen können, um
in ihr den unendlich fernen Punkt eines außerhalb der
Leiblichkeit und doch in ihr eingeschlossenen Liebeszieles
zu finden. Da aber, wie gesagt, das Menschliche keineswegs eindeutig ist, so ist immerhin auch anzunehmen möglich, daß der Weg vom Schäbigen ins Ewige für Antigonus
und Philaminthe vorzeitig abgebrochen worden wäre. Wenn
auch die Todesbereitschaft als solche eine gewisse Katharsis
bildet, deren logische Lösung und Folge als eine kleine
spießbürgerliche Befreiung ihrer armen Seelen zu denken
ist, als eine Festigung der Seinsanschauung aus Labilität
ihrer kleinen Qual, so wäre, nachdem sich die Dinge zwischen
den Gebüschen eben bloß in gewohnt plumper Ungelenk-
heit vollzogen hätten, nichts andres übrig geblieben als
das soi disant natürliche Ende. Spät abends hätten dann
Antigonus und Philaminthe den letzten Zug erreicht, um
einem Brautpaare schon gleich in einem Wagen erster
Klasse, Hand in Hand, der Heimat zuzueilen. Würden
Hand in Hand vor die ängstlich harrende und erschreckte
Mutter hintreten, und pathetischen Gestus des Nachmittages
beibehaltend kniet der Pensionsfähige auf dem grünlich
schimmernden Linoleumboden nieder, den mütterlichen
Segen zu empfangen.
Jedes Kunstwerk muß exemplifizierenden Gehalt haben,
muß in seiner Einmaligkeit, die noch durchaus nicht Ein-
deutigkeit sein muß, die Einheit und Universalität des
Gesamtgeschehens aufweisen können. Wir haben uns nichts
vorgeflunkert, haben unsre Geschichte nach ihren Möglichkeiten hin durchdacht und darnach gemeinsam konstruiert.
Wir wollen uns gegenseitig nichts vormachen, wir wollen
uns aber auch nicht verhehlen, daß unsre Geschichte sehr
schön ist.

VON DER GEISTIGEN ERNÄHRUNG
DURCH INTUITION

Die Intuition ist eine auf allen Wiesen wachsende Wunderpflanze, deren Alter bis in die Zeit Platons nachgewiesen ist, aber wahrscheinlich viel weiter zurückreicht. Die in Deutschland häufigste Varietät wächst aber nicht auf den Wiesen, sondern ist nachgewiesenermaßen stets nur auf dem eigenen Mist derer gewachsen, die sie gebrauchen. Sie wird langsam zwischen den Zähnen gefletschert und verleiht dann wunderbare Erkenntnisse, wie wir sie bei Spengler oder in der Mechanik der Zeit von Rathenau finden. Sie kann aber auch hastig hinuntergeschlungen werden, wie es der Expressionismus tut, und dann erzeugt sie erhebende Blähungen, die in Form von Gedichten, Gottesanrufungen, geistigen Explosionen und sonstigen Ohmenschlichkeiten abgehen. Bei ganz senilen Leuten, wie dem einst verdienstlichen Schleich, wird sie zu einem Brei erweicht, nach dessen Genuß die Seele aussieht wie der Garten einer Kriegsgewinnlervilla, in dem der rauhen Natur durch Gnomen aus Terrakotta und Elfen aus Biskuitmasse eine Ahnung von Höherem verliehen ist. Das charakteristischste Symptom fortgesetzten Intuitionsgenusses ist eine sich bei jeder Gelegenheit zeigende Abneigung gegen den Verstand von geradezu verheerenden Folgen, so daß heute in Deutschland trotz des eigentlich endemischen Charakters der Erscheinungen von einer Intuitionsepidemie gesprochen werden kann. Es steht heute so damit, daß jeder, der etwas behaupten will, das er weder beweisen kann, noch zu Ende gedacht hat, sich auf die Intuition beruft. Es wäre daher zu beantragen, daß sich alle deutschen Schriftsteller durch zwei Jahre dieses Worts enthalten mögen, wonach sie zum erstenmal ihr wahres Gesicht sehen würden, wie einer, der einen zeitlebens getragenen Bart abrasiert.

Was die verschiedenen Varietäten der Intuition betrifft, wird ganz übersehen, daß ihre Stammform auch auf rein rationalem Boden gedeiht. Der entscheidende Einfall, mag er noch so methodisch vorbereitet worden sein, springt auch beim wissenschaftlichen Denken wie von außen unerwartet vor das Bewußtsein. Ebenso wird durch erhöhte Gemütszustände auch das rein rationale Denken, das mit Gefühl scheinbar gar nichts zu tun hat, mächtig gefördert. Wie viel mehr jenes, das in einer anderen biologischen Abhandlung dieses Buches das nicht-ratioïde Denken genannt worden ist, dessen Penetranz und innere Fortpflanzungsgeschwindigkeit geradezu von der Vitalität der Worte abhängt, einer um den relativ belanglosen Begriffskern gelagerten Wolke von Gedanke und Gefühl. Dann erst denke man an jene Erkenntnisse, die „mit einem Schlage das Leben erhellen" — Paradefälle der Intuition; man wird dann auch da sehen, daß es sich nicht um eine plötzlich ausbrechende andere Art Geistestätigkeit handelt, sondern um einen allmählich gewordenen kritischen Zustand der Gesamtperson, der endlich umschlägt, wobei der aktuelle, vermeintlich zündende Gedanke gewöhnlich nur der Explosionsblitz ist, der die große Umreaktion begleitet. „Etwas, das sich nicht erkennen, beschreiben, definieren, nur fühlen und innerlich erleben läßt, das man entweder niemals begreift oder dessen man völlig gewiß ist" — „mit einem Schlage, aus einem Gefühl heraus, das man nicht lernt, das jeder absichtlichen Einwirkung entzogen ist, das in seinen höchsten Momenten sich selten genug einstellt" — werden solche Erlebnisse gewöhnlich beschrieben. Das ist aber nur ein Grad auf der großen Skala, die von da über den Zustand des Gläubigen, des Liebenden, des Ethischen zur Haplosis, zur visio beata und den anderen großen Formen der Weltempfängnis führt; mit einem sehr bemerkenswerten Nebenast im Pathologischen, der von der verbreiteten Zyklothymia bis zu schweren Wahnzuständen reicht.

Man wirft ein, daß die Analyse der psychologischen Form menschlich nicht interessiere, sondern nur die Synthese der in ihr gewonnenen Inhalte. Die Welt, in der wir leben und gewöhnlich mitagieren, diese Welt autorisierter Verstandes- und Seelenzustände, ist nur der Notersatz für eine andere, zu der die wahre Beziehung abhanden gekommen ist. Zuweilen fühlt man, daß von all dem nichts wesentlich ist, für Stunden oder Tage zerschmilzt es in der Glut eines anderen Verhaltens zu Welt und Mensch. Man ist Strohhalm und Atem und die Welt die zitternde Kugel. In jedem Augenblick erstehen alle Dinge neu; sie als feste Gegebenheiten zu betrachten, erkennt man als inneren Tod. Das Pferd vor dem Wagen und der Vorübergehende kommunizieren. Oder wenigstens Mensch und Mensch messen sich nicht, beschnüffeln einander nicht wie Kundschafter, sondern wissen voneinander wie Hand und Bein an einem Körper. Das ist die Stimmung philosophisch schöpferischer — oder aber auch philosophisch eklektischer Zustände. Man kann sie intellektuell als verspäteter Christ auslegen oder das Fließen des Heraklit an ihr demonstrieren, überhaupt allerlei heraus- und hineinlesen, unter anderem auch ein ganz neues Ethos. Glauben wir daran? Nein. Wir spielen damit Literatur. Galvanisieren Buddho, Christus und andere Ungenauigkeiten. Ringsum tobt die Vernunft in tausenden von PS. Man trotzt ihr und behauptet, in einem verschlossenen Kästchen eine andere Autorität zu haben. Das ist der Sammelkasten Intuition. Man öffne ihn endlich und sehe, was darin ist. Man wird auf der einen Seite die große Gruppe der religiösen Erlebnisse finden, die sich nach der Durchdringung mit dem Verstand sehnen, auf der anderen das Ressentiment von Literaten, welche das bezweifeln, was der Verstand wirklich leisten kann, dagegen unerhört gläubig gegen alles sind, was ihnen gerade einfällt.

VON DER STREITFRAGE
ÜBER DIE BIOLOGISCHEN BEGRIFFE
ZIVILISATION UND KULTUR

Es ist eine alte und wie mir scheint recht unfruchtbare Streitfrage, wie man Zivilisation und Kultur unterscheide und welche höher stehe. Ich glaube, wenn man unterscheiden will, ist es am besten, Kultur dort zu sagen, wo eine Ideologie herrscht und eine noch einheitliche Lebensform, Zivilisation dagegen als den diffus gewordenen Kulturzustand zu definieren. Jeder Zivilisation ist eine Kultur voraufgegangen, die in ihr zerfällt; jede Zivilisation ist ausgezeichnet durch die bekannte technische Beherrschung der Natur und ein sehr kompliziertes, sehr viel Intelligenz forderndes, aber auch schluckendes System sozialer Beziehungen.

Es sind alle Kulturen in verhältnismäßig kleinen Räumen und Gesellschaften entstanden und haben sich von dort ausgebreitet. Darin liegt an und für sich eine Verdünnungs- und Erschöpfungstendenz; die gleiche liegt in der zeitlichen Wirkung durch Generationen. Ideen lassen sich nicht übergeben wie Wissen; sie erfordern gleichen seelischen Zustand und in Wirklichkeit ist höchstens ähnliche seelische Disposition vorhanden: so sind sie ständig der Veränderung unterworfen. Solang sie neu sind, werden sie dadurch vielleicht bereichert, später korrumpiert. Sie realisieren sich unterwegs allerdings in Einrichtungen und Lebensformen; aber eine Idee verwirklichen, heißt sie schon teilweise zerstören. Alle Verwirklichungen sind Zerrbilder, und in höherem Alter werden sie immer leerer und unverständlicher, denn Form und Idee haben ein ganz verschiedenes Lebenstempo; so ragen immer die Formen einer älteren Schicht in die Ideen einer neuen herein und konkurrieren mit ihnen an Einfluß. Die Entwicklung selbst ist nichts, das sich in einer einheitlichen Linie auswirkt. Mit der natürlichen Abschwächung, welche die Idee durch ihre Ausbreitung erleidet, kreuzen sich Einflüsse aus neuen Ideenquellen. Der innerste Lebenskern jeder Zeit, eine neblige, quellende Masse, ist eingebettet in Formen, die der Niederschlag viel älterer Zeiten sind. Jede Gegenwart ist gleichzeitig schon hier und noch um Jahrtausende zurück. Dieser Wurm bewegt sich auf politischen, wirtschaftlichen, kulturellen, biologischen und unbegrenzt viel anderen Gliedern, deren jedes ein anderes Tempo hat und einen anderen Rhythmus. Das ist ein Teil der Gründe, warum späte Zeiten so uneinheitlich sind und in solchen Zivilisationszeiten die Kulturen zerfallen wie Gebirge.

Es wird der Kultur fast immer eine unmittelbarere Beziehung zu den Wesenheiten zugeschrieben, eine Art schicksalhafter Sicherheit der menschlichen Haltung und noch instinktive Sicherheit, der gegenüber dann der Verstand, das Zivilisationsgrundsymptom, eine etwas klägliche Unsicherheit und Indirektheit besitzen soll. Man kennt die Symptome, worauf sich das stützt. Der große, besonders aus der Ferne geschlossen wirkende Gestus von Mythos und Religion, andererseits die Umständlichkeit, mit dem Verstand das zu sagen, was ein Blick, Schweigen, ein Entschluß viel besser ausdrücken. Der Mensch ist eben nicht nur Intellekt, sondern auch Wille, Gefühl, Unbewußtheit und oft nur Tatsächlichkeit wie das Wandern der Wolken am Himmel. Die aber nur das an ihm sehn, was die Vernunft nicht bewirkt, müßten schließlich das Ideal in einem Ameisen- oder Bienenstaat suchen, gegen dessen Mythos, Harmonie und intuitive Taktsicherheit alles Menschliche vermutlich sehr ungöttlich ist.

Wie bereits gesagt, muß man das Wachstum der Anzahl daran beteiligter Menschen für die Hauptursache des Übergangs von Kultur in Zivilisation ansehn. Es ist klar, daß hundert Millionen Menschen zu durchdringen ganz andere Aufgaben stellt als hunderttausend. Die negativen Seiten der Zivilisation hängen zum größten Teil damit zusammen, daß diesem Volumen des sozialen Körpers seine Leitfähigkeit für Einflüsse nicht mehr entspricht. Man betrachte den Zivilisationshöhepunkt vor dem Krieg: Eisenbahn, Telegraph, Telephon, Flugmaschine, Zeitung, Buchhandel, Schul- und Fortbildungssystem, Wehrpflicht: alles zusammen völlig unzureichend. Der Unterschied zwischen Großstadt und noch schwarzem Land größer als der zwischen Rassen. Vollkommene Unmöglichkeit, selbst in der eigenen Schicht in die Voraussetzungen eines anderen Gedankenkreises einzudringen außer unter ungeheurem Zeiteinsatz. Folge: schmale Gewissenhaftigkeit oder impetuose Oberflächlich-

keit. Mit dem Wachstum der Zahl hält die geistige Organisation nicht Schritt: darauf sind 98 v. H. aller Zivilisations-
erscheinungen zurückzuführen. Man kann tun, was man
will, Christus könnte auf die Erde wieder niedersteigen:
es ist ganz ausgeschlossen, daß er zur Wirkung käme. Die
Frage auf Leben und Tod ist: geistige Organisationspolitik.
Das ist die erste Aufgabe für alle heute lebenden Tiere.
Wird sie nicht gelöst, so sind alle anderen Anstrengungen
vergeblich, denn sie ist die Voraussetzung dafür, daß sie
überhaupt wirken können.

NOTWENDIGE EXKURSE

ERSTER EXKURS

DIE Geschichte der Ideen und ihrer Denkbarkeit ist die Geschichte ihrer Ausdrückbarkeit. Wir denken das, was wir ausdrücken können und sonst nichts. Nur so ist das Gesetz der Identität von Gedanke und Ausdruck, von Form und Inhalt zu verstehen: als Gleichzeitigkeit ihres in die Erscheinungtretens. Nicht die Ideen wachsen oder nehmen zu, sondern ihre Ausdrückbarkeit. Das Unsagbare wird in dem Augenblick unser Besitz, in dem wir es als unsagbar ausdrückten. Es wurde damit ein Paradox des Unmöglichen Wirklichkeit: das Unsagbare ist als solches gesagt, das Formlose ist als solches geformt worden.

Die Geschichte des Wirksamwerdens einer Idee ist kein seinslogisches, sondern ein soziales Phänomen. Als solches, aber nur als solches, wird es in einer historischen Darstellung seine Rolle spielen. Der Zustand heutiger Literaturgeschichtsschreibung macht einige prinzipielle Bemerkungen nötig, auch dazu bestimmt, dem Leser des Folgenden wie dieses ganzen Buches die Mühe zu ersparen, darin etwas zu suchen, was er in seinen Literärgeschichten zu finden gewohnt ist und hier nicht finden wird.

Es ist nicht die Aufgabe einer literargeschichtlichen Darstellung, das Verständnis der Kunstwerke zu beleben oder dazu anzuleiten oder es zu wecken. Kürzer: es ist nicht die Aufgabe solcher Darstellungen, im Leser eine ästhetische Reproduktion hervorzurufen. Die historische Darstellung muß vielmehr diese Reproduktion als bereits stattgefunden voraussetzen, damit sie das werde, was sie sinnvoll — im Sinne wissenschaftlicher Ökonomie — nur sein kann: Darstellung der künstlerischen und literarischen Vorgänge, die sich in Wirklichkeit ereignet haben. Jene erste ästhetische

Reproduktion ist eine einfache und betätigt sich schon, wenn der Mensch vor einem Kunstwerk in den Ausruf „wunderbar" ausbricht — womit er aber noch kein Literarhistoriker wird, wie alle jene sogenannten Literarhistoriker meinen, die in ihren Büchern nichts anderes als solche „wunderbar" und „abscheulich" verlauten lassen, indem sie in einem willkürlichen oder zufälligen Schematismus Autorennamen und Büchertitel anhäufen und diese mit einer Flut von ästhetisch belanglosen lobenden und tadelnden Beiworten wie mit Fleiß- und Strafzetteln überschütten, geholt aus einem unerschöpflichen Füllhorn ethischen, ästhetischen und politischen Stumpfsinns.

Der Historiker dieses Namens würdig setzt also diese einfache Reproduktion des Werkes als geschehen voraus und bringt diese bereits erfolgte Reproduktion zur Darstellung. Die Literaturgeschichte ist, wie Croce sagt, ein historisches Kunstwerk über ein oder mehrere andere Kunstwerke. Der sie zu schreiben unternimmt wird in seiner Person ein Mensch von Geschmack, ein Unterrichteter und ein Ästhetiker sein müssen, in welchen drei Arbeitsstadien jedes relativ unabhängig ist, nämlich unabhängig vom folgenden, nicht aber vom vorausgehenden Stadium. Und er muß historisch darstellen können. Was aber heißt das? Der Begriff des Historischen ist vor jedem Mißverständnis zu schützen. Die Frage nach dem Wesen des künstlerischen Vorganges ist keine historische, indem man etwa nach dem „Ursprung der Kunst" frägt, sondern sie ist eine philosophische Problemstellung, welche die Ästhetik zu lösen versucht. Als Frage nach der „historischen Entwicklung der Kunst" ist sie überhaupt keine Problemstellung, sondern nichts als Unsinn aus einem Mißverständnis. Da die Kunst kein Naturprodukt ist, sondern als menschliches Wirken selber die Voraussetzung der menschlichen Geschichte bildet, kann man nicht ihr historisches Entstehen suchen wollen. Die Kunst ist keine auftauchende und verschwindende menschliche Einrichtung wie etwa der Staat oder das Geld oder die Invaliditätsversicherung, deren Ursprünge allerdings historisch feststellbar sind, ebenso wie deren „Entwicklung" oder deren „Fortschritt" nach einem allseits bekannten und gebilligten Ziel. Das Kind macht Fortschritte im Gehen in der Richtung auf das Leistungsmaximum des Zieles Gehen. Die Sinnlosigkeit, von einem Fortschritt der Kunst bei nicht vorhandenem Ziel zu sprechen, leuchtet ein. Es nimmt zwar jede Darstellung menschlicher Geschichte so etwas wie einen Fortschritt an, aber kein Gesetz solchen Fortschrittes, mit welchem Gesetze und sei es wie immer die Darstellung die Geschichte selber aufhöbe — die Geschichte, d. h. das empirische Geschehen in konkreten Vorgängen. Es ist aber dieser Begriff des Fortschrittes für den Historiker nichts weiter als das, was man den Gesichtspunkt nennt, nämlich des Historikers Idee von der Art der Lösung jenes menschlichen Problems, dessen Geschichte er schreibt. Ohne diesen Begriff des Fortschrittes, der in Wirklichkeit der Gesichtspunkt ist, entstünde das Kunstwerk der Geschichtsschreibung gar nicht, sondern bliebe Chronik, in der Kunst Katalog.

Der Gesichtspunkt ist des Historikers Idee und nur seine, da es ein anderes als ein subjektives Kriterium hier gar nicht geben kann. Und kein eunuchisches Kriterium, wenn auch viele Historiker, besonders der Künste, mit der von sich ausgesagten absoluten Objektivität jene fatale Operation an sich vollzogen zu haben behaupten. Die Wertigkeit des wertenden Subjektes entscheidet über den Wert des Historikers, nicht aber, daß diese Subjektivität nicht vorhanden sei.

Kunst ist nicht formulierende wissenschaftliche, sondern definite Ausdruck gebende Erkenntnis. Die Geschichte der Kunst ist nicht Geschichte einer Wissenschaft, als welche der Begriff des Allgemeinen ist, sondern Geschichte individuellen Ausdrucks, weshalb sie so etwas wie einen Fortschritt im Sinne wissenschaftlicher Erkenntnis nicht kennt. Das Äußerste, was sich der Kunsthistoriker erlauben darf, kann nur sein, daß er innerhalb eines bestimmten abgegrenzten Problems — das Fresko, die Sonate, der Reim

— von einem Mehr oder Minder der Annäherung an die Problemlösung sprechen kann. Nur so kann man von Auftritt, Höhe und Verfall des elisabethischen Dramas reden. Oder es kann der Historiker an dem Ideal der Vollendung, das sich der Künstler selber gesetzt hat, von einer fortschreitenden Bewegung des Künstlers zu diesem seinem Ideal oder von ihm weg sprechen, z. B. von Wielands Ideal seiner Verserzählung, Gauguins Ideal seiner Vereinfachung usw. Man sieht: immer wird das Maß, an dem ein „Fortschritt" zu messen, von den zu messenden künstlerischen Erscheinungen eines Umkreises oder eines Problems selber aufgestellt, nicht und nie aber von einem außerhalb dieser Erscheinungen irgendwo am Ende schwebenden Ideal überhaupt oder von einem irgendwann einmal in einem ganz andern Problemkreise verwirklichten Ideal. Raffael stellt in gar keiner Weise einen „Fortschritt" gegenüber Giotto dar, Beethoven keinen gegenüber Händel, Goethe keinen gegenüber Shakespeare. Aber auch Cézanne keinen „Rückschritt" gegenüber Ingres und George keinen gegenüber Mörike. Denn es fehlt hier durchaus alles Gemeinsame, das einen auf „Fortschritt" eingestellten Vergleich rechtfertigen könnte. Daß die Menschheit — ein sehr halbseitiger Begriff — einem künstlerischen Ideale zustrebe und man die Etappen des ihm zustrebenden Genius der Menschheit wahrnehmen und messen könne, ist ein Zeichen großer Einfältigkeit in allen Dingen der Kunst und eines ebenso grundlosen wie selbstgefälligen Optimismus in allen Dingen der Sittlichkeit. Man gewinnt in weitergehenden Zeiten mehr Wissen, einmal aus dem einfachen zeitlichen Zuwachs, dann aus dem immer in solchen Zeiten gesteigerten Interesse an dem, was einmal war, in denen und mit denen sich die Menschen nicht ganz wohl fühlen, weil sie mehr gelebt werden als leben. Der Historismus wird immer in Zeiten mit geringer presenter Wertlebigkeit gedeihen. Dieses „mehr wissen" ist nun kaum ein allgemein menschlicher „Fortschritt", ganz bestimmt ist es kein künstlerischer. Historisch zu wissen, ob man hygie-

149

DIE KOLbANNETTE

nischer, komplizierter, sensibler usw. geworden ist, das hat
für die Kunst keinerlei Bedeutung: sie kann davon in der
Richtung auf ein Anders-sein beeinflußt werden, nicht aber
n der Richtung auf ein Besser- oder Schlechtersein als
die künstlerische Aktivität irgendeiner frühern Zeit. Kein
heute lebender Dichter ist „schlechter" als Homer, sondern
nur anders. Wer aus dem Anders-sein ein Besser- oder
Schlechtersein ableitet oder darein gar einschließt, der gibt
kein Urteil ab, sondern äußert ein unbegründbares Vorurteil. Aus dem Vergleich zu gewinnende Kunsturteile sind
nur dann möglich, wenn sie vom Künstler selber bestimmt
dadurch provoziert werden, daß er das Maß angibt, an
dem er gemessen zu sein wünscht, ein erklärter Nacheiferer
Shakespeares an Shakespeare, ein Nachahmer der Goethe-
schen Strophe des Westöstlichen Diwan an dieser Strophe.
Hier begrenzt der Dichter selber sein Problem, verzichtet
bewußt auf die Andersheit und versucht eine Identität mit
seinem Progonen zu erreichen. Aber die Seltenheit solcher
über die in der Zeitnähe vom Vorbild natürlichen Beziehungen hinaus ins Künstliche gebrachten Abhängigkeiten
zeigen ebenso wie die künstlerische Gleichgültigkeit eines
Phänomens, bei dem einer seine Person auslöscht, um der
Schatten einer andern zu sein, die Irrelevanz solcher Ausnahme im Kunstablauf, der sich nicht in den Kategorien
der Werte „besser" und „schlechter" vollzieht, sondern in
der zunächst indifferenten Wertkategorie des „anders".

ZWEITER EXKURS

Je weniger Geld der Mensch hat, desto mehr spricht er
vom Geld. Kein Volk redet in so vielen Literaturgeschichten
so viel von seiner Literatur wie das deutsche. Keine Literatur ist geschichtsloser d. h. traditionsloser als die deutsche;
jeder fängt sie hier bei Adam und bei sich an und endigt
sie mit sich. Nirgends gibt es daher so viele Bücher, welche
versuchen, dem Deutschen eine Geschichte seiner Literatur
einzureden.

Denn nur von einem bildungsmäßigen Einreden sind diese
Darstellungen Beweis, da von einem echten Blutkreislauf,
der durch das deutsche Volk und seine Literatur, beide
aneinander und ineinander organisch verwachsen, seine
Welle trüge, nicht die Rede sein kann. Versuche, wie der
Hofmannsthals, die Tradition des Wiener Barock der Leo-
poldinischen Zeit aufzunehmen, werden mißverstanden.
Andere, wie Lautensacks volkstümliches und naives Erinnern an Blut seines Blutes, an Nithart, an Abraham
a Santa Clara, wird als deutsche Literatur nicht erkannt,
der schwäbisch-bäurische Essig, sehr deutsche Literatur, wird übersehen. Aber eine kunstgewerblich gemachte
Heimatschreiberei wird als deutsch angesprochen, Dummheit als deutsche Gemütstiefe, Albernheit als schlichtes
Gefühl. Man kann sagen, der deutsche Schriftsteller nimmt
seit einem Jahrhundert den Weg zu seinem Volke durch
den Bildungstrichter seiner Literaturgeschichten, nimmt ihn
da, sucht ihn da, formt sich bevor er auszieht schon danach. Das Volk liest in seinen Engel, Koch, Oehlke usw.,
daß es und was es alles für Dichter hat, alte und neue,
große und kleine, und freut sich darüber; im übrigen liest
es, was es freut. Nämlich was anderes. Eine Darstellung
dieses „andern" wäre auch in der einfachsten Form einer
Statistik des Meistgelesenen der Deutschen von großem
Werte. Man würde daraus das ästhetische Wollen dieses
Volkes kennen lernen, erfahren, nach welchen Idealen es
sich orientiert, welches sein geistiger Zustand, welches seine
innere Bildung ist. Zwei Seiten unserer Literaturgeschichten,
Stefan George gewidmet, sind, auch wenn sie, was sie nicht
sind, kritisch wertvoll wären, insofern ganz lügenhaft, weil
die wenigen Menschen, welche diesen Dichter lesen, öffent-
lich gar nicht in Betracht kommen. Selbst fünf Seiten
Thomas Mann entsprechen nicht der Wahrheit, wenn ihnen
nicht zwanzig Seiten W. Bloem und vierzig Seiten Courths-
Mahler folgen. Für das Frankreich Ludwig XIV. wäre die
Forderung einer solchen auf das Meist-Gelesene aufgebauten
Darstellung ohne Sinn, ganz gleichgültig wie hier das Re-

sultat ausfiele, es wäre ohne Importanz. Aber von höchster ist es für sogenannte demokratische Zeiten wie der jetzt gelebten. Die „führenden Männer" dieser Zeit, Wilhelm II. oder Stresemann, Scheidemann oder Noske, Heim oder Hindenburg: keiner dieser Männer wird je von George gehört haben, aber jeder von ihnen hat Ganghofer gelesen oder Stratz oder Herzog. Zwischen diesen Figuren ist Korrespondenz. Die ästhetische Belanglosigkeit eines Stratz festzustellen ist nicht die Aufgabe der Literaturgeschichtsschreiber, zumal sie sich durch das, was sie über Hofmannsthal sagen, nicht ausweisen, daß sie zur ästhetischen Kategorie Recht auf ein Urteil haben. Aber dies vermöchten sie aus Kongenialität: die geistige Bedeutung des Meistgelesenen als Ausdruck des Nationalgeistes aufzuzeichnen, auf ihn wirkend, von ihm Wirkung empfangend. Die Lektüre der führenden Männer dieses Volkes ist dieses Volkes Lektüre und enthält dieses Volkes Art nach allen Dimensionen ausgedrückt.

DRITTER EXKURS

Ein Buch in zwei Bänden, gefüllt mit journalistisch Zusammengehörtem und Lesefrüchten aus dritter Hand, mißlungener Versuch, ein plattes Romanschema damit zu füllen, bei einem richtigen Bühnenschriftsteller begreifliches Mißlingen, Personen und Vorgänge seiner Welt erzählend sichtbar zu machen — denn der richtige Bühnenschriftsteller ist Schauspieler — also außerhalb der Bühne wesenlos oder defektuös — ist dieser Roman „Europa" trotz aller Anstrengung, das Nichtige der Mitteilung als wichtig einzureden durch eine Sprache, die nur ein Berliner Kommis so nennen kann, ist, sage ich, dieser Roman Europa sehr instruktiv für die Erkenntnis unseres belletristischen Zustandes. Unsere Naturalisten sel. Gedenkens verabscheuten die Intelligenz als das Dichten störend oder ungünstig beeinflussend: Ressentiment geringer Intelligenzen. Niemand war stolzer auf seine makellose Dummheit als ein deutscher Dichter der 80er Jahre. In den 90er Jahren und später hat sich dies nur insofern geändert, als der damals moderne Dichter seine Verachtung der Intelligenz zum System machte. Es hieß, besaß er schon Gehirn, dies wieder in Ganglion zurückbilden. Kurz vor dem Marasmus trat die mächtige Hilfe Bergsons auf, der den Belletristen und Dichtern sagte: 1. daß der Künstler sich nicht um die Dinge bewege, sondern in ihrem Innern installiert selber diese Bewegung sei; 2. daß die aus ihrem Wesen heraus unbewußte reine poussée vitale, indem sie sich dilatiere und distendiere, ihrer selbst bewußt und fähig werde, über ihr Objekt zu reflektieren. Toute naissance est co-naissance sagte mit chinesisch-ernstem Gesicht bald darauf Claudel. Mit andern Worten: Die Empfindung wird ganz von selber Wissen um die Empfindung, der Baum ganz von selber Botanik, und der Ladenjüngling braucht nur Liebschaften zu haben, um ein Wissen über die Liebe wie Stendhal zu bekommen. Denn das Wissen einer Sache sei Coincidenz von Person und Sache, ließe man nur die poussée vitale sich dilatieren und sich an einer gewissen Stelle zwar als poussée aufheben, „zu sich selbst zurückwenden", wie Bergson sagt, um Intelligenz zu werden, — wie diese Unmöglichkeit mit der Natur der reinen poussée vereinbar ist, darauf gibt Bergson nur mit Augenniederschlagen die Antwort: „Ces choses de la vie profonde, l'instinct seul les trouverait, mais il ne les cherchera pas." Und Strindberg fing an, mit bloßem Instinkt im Kachelofen eines Berliner Zimmers aus Schwefel Gold zu machen. Unsere Belletristen wurden durch solche Zeithaltung, für die Bergson nur Ausdruck ist, ungemein stolz, wie man bald merkte, denn was sie machten war ja nicht mehr eine bestimmte Haltung der menschlichen Intelligenz zu den Phänomenen des Lebens und daraus sich ergebende Transcendenz, sondern war etwas ganz und gar neues, nämlich das Leben selber in seiner emotionalen Aktivität. Der neue Dichter letzten Datums ist also der immediate Ausdruck des Lebens, das er nicht etwa percipiert, sondern mit dem er identisch ist.

Sollte er nicht stolz werden? Fiel ihm doch das absolute
Alles-Sein zu, ohne Mühe. Und genau wie der natura-
listische Belletrist von 1880 verachtet der expressionistische
von 1918 die Intelligenzia als alles deformierend, was sie
berührt; und sie nennen sich die „Geistigen", die Besitzer
des wahren Intellektualismus und suchen den „andern"
als pedantische Vernünftelei zu entwerten. Ganz unintelli-
gent wie sie sind beten sie doch ganz götzendienerisch die
Intelligenz an, den Geist, das Wort Geist wenigstens. Das
Buch Europa strotzt von solchen Worten aus der Intelli-
genzsphäre, nur von den Worten, oft genug auch die ganz
falsch verstanden. Ich zähle 8 mal Elan, 5 mal Dynamik,
2 mal Brisanz, ferner Mehrwert, Palpitation, Stoßtrieb, Hy-
perbel, motorisches Prinzip, immer vom Autor zum Leser,
nicht von seinen Personen untereinander gesprochen, und
ohne Anlaß. Eine sogenannte philosophische Auseinander-
setzung über Denkinhalte und Begriffsinhalte füllt Seiten
dieses Romanes, weil irgend eine zufällig aufgeschlagene
Seite Kant den Verfasser hilflos konsternierte. Dem Verfasser ist es noch nicht, wie einem andern Belletristen in
einem Romane „Die achatnen Kugeln", gelungen, seine
Identität mit der poussée vitale dadurch zu zeigen, daß
dieses Romanes Helden, ansonst zweibeinig, Raum und
Zeit völlig aufheben, nur mehr die Bewegung schlechtweg
sind, daher jetzt im Schwarzwald, eine halbe Stunde später
am Kansas sind. Der Verfasser der Europa hat für die
Götzenverehrung der Vitalität nur die Vokabel, die er an-
betet. Zwei erzählte Beischlafe versuchen in dem Ablauf
des Romanbächleins Niagara zu machen: die asiatische
Banise ist ein Schulaufsatz dagegen. Zu dem Zwecke, vor
dem Leser den geschwellten Biceps der geliebten Vitalität
spielen zu lassen, ist dem Verfasser kein Beiwort gewaltig
genug. Ich zähle folgende Beiwörter: 10 mal kolossal,
3 mal formidabel, 4 mal epochal, 2 mal monumental,
7 mal Fanal, 3 mal fabelhaft, 4 mal enorm, 3 mal pracht-
voll, 3 mal pompös, 2 mal saftig, 2 mal wuchtig, 2 mal
herkulisch usw. Auch dieses immer vom Verfasser zu

etwas gesagt, nie von Personen zu deren etwaiger Charakteristik solcher Berliner Kommis-Metaphorie. Eine bei einem Schriftsteller erstaunliche Unkenntnis der bildhaften Kraft der Sprache trifft hier glücklich den Ausweg in die Vitalität, die man in solchen Beiworten arretiert zu haben glaubt.

VIERTER EXKURS

Jenen einer ästhetischen Wissenschaft Beflissenen, Lehrern wie Schülern, welche diese ihre Wissenschaft dessen was die Kunst ist auf Untersuchungen darüber aufbauen, wie die Kunst auf den Menschen wirke, um dann daraus wieder weiter zu finden, was die Kunst oder die „wahre" Kunst sei, — jenen Jüngern ihrer schon ganz unfraglichen Wissenschaft seien in dem Folgenden die ganz simpelsten Voraufgaben ihrer Aufgabe gestellt, mit deren Lösung sie schon einige Semester hinbringen können, lehrend oder lernend. Ohne weiteren Anspruch auf Originalität der folgenden Aufstellungen zu machen — der kürzlich verstorbene Remy de Gourmont hat am besten darüber traktiert, — enthalten sie nur alles Wesentliche in Hinweisen, Fingerzeigen, wo der fleißige Student sich ausarbeitender Weise einerseits den Doktorhut, andererseits die aus seiner Arbeit erworbene Erkenntnis holen kann, daß es auf diesem Wege zur Feststellung dessen was die Kunst ist nie kommen kann, nicht einmal dessen, was die „wahre" Kunst ist. Und er wird sich dann vielleicht der großen deutschen Philologie erinnern, die allerdings seit langem nicht mehr auf den deutschen Hochschulen zuhaus ist, sondern in Neapel, und wird als solcher Philologe die Ästhetik als Lingustik gewinnen, wie dieses Benedetto Croce getan hat, der sich allerdings von Wilh. von Humboldt datiert und nicht von Wilamowitz. Die bescheidene Sache ist die:
Jeder Akt hat seine eigene Vollendung zum Ziel. In das Ziel ist die gewollte Wirkung inbegriffen. Jeder Akt will sich beim Handelnden als erfolgreich vollenden; auch den Akt des einsamsten Denkers will dieser wirksam.

Der Erfolg ist ein Faktum für sich selber und steht außerhalb des Werkes und des Aktes, den er begleitet. Für die künstlerischen Akte ist der Erfolg ein mögliches Faktum, welcher das Wesen selber des Aktes nicht ändert. Der Erfolg schafft nicht ein Werk, sondern bringt es auf eine Weise ans Licht, daß davon immer etwas in der Erinnerung der Menschen bleibt. Hier von einem Kriterium sprechen hieße zu viel sagen, denn der Erfolg ist ein Faktum wie eine Blume oder ein Brand oder ein Fluß. Gegen dieses Faktum ist so gut wie nichts zu stellen, nämlich nichts als die Ideen gewisser Menschen über die künstlerische Schönheit. Und auch diese Opposition ist nicht radikal, da im Prinzip diese Schönheit nicht außer den Möglichkeiten eines Erfolges steht; in welchen Fällen man dann das Urteil unterstreichend von einem „berechtigten Erfolg" spricht. Aber jeder Erfolg ist als Erfolg legitim. Die Sonne ist auch dann legitim, wenn sie das Korn verbrennt, und nicht nur dann, wenn sie es zur Reife bringt. Der Erfolg setzt ein Werk ans Licht: das ist sein Wert, der ganz unabhängig vom Werte des Werkes ist und von diesem her nicht bestimmt wird, noch auch von ihm bestimmbar ist.

Da die Kunst da ist, hat sie eine Funktion; sie befriedigt ein menschliches Bedürfnis. Ein Werk erfüllt seine Funktion um so mehr, je intensiver und extensiver es das menschliche Bedürfnis befriedigt. Es sagt gar nichts, dieses Bedürfnis das künstlerische Bedürfnis zu nennen. Dies sagt so nichts, wie daß der Tabak das Bedürfnis nach Tabak befriedigt. Das ist naiver Finalismus, der sich auf die einfache Relation von Topf und Deckel beschränkt. Die Kunst gefällt —: der Erfolg ist der Anfang einer Probe zugunsten des Werkes. Der Erfolg hat ein Werk zu einem Turm hoch gehoben, den eine den Wert des Werkes bestreitende Gruppe anrennt mit dem Effekt, den Turm dadurch nur noch höher zu machen, statt ihn, wie sie will, zu stürzen. Der Menge, welche dem Werke den Erfolg gegeben hat, wird gesagt, daß sie betrogen und dumm sei. Die Menge findet das Werk schön (weil es ihr gefällt). Man kann ihr nur antworten: Ja, es ist schön (weil es gefällt). Über das Gefallen etwas später.

Ganz zufällige Umstände wählen ein Werk für den Erfolg aus: nach erfolgter Wahl ist das Werk geheiligt wie die vom Priester unter vielen Hostien ausgewählte eine Hostie. Hier nun setzt die häufigste kritische Bemerkung ein: es gäbe eine Ästhetik, eine Lehre vom Schönen. Es gibt sogar sehr viele solche Lehren. Aber es sei der Einfachheit halber nur eine angenommen und diese so, daß sie gute Gründe hat, sich einem Erfolg, wie immer er auch sei, entgegenzustellen. Die Existenz der Ästhetik verpflichtet, ein absolut Schönes anzuerkennen, wonach jene Werke als schön geurteilt werden, welche mit diesem Ideal-Schönen eine proportionale Ähnlichkeit haben.

Es gibt zwei Gruppen der sensiblen Reaktion: eine, welche den Erfolg macht (oder ihm nachgibt) und die andere, welche sich dem Erfolg entgegenstellt und dem erfolghaften Werke den Charakter des Schönen abspricht. Beide Empfindungen sind gleich spontan, aber nicht gleich rein. Die zweite resümiert sich aus einer Ästhetik, welche eine Mischung ist von Glaubungen, Traditionen, Meinungen, Urteilen, Gewohnheiten, Anschauungen. Sie enthält mit dem Respekt vor dem, was war, auch noch Angst vor dem Andern (-Neuen) und Appetit nach dem Neuartigen (-Veränderten).

Alle Ästhetiken prekonisieren das neue Alte —: es handelt sich ihnen darum, den Nerven und der Bildung einer Kaste zu schmeicheln (sie zu schonen?). Das künstlerische Urteil ist ein Amalgam von Sensationen und Aberglauben. Das Urteil der Menge aber ist nichts als sensationell und gar nicht ästhetisch. Es ist nicht einmal ein Urteil, sondern ganz naives Einbekenntnis eines Vergnügens. Woraus folgt, daß bloß die ästhetische Kaste jene Qualität besitzt, die eines Urteils über die Schönheit eines Werkes, absprechend oder zusprechend, fähig ist. Die Menge also macht den Erfolg, die Kaste macht die Schönheit. Beides ist äquivalent, denn in Akten und Empfindungen gibt es keine Hierarchie, beides ist gleichwertig und beides ist verschieden. In Opposition stehen: die Meinung der Empfindung und die Meinung des Intellektes. Die Empfindung kümmert sich nur um das Vergnügen; fügt sich zum Vergnügen ein intellektuelles Moment, so ergibt dies Ästhetik. Die Menge sagt aus: es gefällt mir und trotzdem ist es nicht schön; oder: dies mißfällt mir und trotzdem ist es schön. Die Menge kann nur und nichts sonst als die Wahrheit aussagen. Das ästhetische Urteil hingegen ist eine sehr komplexe Form der Lüge mit all ihren Reizen.

Antworten nach dem Absoluten der Schönheit, der Wahrheit wie der Gerechtigkeit liegen in der Theologie, die hier nicht beschäftigt ist. Als in der Vergangenheit bestimmt gewordene Ideen drücken die Ideen der dichterischen Schönheit, der philosophischen Wahrheit, der sozialen Gerechtigkeit, der theologischen Liebe eine bestimmte Konkordanz aus zwischen unsern derzeitigen Empfindungen und dem allgemeinen Zustand unserer intellektuellen Einsicht.

Über den emotionalen Ursprung der Schönheit wären genaue Untersuchungen anzustellen, was den Studenten an Stelle ihres müßigen Historismus empfohlen sei. Die für die künftige Mutter gewählte Frau wird konform dem Rassentypus des Wählenden sein, und das heißt — sie soll „schön" sein. Ist die Frau hier weniger kritlich, so vielleicht deshalb, weil der Mann seiner Nachkommenschaft weniger von sich mitgibt als die Frau. Das erste Zuchtwesen der Schönheit war die Frau. Das heißt der Mensch. Es wäre genau festzustellen, daß alle einem Tiere, einer Landschaft, einem Gegenstande gegebenen „Schön"-attribute von der menschlichen Schönheit derivieren: Korallen-(lippen), Saphir(augen), Marmor(kälte), -weiße, -härte. Das Vokabularium der Klichees dichterischer Sprache ist voll davon. Auch von dessen Umkehrung: der Schwan hat einen Frauenhals für: Schwanenhals der Geliebten. Oder ebenholzschwarz wie Frauenhaar für: ebenholzschwarzes Haar. Nebenbei: darauf hin ist der Tropus der allerneuesten

Literatur, als das neueste Alte, anzusehen. Der sexuelle Charakter der Schönheit hat seinen symbolischen Ausdruck in dem Faktum gefunden, daß Werke, die nichts als den nackten menschlichen Körper darstellen, die unbestrittensten plastischen und malerischen Kunstwerke sind. Die Hartnäckigkeit, mit welcher der griechische Plastiker sexuell blieb, setzte ihn für alle Zeiten außer jede Debatte. Neben dieser groben Beziehung der äußern Deutlichkeit wären noch die feinern Beziehungen zu untersuchen, wie sie u. a. die sexuelle Pathologie ans Licht gebracht hat.

Was zur Liebe veranlaßt, erscheint schön, was schön erscheint, bringt zur Liebe. Aber es ist natürlich durchaus nicht notwendig, daß ein Werk, um uns schön zu erscheinen, sexuell sein muß; es genügt, daß es „einnehmend" sei — wo aber ist der Sitz dieses Sympathiegefühles zu suchen? Das Gehirn ist nur Transmissionszentrum. Es zum generalen Zentrum des Menschen zu machen ist nur ein glücklicher und verdienstlicher Irrtum. Zu untersuchen wäre, welches das Ziel der menschlichen Aktivität ist und ob es die Fortpflanzung ist. Zu erinnern, daß es sich nicht um intensive sinnliche Erregungen oder um sexuell lokalisierte handelt, wenn vom genitalen Zentrum versus ästhetisches Vergnügen die Rede ist. Gesagt wird nur: die ästhetische Erregung versetzt den Menschen in einen der erotischen Erregung günstigen Zustand, gleichgültig ob es Musik, ein Bild, das Drama oder ein pornographisches Bildchen ist. Das umgekehrte Beispiel ist weniger paradox: von der erotischen Emotion führt ein leichter oft fataler Weg zur ästhetischen. Ohne die Liebe keine Kunst, ohne die Kunst nichts von Liebe als der roheste physiologische Funktionalismus.

Aber es handelt sich hier jetzt nicht um die Kunst, sondern um die emotionale Kraft alles dessen, was sprachlich unter das Wort Kunst gebracht wird, oder was sich als Schau, Spiel, Unterhaltung usw. vor die Menge stellt und worüber man seine Eindrücke austauscht. Eine hierarchische

Wertunterscheidung wird hier nur von der Wirkungsintensität getroffen. Nun erhöht der Erfolg, den ein Werk hat, dessen emotionale Kraft. Für die Menge besteht der natürliche Glaube, daß jedes Werk, das Erfolg hat, schön ist, und daß jeder Durchfall oder Mißerfolg verdient sind. Was die Kaste Schönheit nennt, das nennt die Menge Erfolg. Aber sie entlehnt gerne dafür das sinnbare Wort „künstlerische Schönheit", um die Qualität ihres Vergnügens zu erhöhen, ein im Übrigen nicht verwerflicher Vorgang; denn da Erfolg und Schönheit den gleichen Ursprung im Emotionalen haben, ist der einzige Unterschied der beiden nur die Verschiedenheit der betreffenden nervösen Systeme, denen diese Emotionen zugehören. Es wäre hier etwa die sogenannte stoffliche Identität des erfolgreichen „Kitsches" und des „schönen" Dichtwerkes an Beispielen zu zeigen. Ferner historisch zu zeigen, daß jene wenigen, welche einer nichts als ästhetischen Empfindung fähig sind, Beispiel und Muster einer weit größeren Menge sind, welche diese nichts als ästhetische Emotion zu haben vorgibt (Snobismus) und nur der Suggestion erliegt oder dem Befehl ihrer Jugenderziehung und Erinnerung gehorchen oder dem Einfluß ihres Milieus nachgeben oder der Mode folgen. So kann es vorkommen, daß eine von der großen Menge abgelehnte Schönheit einen Kastenerfolg hat; aber wie der Mengenerfolg ist auch der Kastenerfolg vergänglich: die Kaste von heute rühmt ein Werk, das die Kaste von morgen verachtet (Geschichte des Rembrandtbildes, der Wagnermusik).

Es wäre biologisch der Fall jener mehr schwerflüssigen als diffusen Individuen zu untersuchen, bei denen die Emotionen nicht zum Zentrum der großen Sensibilität hin widerhallen, sei es, daß dies Zentrum atrophiert ist, sei es, daß der emotionale Strom auf einen Widerstand stößt, auf ein Hindernis, auf ein undurchdringliches Terrain. Ohne für die Berechtigung der Analogie ein Vorurteil zu schaffen, sei an einen durch den Draht geleiteten elektrischen Strom erinnert: der Draht fällt auf eine Holzunterlage und statt Bewegung gibt es Wärme, der Zug fährt

nicht, sondern brennt. Die Emotion begegnet auf ihrem
Weg zum erogenen Zentrum einem Widerstand, an dem
sie sich bricht, auf den sie sich aber einrichtet; und alle
Zellen, welche den gleichen Weg gehen, haben das gleiche
Schicksal. Es kann solcherart die ästhetische Emotion in
ihrer reinsten, desinteressiertesten Form als eine Abirrung
von der erogenen Form angesehen werden. Es sei erinnert
an die forensischen Fälle, wo unter dem Zwang der Sitte
und der Straffälligkeit vom Angeklagten oder dessen Sach-
verständigen gegen die Behauptung des Anklägers versichert wird, daß die Wirkung des beanstandeten Werkes
„rein künstlerisch" sei und nicht das erogene Zentrum
berührt habe. Wogegen der Ankläger meist bemerkt, daß
dies für die Gebildeten, also für eine Kaste, zugegeben
werden könne, nicht aber für die Menge. Was hier nur
oft behauptet wird, ist aber sonst Faktum: das in der
Aphrodite kultisch gewordene nackte Weib verwirrt den
antiken Gläubigen so wenig wie die zum Säugen entblößte
Brust der Madonna den christlichen Gläubigen sinnlich
erregt, — es bleiben nach Verflüchtigung des Weibes die
reinen Formen als Formen der Schönheit. Jener Widerstand im Fluß der Emotion erlaubt uns das Denken, Vergleichen, Urteilen. Der ununterbrochene Strom der Emotion triebe uns an die Schwester der Aphrodite und Madonna, aber in der Unterbrechung entfernt er uns von ihr,
denn: die Schwester ist „weniger schön" als die Göttin, als
die Jungfrau.
Ob das Emotionale in die Intelligenz eindringt und von
daher diese Mischung von Emotionalem und Intellektuellem
entsteht, welche man den ästhetischen Sinn nennt, dieses
ist nur behauptet, aber nicht bewiesen worden. Denn die
Intelligenz ist ein Zufall. Einen Zustand der Menschheit
anzunehmen, in dem uniform Gesundheit, Gleichgewicht,
Gleichartigkeit, Mäßigung, Ordnung herrschen und in dem
die Katastrophen des Genies unmöglich, die Zufälle der
Intelligenz sehr selten wären — dies bedeutete, daß die
Emotionen immer ihr Ziel erreichen, weil die Intelligenz,

d. h. die Folge dessen, was wir naiv das Böse nennen, den Faden des Emotionalen weder verknotet noch abschneidet. Aber es bestünde dann das nicht mehr, was man die Welt nennt.

In der Formation des ästhetischen Sinnes konkurrieren also zwei Arten Emotionen: die erogenen und alle andern, wie immer diese auch seien, und in einer Proportion, die mit jedem Menschen variabel bis ins Unendliche ist. Die ersten Emotionen erleben wir bei der Vorstellung eines vollkommenen Typus unserer Rasse. Für die Mehrzahl der Menschen ist — jeder vom Sexuell-Sinnlichen bezogene Begriff rigoros ferngehalten — der Anblick Apollos angenehm, weil er das Verlangen weckt, sei es direkt, sei es je nach dem Geschlecht durch Gegenbeschwörung. Die Schönheit ist ein Versprechen von Glück — die sensualistische Philosophie, die Stendhal diesen Ausspruch tun ließ, sollte wissenschaftlich erst einmal aufgearbeitet werden. Eine idealistische Philosophie hat für dieses sensualistische Glückversprechen das Wort Schönheit erfunden, das man nun auf alles anwendet, was dem Menschen Realisierung einer seiner Begehrungen verspricht, die immer zahlreicher und komplexer wurden. Das emotionale Bedürfnis hat sich bis in die Extreme der grauenvollen, blutigsten emotionalen Kausierungen ausgebildet. Um doch als Ziel zu haben: an die einzige immanente Pflicht der menschlichen Kreatur zu erinnern, nämlich die Erhaltung der Art. Was immer auch die Sinne sind, welche die Emotionen zuerst treffen, sie springen von da zum Zentrum der allgemeinen Sensibilität. Die wilden, grauenvollen Tragödien, an denen sich die Griechen ergötzten, waren Filter. Hätten sich die Tragiker, die als große Dichter (wie die Frauen) weder Geschmack noch Ekel kennen, nicht die Mühe genommen, die Geschichte des Orest, des Polineukes, der Elektra durchzudenken, wir würden diese Geschichten nur als die Delirien einer tief verkommenen oder ganz kindlichen Gesellschaft ansehen. Keine Tragödie Shakespeares oder Racines, die nicht hunderte Male von grauenhaften Komparsen vor den Gerichten gespielt wurde. Der Student hätte hier nach Beispielen aus der forensischen Medizin zu suchen, wie sich irgendeine Erregung in einen sexuellen Akt umsetzt, (das Problematische des „Lustmordes"), weil der Refraktor fehlt, an dem sich zum größten Teil der emotionale Strom bricht. Die auf halben Wege aufgehaltenen Emotionen transformieren sich in Intelligenz, ästhetischen Geschmack, Frömmigkeit, Moralität, Grausamkeit, Verbrechen — nach einem dunklen dynamischen Modus, in dem noch Umstände und Umgebung mitspielen, aber nur mitspielen. Und müssen sich nicht immer nur in dies oder das transformieren, sondern können auch in nur teilweisen Transformationen genug für eine zweite Richtung, eine dritte behalten. So scheint die Liebe an die Grausamkeit gebunden, sei es deren Exzeß oder deren Mangel. Die Mimik der Liebe und der Grausamkeit ist die gleiche. Wenn auch geteilt, bleibt der emotionale Strom stark genug, um intensive Akte zu produzieren. Grausamkeit, Intelligenz und Frömmigkeit zum Beispiel in Torquemada.

Dieses nur Angemerkte auf das Ästhetische gewandt: je nach der Derivationsstärke des emotionalen Stromes wird z. B. der eine Zuhörer einer Tragödie alles das aus ihr behalten, was reine Schönheit ist; er wird weniger sensibel für den Mord sein als für die Geste des Mörders. Der andere wird die Tragödie verlassen wie einen Boxkampf. Der eine sagt vor einer Plastik: welche Nackenlinie! Der andere: ein Prachtweib! Zwischen diesen Extremen sind tausend Nuancen. Für den Typus der Mitte gibt es keine Idee der Schönheit — er beurteilt das Werk nach der Stärke und Qualität seiner Emotion. Das eine macht ihm Vergnügen, das andere „läßt ihn kalt". Dieser Typus der Mitte bestimmt den Erfolg.

Die ästhetische Kaste beurteilt das Werk gleichfalls emotional; aber die Emotion ist von einer besondern, nämlich der sogenannten ästhetischen Ordnung. Zur Kunst gehören danach nur Werke, welche diese ästhetische Emotion geben können. Daher sind hier ausgeschlossen die utilitarischen, moralisierenden, sozialen usw. Werke, deren Ziel etwas abseitig von der ästhetischen Emotion liegt. Auch die sexuell überbetonten Werke gehören zu den abgelehnten, weil sie zu direkt wirken und zu deutlich klar mit der primären vom Menschen konzipierten Idee der Schönheit korrespondieren. Die ewig unbeständige ästhetische Kategorie ist bei allem Wechsel von Idealismus zu Realismus, Sentimentalismus zu Brutalismus, Religiosismus zu Sensualismus ein eng geschlossener Bezirk. Kunst ist was eine „reine" Emotion gibt, das heißt eine Emotion ohne Vibrationen außerhalb einer limitierten Zellengruppe. Kunst ist, was weder zur Tugend, noch zum Patriotismus, weder zur Ausschweifung noch zum Gelächter, weder zu Krieg noch zu Frieden, überhaupt zu nichts sonst auffordert, was nicht die Kunst selber ist. Die Kunst ist unparteilich, unempfindlich, lacht nicht, weint nicht. Es hat dieser Sachverhalt gar nichts, weder mit der Ratio, noch mit irgend einer Wahrheit Konformes. Es handelt sich um Bräuche einer bestimmten Kaste. Aus der Unfähigkeit des nervösen Systems geboren, hat die Idee der Schönheit auf ihrem Wege alle Arten Regeln, Vorurteile, Glaubungen und Gewohnheiten aggregiert und hat sich einen Kanon geformt, dessen Form, ohne absolut zu sein, in einem gegebenen Zeitmoment nur zwischen gewissen Grenzen oszilliert. Und dieser Vorbehalt ist notwendig. Die ästhetischen Menschen einer Epoche sind sich über die Idee des Schönen einig; man könnte hier Werke und Namen nennen, die abzulehnen so viel hieße, wie keinen künstlerischen Sinn haben. Aber Werke eines ganz anderen, ja gegensätzlichen Tones wurden in andern Epochen von der ganz gleich konstituierten Gruppe bewundert und als das „Schöne" inkarnierend bezeichnet. Um 1700 war alles den Italienern und Franzosen im Deutschen Nachgeahmte allein den Deutschen die Kunst; um 1800 war es die Nachahmung einer vermeinten Antike; um 1870 Nachahmung eines vermeinten Mittelalters; um 1900 die Nachahmung der natürlichsten Natur usw. Der ästhetische Sinn ist also historisch variabel, aber im jeweils gegebenen Zeitmoment sehr solide. Man kann sagen: die Geschichte der Künste ist der catalogue raisonné jener Werke, welche in der Zeitenfolge von der ästhetischen Kaste ausgewählt wurden.

Die Urteile der Menge über die von ihnen abgelehnten Werke sind falsch. Aber nicht minder falsch sind die Urteile der Kaste über die von der Menge gebilligten Werke. Der Titel Kunstwerk kommt beiden Gattungen zu, da beide Emotionen hervorrufen, beide also, wenn auch nicht in der Qualität, so doch im Wesen gleich sind. Der Appell an die literarische Gerechtigkeit als entscheidenden Faktor ist ohne Sinn, da der Begriff dieser Gerechtigkeit von einer Kaste bestimmt ist. Man kann hundert Verehrer Walter Bloems viel leichter umbringen als überzeugen, daß Bloem keine Kunstwerke schreibt. Der Appell supponiert irrig eine Gleichhaftigkeit der Emotionen bei Menschen verschiedener physiologischer Kategorien. Ein Werk ist für jene schön, denen es Emotion gibt; die Sensibilität ist nicht zu betrügen und nicht zu bestechen, weder die der Menge noch die der Kaste. Weshalb auch alle Versuche, die „Kunst ins Volk zu bringen", das heißt den Geschmack zu ändern, absurd sind, als von der Meinung ausgehend, daß sich der Geschmack an der Kunst lernen lasse wie die Chemie. Und selbst wenn es gelänge? Weshalb soll die Menge den Geschmack der kleinen Kaste adoptieren, warum die Kaste nicht den der Menge?

Jede Ästhetik, welche ihre Elemente und Grundsätze von der Wirkung dessen, was sie jeweils Kunst nennt, zu gewinnen sucht — sei es nun Wirkung auf die Massen oder die Kasten — kann immer nur relativ sein, denn das Maß unserer emotionalen Fähigkeit ist bedingt vom Maß unserer jeweiligen emotionalen Rezeptivität und von dem Stand unseres nervösen Systemes.

Nichts weiter als Aufgaben sind den Studenten hier gegeben, um sie von dem Jammer zu erlösen, mit dem sie derzeit ihre Zeit in den Kollegien und Seminarien der Ästhetik und Literatur hinbringen.

167

Der Lasker – Schüler

FÜNFTER EXKURS

Was man die Literatur nennt, wird Erscheinung immer beim Niedergang einer Kultur. Deren frühe Blüte, welche in den März ihres Daseins fällt, kennt nur die Dichtung, gebundene Rede eines kultisch verbundenen Volksganzen. Tritt inmitten der Literatur, also in Verfallszeiten als Atavismus und geniale Katastrophe der Dichter auf, so erleidet er die Zeit und die Zeit ihn. Ist er das Genie, so stirbt er frühen Tod. Ist er es weniger, so erhält er sich am Leben, indem er sich in die schützende Literatur begibt. Das katastrophale Genie inmitten der Literatur hat bestenfalls eine kleine Gemeinde von Freunden, nie das Volk. Wie die Literatur die Gebildeten haben, hat die große Menge die Belletristik, ein Derivat der Literatur, wie diese ein Derivat der Dichtung. Die homerische Zeit besaß nicht, was wir Literatur nennen. Der Literat Lukian trat erst im Verfall auf, wie der Literat Petronius in der neronischen Zeit. Das christliche Mittelalter ist Literatur, wo es sich lateinisch dichtend äußert, an die römische Verfallszeit gebunden, woran die neuen Inhalte nichts ändern. Die mönchischen Hymnologen sind literati, in den literis Gebildete, nicht Dichter. Die Dichter des Mittelalters sind die Barden der Heldensage in der Frühzeit. Die Bildung der nationalen Sprachen nimmt diese Heldensage auf: es sind Dichter, und der letzte Rest der lateinischen literati verschwindet. Aber die Bindung der mittelalterlichen Welt lockert sich, löst sich auf. Das Heldengedicht schrumpft auf das Volksbuch zusammen, der Minnesang wird Meistersingerei und Gassenlied. Die Renaissance stellt Antikisches als Muster auf, das befolgt wird: neue Bildungselemente erweitern die Literatur, die von nun ab der herrschende Begriff wird. Außerordentliche Leistungen werden ihr eigentümlich, denn auch die Bildung im weitesten Sinne kann Kultur schaffen, doch bleibt diese exklusiv, nur einem Teile des Volksganzen zukommend, weil von ihm nur tragbar und förderbar. Innerhalb der Literatur ist der Dichter nur bedingt Ausdruck seines Volkes.

In dieser Bedingtheit ist er diskutabel, was Inhalt der Literaturgeschichten ist. Denn alle kulturellen Verfallszeiten — und solche sind innerhalb des christlichen Gedankens auch Teilkulturen — sind skeptisch, werden von der Skepsis eingeleitet, begleitet und zu Grabe getragen. Die seltenen Genies solcher Zeit weinen immer den verlorenen Göttern, den zerstörten Altären nach. Priester, für die es kein Amt mehr gibt, sind sie.

Verteilt sich was wir Leben nennen auf die zwei Wagschalen des irdischen Tuns und himmlischen Sehnens, auf das Politische und das Religiöse, so ist die Dichtung das Gleichgewicht dieser Schalen. Sie wird dann nicht sein können, wenn alles Leben nur auf der einen Schale liegt. Im nichts als religiös bestimmten Leben ist die Dichtung so überflüssig wie im nichts als politisch bestimmten Leben. Dichtung ist der Ausgleich im Geiste zwischen den Gegensätzen der nichts als sinnlichen diesseitigen Welt und der nichts als jenseitigen, geahnten, geglaubten und gefühlten Welt. Dem Sinnlichen durch ihre Materie, dem Übersinnlichen durch ihr Menschentum verhaftet ist die Dichtung nicht die Überwindung dieser Gegensätze durch ein Drittes, sondern die transzendierende Bindung dieser Gegensätze in einem Dritten, das vom Geiste ist. Denn die Dichtung ist sinnlich und übersinnlich, zeitlich und überzeitlich, niemals das eine oder das andere.

In Zeiten der Literatur ist der Dichter eine inkommensurable Größe, die man zu verstehen sich bemüht, in welchem Verstehenwollen und bestenfalles Verstehenkönnen sich das Unzeitgemäße des Dichters in solchen Zeiten ausdrückt. Aber das Wesentliche des Dichters, seine bis zur persönlichen Anonymität gehende Verbundenheit mit dem Ganzen des Volkes, dessen artikulierter Ausdruck der Dichter ist, dies ist nicht „verstehbar". Es gilt das sowohl für die retrospektive Betrachtung des Dichters aus dem Blickwinkel der Literatur, wie für die Einstellung auf den katastrophal inmitten des Literarischen auftretenden Dichters. Welche Katastrophe übrigens in den letzten siebenhundert

Jahren der Deutschen nur ein einziges Mal mit Hölderlin
eintrat, dem Dichter und seinem Volke zum Unheil. Hölderlin gab sich in der Literatur kein Ventil und ließ sich
keines in ihr geben. Wie alle andern, die was sie dem
Genie nahmen ihrem Talente zum Opfer brachten, das
davon steile Flamme zum Himmel bekam.
Dem außerordentlich einfachen Problem der Dichtung und
des Dichters steht die außerordentlich komplizierte Erscheinung der Literatur und des Schriftstellers gegenüber.
Vom Schriftsteller als Dichter im folgenden Exkurs.

SECHSTER EXKURS

Der Dichter ist heute bei dem gebräuchlichen Namen Literat
angelangt, worunter einer verstanden wird, den unerforschte
Gebrechen hindern, ein brauchbarer Journalist zu werden.
Die soziale Wichtigkeit dieser Erscheinung ist nicht gering zu schätzen und rechtfertigt wohl, ihr einige Überlegung zu widmen. Daß diese sich auf die Betrachtung
der Intellektualität beschränkt und im kleinen wie der
Versuch einer erkenntnistheoretischen Prüfung ausfällt, indem sie den Dichter der literarischen Zeit nur als den in
einer bestimmten Weise und auf bestimmtem Gebiete Erkennenden betrachtet, ist gewollte Einschränkung, die sich
natürlich nur durch ihr Ergebnis rechtfertigen läßt. So oft
aber hierbei vom Dichter, als einer besonderen Gattung
Mensch, die Rede sein wird, sei vorausbemerkt, daß damit nicht nur die gemeint sind, welche schreiben; es gehören auch jene dazu, welche die Tätigkeit scheuen — sie
bilden das reaktive Seitenstück zu dem aktiven Teil des
Typus.
Man könnte ihn beschreiben als den Menschen, dem die
rettungslose Einsamkeit des Ich in dieser Welt und zwischen den Menschen am stärksten zu Bewußtsein kommt,
weil in seinen ihm eingeborenen Urelementen die individuelle Anonymität der Gemeinschaft besitzt. Als den Emp-
findlichen könnte man ihn auch beschreiben, für den nie

Recht gesprochen zu werden vermag. Dessen Gemüt auf
die imponderablen Gründe viel mehr reagiert als auf ge-
wichtige. Der die Charaktere verabscheut mit jener furcht-
samen Überlegenheit, die ein Kind vor den ein halbes
Menschenalter früher sterbenden Erwachsenen voraus hat.
Der noch in der Freundschaft und in der Liebe den Hauch
von Antipathie empfindet, der jedes Wesen von den andern fernhält und das schmerzlich-nichtige Geheimnis der
Individualität ausmacht. Der selbst seine eigenen Ideale
zu hassen vermag, weil sie ihm nicht als die Ziele, sondern als die Verwesungsprodukte seines Idealismus erscheinen. Dies sind nur einzelne Beispiele und Einzelbei-
spiele. Ihnen allen entspricht oder liegt zu grunde eine bestimmte Erkenntnishaltung und Erkenntniserfahrung wie
auch die dieser entsprechende Objektswelt.
Man versteht das Verhältnis des Dichters zu dieser Welt
am besten, wenn man von seinem Gegenteil ausgeht: das
ist der Mensch mit dem festen Punkt a, der rationale
Mensch auf ratioiden Gebiet. Man nehme die Scheußlich-
keit des Wortversuches hin wie auch die ihm zugrunde-
liegende historische Vortäuschung; denn nicht hat sich die
Natur nach der ratio gerichtet, sondern diese nach der
Natur. Aber ich finde kein Wort, das nicht nur die Methode, sondern auch das Gelingen, gebührend ausdrückt,
nicht bloß die Unterwerfung, sondern auch die Unterwür-
figkeit der Tatsachen, dieses unverdiente Entgegenkommen
der Natur in bestimmten Fällen, das in allen Fällen zu
verlangen dann freilich eine menschliche Taktlosigkeit war.
Dieses ratioide Gebiet umfaßt roh umgrenzt alles wissenschaftlich Systematisierbare, in Gesetz und Regel zusammen-
faßbare, vor allem also die physische Natur; die moralische
aber nur in wenigen Ausnahmefällen des Gelingens. Es ist
gekennzeichnet durch eine gewisse Monotonie der Tatsachen, durch das Vorwiegen der Wiederholung, durch
eine relative Unabhängigkeit der Tatsachen voneinander,
so daß sie sich auch in schon früher ausgebildeten Gruppen von Gesetzen, Regeln und Begriffen gewöhnlich ein-

fügen, in welcher Reihenfolge sie immer entdeckt worden seien. Vor allem aber schon dadurch, daß sich die Tatsachen auf diesem Gebiet eindeutig beschreiben und vermitteln lassen. Eine Zahl, eine Helligkeit, Farbe, Gewicht, Geschwindigkeit, das sind Vorstellungen, deren subjektiver Anteil ihre objektive, universal übertragbare Bedeutung nicht mindert. (Von einer Tatsache des nicht ratioiden Gebietes dagegen, z. B. dem Inhalt der einfachen Aussage „er wollte es", kann man sich niemals ohne unendliche Zusätze eine hinreichend bestimmte Vorstellung machen.) Man kann sagen, das ratioide Gebiet ist beherrscht vom Begriff des Festen und der nicht in Betracht kommenden Abweichung; vom Begriff des Festen als einer fictio cum fundamento in re. Zu unterst schwankt auch hier der Boden; die tiefsten Grundlagen der Mathematik sind logisch ungesichert, die Gesetze der Physik gelten nur angenähert und die Gestirne bewegen sich in einem Koordinatensystem, das nirgends einen Ort hat. Aber man hofft, das alles noch in Ordnung zu bringen. Des Archimedes Wunsch ist heute noch der Ausdruck für unser hoffnungsfreudiges Gehaben.

Bei diesem Tun ist die geistige Solidarität entstanden. Nichts ist daher begreiflicher, als daß die Menschen versuchen, das gleiche Vorgehn auch in den im weitesten Sinne moralischen Beziehungen einzuhalten, obgleich es dort täglich schwieriger wird. Auch auf dem moralischen Gebiet wird heute nach dem Prinzip der Pilotierung vorgegangen und werden in das Unbestimmte die erstarrenden Caissons der Begriffe gesenkt, zwischen denen sich ein Raster von Gesetzen, Regeln und Formeln spannt. Der Charakter, das Recht, die Norm, das Gute, das Imperativ sind solche Pfähle, auf deren Versteintheit gehalten wird, um daran das Netz der hunderte moralischen Einzelentscheidungen, die jeder Tag fordert, aufhängen zu können. Die heute noch herrschende Ethik ist ihrer Methode nach eine statische, mit dem Festen als Grundbegriff. Aber da man auf dem Wege von der Natur zum Geiste gleichsam aus einem starren Mineralienkabinett in ein Treibhaus voll unausgesprochener Bewegung getreten ist, erfordert ihre Anwendung eine sehr komische Technik der Einschränkung und des Widerrufs, deren Kompliziertheit allein schon unsere Moral zum Untergang reif erscheinen läßt. Man denke an das populäre Beispiel der Abwandlung des Gebots „Du sollst nicht töten", von Mord über Totschlag, Tötung des Ehebrechers, Duell, Hinrichtung bis zum Krieg, und sucht man die einheitliche rationale Formel dafür, so wird man finden, daß sie einem Sieb gleicht, bei dessen Anwendung die Löcher nicht weniger wichtig sind als das feste Geflecht.

Denn hier hat man längst nicht-ratioides Gebiet betreten, für das uns die Moral bloß ein Hauptbeispiel abgibt, wie die Naturwissenschaft eines für das andere Gebiet gewesen ist. War das ratioide Gebiet das der Herrschaft der „Regel mit Ausnahmen", so ist das nicht-ratioide Gebiet das der Herrschaft der Ausnahmen über die Regel. Vielleicht ist das nur ein gradueller Unterschied, aber jedenfalls ist er so polar, daß er eine vollkommene Umkehrung in der Einstellung des Erkennenden verlangt. Die Tatsachen unterwerfen sich nicht auf diesem Gebiet, die Gesetze sind Siebe, die Geschehnisse wiederholen sich nicht, sondern sind unbeschränkt variabel und individuell. Es gelingt mir nicht, dieses Gebiet besser zu kennzeichnen als darauf hinweisend, daß es das Gebiet der Reaktivität des Individuums gegen die Welt und die andern Individuen ist, das Gebiet der Werte und Bewertungen, das der ethischen und ästhetischen Beziehungen, das Gebiet der Idee. Ein Begriff, ein Urteil sind in hohem Grade unabhängig von der Art ihrer Anwendung und von der Person; eine Idee ist in ihrer Bedeutung in hohem Grade von beiden abhängig; sie hat immer nur okkasionell bestimmte Bedeutung und erlischt, wenn man sie aus ihren Umständen loslöst. Ich greife eine beliebige ethische Behauptung heraus: „es gibt keine Meinung, für die man sich opfern und in die Versuchung des Todes begeben darf" — und jeder von den Spuren ethischer

Erlebnisse Beschlagene und Behauchte, wird wissen, daß man ebenso leicht das Gegenteil behaupten kann und daß es einer langen Abhandlung bedarf, bloß um zu zeigen, in welchem Sinn man es meint, bloß um Erfahrungen in einer Wegweiserrichtung aneinander zu reihen, die dann doch irgendwo sich unübersehbar verästelt, aber doch irgendwie ihren Zweck erfüllt hat. Auf diesem Gebiet ist das Verständnis jedes Urteils, der Sinn jedes Begriffes von einer zarteren Erfahrungshülle umgeben als Äther, von einer persönlichen Willkür und nach Sekunden wechselnden persönlichen Unwillkür. Die Tatsachen dieses Gebietes und darum ihre Beziehungen sind unendlich und unberechenbar.

Dieses ist das Heimatsgebiet des Dichters, das Herrschaftsgebiet seiner Vernunft. Während sein Widerpart das Feste sucht und zufrieden ist, wenn er zu seiner Berechnung so viel Gleichungen aufstellen kann als er Unbekannte vorfindet, ist hier von vornherein der Unbekannten, der Gleichungen und der Lösungsmöglichkeiten kein Ende. Die Aufgabe ist: immer neue Lösungen, Zusammenhänge, Konstellationen, Variable zu entdecken, Prototypen von Geschehensabläufen hinzustellen, lockende Vorbilder, wie man Mensch sein kann, den innern Menschen erfinden. Ich hoffe, diese Beispiele sind deutlich genug, um jeden Gedanken an „psychologisches" Verstehen, Erfassen und dergleichen auszuschließen. Psychologie gehört in das ratioide Gebiet und die Mannigfaltigkeit ihrer Tatsachen ist auch gar nicht unendlich, wie die Existenzmöglichkeit der Psychologie als Erfahrungswissenschaft lehrt. Was unberechenbar mannigfaltig ist, sind nur die seelischen Motive, und mit ihnen hat die Psychologie nichts zu tun.

Der Mangel an Erkenntnis, daß es sich überhaupt um zwei ihrer Wesenheit nach verschiedene Gebiete handelt, verschuldet die bürgerliche Betrachtung des Dichters als eines Ausnahmemenschen (von wo es zum Unzurechnungsfähigen nicht weit ist). Er ist nur insofern Ausnahmemensch als er der Mensch ist, der auf Ausnahmen achtet. Er ist weder

der „rasende", noch der „Seher", noch „das Kind", noch irgend eine Verwachsenheit der Vernunft. Er verwendet auch gar keine andre Art und Fähigkeit des Erkennens als der rationale Mensch. Der bedeutende Mensch ist der, welcher über die größte Tatsachenkenntnis und die größte ratio zu ihrer Verbindung verfügt — auf dem einen Gebiet wie auf dem andern. Nur findet der eine die Tatsachen außer sich und der andere in sich, der eine findet sich zusammenschließende Tatsachenreihen vor, der andre nicht.

Ich bin nicht sicher, ob es nicht Pedanterie ist, so umständlich auseinanderzulegen, was vielleicht Binsenwahrheit ist. Zur Entschuldigung möchte ich hiebei Ungesagtes anführen, das ebenso wichtig: vor allem die Abgrenzung von den sog. Geisteswissenschaften und historischen, die nicht einfach ist, aber das bisher Gesagte bestätigt. Ob solche Untersuchungen aber als Pedanterie zu bewerten, wird sich zuletzt nur nach der Wichtigkeit richten, die man dem Nachweis zumißt: daß die Struktur der Welt und nicht die seiner Anlagen dem Dichter seine Aufgaben zuweist.

Man hat öfters dem Dichter die Aufgabe zugewiesen, der Sänger, der Verklärer seiner Zeit zu sein und sie, so wie sie ist, in die überglänzte Sphäre der Worte zu ekstasieren; man hat von ihm Triumphpforten für den „guten" Menschen verlangt und Verherrlichung der Ideale; man hat „Gefühl" — das heißt natürlich nur bestimmte Gefühle — von ihm verlangt und Absage an den kritischen Verstand, der die Welt verkleinere, indem er ihr die Form nimmt, so wie der Steinhügel eines zusammengestürzten Hauses kleiner ist als das einstige Haus. Man hat zuletzt in der Praxis der Expressionisten, die das gemeinsam hat mit dem alten Neo-Idealismus, von ihm verlangt, daß er die Unendlichkeit des Gegenstandes verwechsle mit der Unendlichkeit der Gegenstandsbezeichnungen, wodurch ein ganz falsches metaphysisches Pathos entstand. — Alles das sind Konzessionen an das „Statische", ihre Forderung widerspricht den Forderungen des moralischen Gebietes, ist materialwidrig. Man wird einwenden, daß das hier Gesagte nur eine rein intellektualistische Auffassung widerspiegle. Nun, es gibt Dichtungen, die von allem hier als Hauptaufgabe Betrachteten wenig haben und dennoch erschütternde Kunstwerke sind; sie haben ihr schönes Fleisch und das des Homerischen leuchtet durch Jahrtausende zu uns. Im Grunde kommt das doch nur von gewissen konstant gebliebenen oder wieder zurückgekehrten geistigen Einstellungen. Die Bewegung der Menschheit seither kam aber von den Variationen. Und es bleibt bloß die Frage, ob der Dichter ein Kind seiner Zeit sein soll oder ein Erzeuger der Zeiten.

SIEBENTER EXKURS

Ein allerdings jugendlicher Herausgeber bekanntmachte im August 1914 in den Journalen, daß er das Erscheinen seiner Zeitschrift einstelle, denn „nun sei die Zeit zum Handeln". Wie verkommen muß das Denken oder vielmehr das, was man heute so darunter versteht, geworden sein, um in einen solchen exkludierenden Gegensatz zum Handeln gebracht werden zu können! Wie sehr muß das Handeln nichts mehr weiter als Handel, Welthandel meinetwegen, bedeuten, mit bedenklich vereinbar, aber nicht mehr mit gedanklich! Aus welchem Denk- oder Handelskreise ja auch Wort und Sache der Realpolitik stammt, die einer immer dann zu treiben vorschlägt, wenn er rein nichts politisch zu denken hat, sondern nur „handeln" will.
Nicht übel hat jemand das Denken ein verhaltenes Handeln und Sprechen genannt. Die denkende Vernunft ist eine Kraft, die sich in Arbeit zu transformieren sucht; sicher hat sie ihr mechanisches Äquivalent, und alle Denker, alle wahrhaft Intellektuellen leiden nicht nur nicht an sozialer Anästhesie, sondern fühlen sehr lebhaft die soziale Mission der Wahrheit. Descartes war, was immer er auch dagegen sagen mochte, verzehrt vom Proselytismus, und Leibniz träumte, wenn er seinen Instinkten Lauf gab, von

einem Dienertum der Mikrokephalen und Anthropoiden und der Retablierung des Despotismus zu Gunsten der denkenden Gattung. Wenn Renan lächelnd die Macht zu verachten vorgab, so weil er ein verstümmelter Aristokrat war und zu stolz, um sich zu beklagen; aber sein Lächeln war nicht das eines glücklichen Menschen, sondern voll Bitterkeit des Ressentiments. Auch wenn die Denker die Indifferenz gegenüber der populären Demenz empfahlen, so taten sie das im Bewußtsein ihrer numerischen Schwäche und der indiskutabeln materiellen Allmacht des Irrtums: darum affektieren sie lieber die Unempfindlichkeit, als daß sie einen ohnmächtigen Haß zugeben. Aber sie lebten wahrhaft nicht in behaglicher Ruhe neben dem Irrtum, denn dies ist nicht möglich. In jedem Denker ist die Leidenschaft eines Ikonoklasten, und er hat gegen jeden Narren einen physiologischen Haß, — der mag im heutigen relativistischen Denkbetrieb recht schwach geworden sein, so schwächlich wie das Denken selber, das abdankt, wenn ein Krieg die Zeit bringt, wo „zu handeln" ist. Irrtum, zu sagen, daß es abdanke, denn es hat ja nicht geherrscht. Es hat schon zuvor gehandelt und mit sich handeln lassen.

Das Handeln — politisches, militärisches, wirtschaftliches — wird heute mehr als je als der schöpferische Akt schlechthin angesprochen, dem das Denken als kritische Anstrengung des menschlichen Geistes untergeordnet sei. Nur in der Metapher und fern allem wahrhaften Glauben, daß es wirklich so sei, wird eine Glaubenshandlung oder ein Dichtwerk als Tat angesehn. Und dem entspricht, daß man in der kritischen Tätigkeit ein Tun von noch viel zweifelhafterm Wert erblickt, zumal Kritik heute in litteris so selten ist wie häufig das Rezensententum, das von der Kritik nichts als sekundär-formale Derivate entlehnt und seinen Unfug damit treibt; genau so wie das meiste dessen, was sich heute Kunst nennt oder so genannt wird, von der Kunst formale Derivate entlehnt und damit seinen manchmal interessanten Aufwand besorgt: innerhalb dieses Bereiches protestiert der „Künstler" gegen seinen „Kritiker" und zitiert die Goethesche Aufforderung, den Rezensenten totzuschlagen, womit er sich übrigens nur auf die Seite Goethes schlagen will. Scheiden wir diese falschen Wertträger und Wertgeber aus, um in der absoluten Sphäre von Kunst und Kritik, von schöpferischer und kritischer Kraft zu bleiben, so geben wir gleich den Rangunterschied zu und sagen, daß die schöpferische Kraft höhern Ranges ist als die kritische, aber bemerken: daß sich vorhandene schöpferische Kraft nicht ausschließlich in Werken der Kunst geäußert, ja daß es Epochen in der Geschichte eines Volkes wie in der Einzelgeschichte der schöpferischen Person gibt, wo sich diese Kraft in Kunstwerken gar nicht äußern kann und als doch vorhanden andre Formen der Äußerung aufsuchen und ausbilden muß. Die schöpferische Kraft setzt Elemente und Materien vorhanden voraus, mit und aus denen sie als synthetisch gerichtete Kraft arbeitet: sie äußert sich in keinerlei Werk, wenn diese Elemente und Materien nicht gegeben sind, als welche wir in der Schriftkunst außer der Sprache die Ideen kennen, die in einer Zeit gemein vorhanden sind; also nicht bloß die individuell erreichbaren Ideen — nach denen immer jeder Epigone greift — oder gar von der Schriftkunst zu schaffende Ideen. Ebenso auch nicht individuell erzeugte Sprechformen oder aus deren altem Bestande erlernte. Nur bedingt ist der Dichter sprachschöpferisch, aber Ideen zu schaffen ist gar nicht der Dichtkunst, sondern der Philosophie Aufgabe. Damit sein Werk Erscheinung werde, muß der Dichter in einer spirituellen Atmosphäre stehn, in einer gewissen Ordnung der Ideen hausen, um sein synthetisches Werk herstellen zu können. Die Seltenheit solcher Atmosphäre bezeugt die Seltenheit großer schöpferischer Epochen und bezeugt ferner das Zu-kurz-kommen, das Ungenügende, Untragende im Werke an sich großer Begabungen wie zum Beispiel Lenaus. Es ist das gelungene Werk eben nicht allein auf die schöpferische Kraft des Einzelnen zu stellen, sondern auch auf diese zweite Komponente, welche das ideell tragende Zeitmoment ist. Dieses Zeitmoment zu schaf-

fen, ist nicht nur außerhalb der Kraft des Dichters — selbst
es zu kontrollieren, ist nicht in seiner Artung und Macht.
Aber diese Kontrolle zu üben, liegt im Bereich der kritischen Kraft, deren Äußerung ist, in allen Gattungen des
Wissens, der Philosophie, Theologie, Geschichte, Kunst
den betreffenden Gegenstand zu sehn, wie er an sich wirklich
ist, das heißt aus ihm das Gesetz seines kritischen Methodus abzuleiten. Die Kritik tendiert, eine Ordnung, einen
Kanon der Ideen zu errichten, eine intellektuelle Situation
zu schaffen, in welcher die schöpferische Kraft des Dichters die für ihre Äußerung günstige Atmosphäre findet.
Denn es erreichen die von der Kritik aus der phänome-
nologischen Anschauung ihrer Gegenstände gewonnenen
ideellen Werte die Gesellschaft, rühren, bewegen, ändern
deren Leben — und damit ist der Boden geschaffen, auf
dem die schöpferischen Epochen der Literatur zustande
kommen. Ein Hinweis auf die kritische Vorperiode der
deutschen Klassizität, die Tätigkeit der Schweizer und
Lessings, dürfte hier genügen und im Einzelnen nicht aus-
zuführen sein.

Es gibt kein zeitloses Dichten, denn der Dichter lebt als
ethisch höchst wertvoller Teil der menschlichen Gemeinschaft in und aus einer bestimmten Zeit in die Zeiten,
nicht aus den Zeiten in seine Zeit; er ist nie und nimmer
ein Unmensch, ein Abstraktum, das sich wie zufällig und
mit seinem Unwesentlichen in einem Privatmenschen ver-
steckt, der einen bürgerlichen Namen hat, um mit seinem
Wesentlichen, eben dem Dichterischen, außer der Zeit und
Welt zu sein, die er lebt — bei den Sternen etwa. So
außerzeitlich lebend konzipiert sich rollenden Auges nur
der Dichterling und Dilettant. Es ist vielmehr so, daß der
Dichter seine Zeit am intensivsten lebt — erleidet — aus
Energien solchen Mit-Lebens, deren Übermaß die Unsterblichkeit seines Werkes nähren. Nur dieses Mit-Leben gibt
dem Dichter den Wert, der als ein ethischer sein Tun mit
anderm Tun vergleichen läßt. Es wird die sittliche Größe
und Bedeutung des Werkes daran zu erkennen sein, bis

zu welchem Umfang der Dichter seine erlebte und erlittne
Umwelt zum Ausdruck bringt. Je komplexer das Leben, je durchworfener dessen kulturelle Wertigkeit, um so wichtiger wird die kritische Arbeit
zur Bereitung der von der Zeit her bestimmten Möglichkeit einer dichterischen Entfaltung, welche die Dauer in
sich trägt. Außerordentlich war die kritische Arbeit, welche
dem Erscheinen Goethes voranging, ihm Welt und Leben
als die geordneten Elemente und Materialien in ganz anders
durchgearbeiteter Weise bot als diese Elemente etwa jenen
durchaus genialen frühfertigen Engländern Byron, Shelley,
Keats, Wordsworth gegeben wurden, deren Werk immer
noch, heute noch sanguinische Hoffnungen begleiten und
begleiten müssen, weil es für die in sich ruhende Dauer
nicht vollendet und irgendwie am frühen Sterben ihrer
Schöpfer mitgestorben ist. So haben diese Schöpfungen
nicht viel mehr Dauer als Werke weit weniger glänzender
Epochen, jener etwa, aus der uns Herrick noch etwas bedeutet, dessen Wert doch gewiß als Eigenwert geringer
ist als der des Keats oder gar Byrons. Man kann sagen:
jene Engländer wußten nicht genug, und so fehlt ihrem
Werke bei allem Glanz, aller Tiefe und aller Energie die
kulturelle Weite, die höchste sittliche Bedeutung und, nicht
zuletzt, die dichterische Mannigfaltigkeit. Dieses Werk blieb
genialisch unvollendet, weil ihm keine kritische vorgehende
Kraft die Atmosphäre schuf. Ein groteskes Beispiel solchen
Nicht-Wissens aus fehlender Kritik, wie wir dies verstanden haben wollen, bietet der sogenannte deutsche Naturalismus der 80er Jahre, wo allerdings auch ein sehr großes
kritisches Wissen nicht vermocht hätte, aus diesen Dilettanten mit Nachahmungstrieb Dichter mit schöpferischer
Kraft zu machen. Einer der Gründe, daß dieses ,,jüngste
Deutschland" so etwas wie Epoche sein konnte, lag aber
immer darin, daß keine Zeit kritisch verwahrloster war
als diese vom Jahre 1880 bis 1900 und nicht nur in der
speziell ästhetischen, sondern in jeder Kritik. Der geistige
Zerfall aller dieser Größen, die sich platt auf ein platt-

gesehenes Leben warfen, um auf dem Bauche oder tiefer einen Abdruck davon zu nehmen, mußte darum bereits in einem Alter eintreten, wo sonst der schöpferische Mensch erst seines ganzen Umfanges inne wird: hier wurde man die gähnende Leere inne, in die man rasch Errafftes von überallher stopfte: Klassik, Romantik, Symbolik, Mystik — wie es Laune und Mode brachte. Die nachfolgende Generation erschrak und besann sich: sie wurde kritisch. Und erst die dritte Generation seit jenen Sudermann und so weiter ahnt Verantwortung, denn sie ist kritisch vorbereitet.

Über die Bedeutung des gebrauchten Wortes Wissen ist noch einiges zu sagen. Vor allem, daß es nicht etwa Belesenheit bedeutet. Daß der Dichter nichts lesen dürfe, war ja nur deutsche Meinung jener „Dichter" um 1880. Aber daß der Dichter belesen zu sein habe, ist keinerlei Forderung. Shelley war belesen, und Coleridge verschlang Bibliotheken. Pindar aber dürfte nur sehr wenige Bücher gelesen haben und auch Shakespeare nicht viel mehr. Aber in jenen Epochen, der des Pindar und der Shakespeares, gab es ein immediates Wissen aus einem lebendigen Kulturganzen; Volk oder Gesellschaft waren von Gedanken durchdrungen, welche das Leben deutlich abformten; es bedurfte eines Umweges über Lernen und Bücher gar nicht, um zu wissen; und war der Zustand dieser Gesellschaft, dieses Volkes eben ein solcher, daß er ohne kritische Mittler schon die Basis für die Auswirkung der schöpferischen Kraft gab, von diesem Zustand selber seine Data, seine Materie und seine Elemente empfing. Nicht anders im Mittelalter, das die im Verfalls-Latein aufgekommene Kritik wieder vergessen konnte, weil ein Zustand war, der unmittelbar dem Minnedichter gab, was er brauchte. Alles Wissen der Welt ist für den Dichter nur dann von Wert, wenn es ihm das Zeitmoment vermittelt, das er lebt, damit sich seine schöpferische Kraft äußern kann. Zu dieser Kraft selber kann er natürlich durch keinerlei Wissen gelangen, denn sie ist nicht erlernbar, außer in jenen öden

Zeiten, wo für Dichten ein Nachahmen von Mustern galt. Aber, diese Nachahmer von Mustern waren Gelehrte und Bürgermeister und seltsame Pedanten, Dichter aber in gar keinem Sinne des Worts.

Wo die Gesellschaft nicht mehr so ist, daß sie sich ohne Mittler dem Dichter als Element bietet, da mögen Bücher und Kenntnisse dazu Hilfen sein, daß Einer sich eine seinem Bilde der Welt gleichende Welt aus Wissen und Einsichten konstruiert, in der er leben und wirken möchte. Dieses Gebilde ist aber für den Künstler durchaus kein volles Äquivalent für die verlorene kulturelle Voraussetzung eines Shakespeare — wohl aber kann solches Konstruieren eine Vorbereitung für eine kommende solche kulturelle Voraussetzung sein, eine Beschleunigung ihres Eintretens, und darin liegt der Wert solcher konstruktiver Vorwegnahmen dessen, was sein könnte, sein sollte, sein wird. Nichts war in dem Deutschland von 1750 vorhanden, was das Perikleische Zeitalter auszeichnete oder die Zeit der Elisabeth. Und hier ist der Grund für die schwierige weil schwache Seite des Dichters seit dem Ende des Grand Siècle. Hier lag die schwierige und schwache Seite auch Goethes. Aber seine Stärke darin, daß es eine kritisch belebte und lebendige Bildungsschicht gab, diese wenigstens, und welche bedeutend genug war, daß sie ein Äquivalent abgeben konnte für den fehlenden allgemeinen Kulturstand. Goethe fand seiner schöpferischen Kraft den Boden, wenn auch nicht in einem lebendigen kongenialen Leben der Nation, so doch in einem lebhaften Dasein einer durchaus kultivierten gebildeten Schicht gegeben, an deren kritischer Weiterbildung er, das dichterische Amt beiseitesetzend, selber noch arbeitete. Jenen Engländern im ersten Viertel des 19. Jahrhunderts fehlte nicht nur das national-kulturelle Leben, sondern auch die kritisch gebildete Schicht, und so verbrauchten sie ihre schöpferische Kraft in einer Isolation von allen Seiten: sie kamen nicht zur Welt, die sie brauchten, um das zu bedeuten, was sie ihrer Anlage nach bedeuten sollten.

Man erwartete von diesem Kriege, von dessen Erlebnis man
überhaupt alles erwartet wie von einem Universalautoma-
ten, auch so etwas wie eine fundamentale geistige Erneuerung der Literatur, und man dachte in solcher Erwartung
nicht nur wie auf der daran politisch interessierten Seite
an so etwas wie eine betont national-patriotische Literatur
— die betreffenden Sänger dürften sich ja wohl ausge-
zwitschert haben — sondern an allerlei geistige Vertiefung
und gefühlsmäßige Erweiterung, Mysterienspiele über das
Erbarmen vielleicht oder sonst so was Frommes, Weiches,
Gütiges, Herzübergebendes. Wir erlauben uns, diese damit
dem Kriege zugeschobene Rolle des Kritikers durchaus zu
bezweifeln, denn wir vermissen in ihm gänzlich jene reinen
Ideenkomplexe, die allein für die Künste in Betracht kommen.
Denn die genannten Gefühligkeiten wird man doch wohl
nicht als Ideen ansprechen wollen, so wenig wie vor dem
Kriege die mechanische Tatsache, daß die Menschen das
Telefon bestaunten, weil sie das Telefon mit der Stimme
verwechselten, oder das Flugzeug anbeteten, weil sie diese
Maschine für die darin fahrenden Menschen hielten. Wir
erinnern an die französische Revolution, deren positive
Wirkung auf die Kunst nicht nur außergewöhnlich gering
war im Verhältnis zu dem Ereignis, sondern welche, nach
Goethes Zeugnis, eher eine negative Wirkung auf die Kunst
gehabt hat und nicht nur in Deutschland. So außerordentlich stark der Rationalismus von 1700 bis 1770 als ein
reiner Ideenkomplex auf die Gestaltung der europäischen
Literaturen wirkte, so gering war in diesem Bereiche die
Wirkung der Revolution, deren Ideen, sofern welche da
waren, sich sofort auf eine politische Praxis nicht nur
wandten, sondern von ihr überhaupt als Ideen ausgewählt
wurden, indem von jeder Idee die Legitimation ihrer menschlichen Vernünftigkeit verlangt wurde — sehr entsprechend
so dem französischen Geiste, wie es dem englischen Geiste
entsprach, daß man 1642 bei jeder Einrichtung nach deren
Legalität fragte oder bei Ideen danach, ob sie in Überein-
stimmung mit dem Gewissen seien. Solche typisch insulare

Der Thomasmann und
Der Heinrichmann

Haltung eroberte sich die Welt nicht, während es den
Ideen der französischen Revolution wohl gelang, die allgemeine Begeisterung zu wecken, weil die geringste Rolle
in den menschlichen Betätigungen überall die Vernunft
spielt. Daß sie, die man ein Jahrhundert lang rein ideell
manipulierte, von nun ab die erste Rolle im praktisch-poli-
tischen Leben haben solle, begeisterte zu allem Sinn und
Unsinn, Heroismus und Verbrechen, welche die Revolution
begleiten. Und dies, weil die Ideen der Revolution unmittelbar praktisch gerichtet waren als die ganz unkritisch „richtigen" Ideen — darum, weil sie in diesem unmittelbaren
Sinn praktisch-politisch waren, sind die Ideen von 1789
nicht mit reinen Ideenkomplexen vergleichbar, wie sie die
Renaissance und die Reformation aufstellten, wohl aber
vergleichbar mit den Ideen von 1917, die aus einer Praxis
abgezogen direkt in eine Praxis gebracht werden sollen.
Das von praktischen Erwägungen geleitete Hin- und Her-
schieben schafft, so riesig auch die darauf verwandte Kraft
ist, nicht das, was als eine geistige Atmosphäre für die
Kunst und den Künstler allein in Betracht kommt. Was
hier geschieht, ist kein geistes-kritisches Werk — das schon
zehn Jahre vor dem Kriege einsetzte und durch ihn gar
nicht geändert oder auch nur modifiziert wurde — sondern ist nichts als praktisch-politisches Bessermachen, wodurch diese Tätigkeit als höchst wichtige durchaus nicht
für ihren Bereich entwertet werden soll, sondern nur für
den Bereich der Kunst und der Kritik. Wer sich von der
Änderung eines Wahlmodus eine Aufbesserung der Kunst
verspricht, irrt sich entweder über das Wählen oder über
die Kunst. Es sind nichts als praktische Gedanken, die
einer über Wählen, Sozialisierung des Kapitals und so
weiter hat, aber es äußert sich hier nicht der kritische
Geist, den die Neugierde nach den besten Ideen leitet, nicht
nach den praktischsten. Indem so der kritische Geist ste-
rile Konflikte vermeidet, indem er sich nicht in die Sphäre
begibt, innerhalb welcher enge und relative Konzeptionen
allein irgend Wert haben, mag er seinen augenblicklichen

Einfluß mindern, aber nur dadurch gelangt er zu den weitern und vollendeteren Konzeptionen, denen er allein sachlich verpflichtet ist. Jede Art Praxis, sei diese politischer, moralischer, ja selbst religiöser Art, beruht auf nur sehr inadaequaten Ideen, denn es ist den Menschen in ihrer großen Mehrzahl nicht eigentümlich, daß sie ein brennendes Verlangen danach haben, die reine Idee zu erkennen; sie begnügen sich bestenfalls mit dem Beiläufigen. Aber auch dieses Beiläufige wird nur dann aufgenommen werden können, wenn die dem kritischen Geist Verpflichteten eben nicht dieses Beiläufige besorgen, sondern nur die reinen Ideen bedenken, mit andern Worten, wenn sie nicht praktisch und relativ, sondern rein und absolut denken, mag man sie auch im Augenblick wie immer mißverstehn, und mag dieses Mißverständnis so universal sein wie in unsrer Zeit. Der spekulativ reine Kritiker wird zu seinem eignen Mißverständnis, wenn er sich in die unmittelbare praktische Kritik begibt, denn er muß als spekulativer Kritiker wissen, daß auf diesem Gebiete die Werte der Wahrheit die geringste Kompetenz haben und sie darin, wenn überhaupt, so nur in verzerrender Maskierung eingeschmuggelt werden können. Diese Verstellung zu besorgen, aus was immer für Gründen, ist nicht nur nicht Aufgabe des Kritikers, sondern deren Aufhebung. Es ist eine flach liberale Redensart aller Arten von billigen Weltverbesserern, daß man es satt habe, solche Subtilitäten echter und falscher Kritik zu unterscheiden und daß jeder verpflichtet sei, so gut er könne, praktisch an dem Karren der Menschheit zu ziehn, damit er aus dem Dreck käme, denn Bewegung sei die Hauptsache, und alles wolle die Wahrheit, wofür wir nur schnell noch eine Partei gründen, nämlich die der Praktisch-Denkenden. Nun, auf solche Weise würde die Erkenntnis der Wahrheit eine amüsante soziale Angelegenheit werden, ein lustiges Wettrennen Aller nach Allem, mit erheiterndem Übereinanderpurzeln und dem leichten Glücksgefühl bequem genommener Hindernisse, kurz sehr viel Staub und sehr wenig Denken. Äußern ungeduldige jugendliche Gefühle den Wunsch nach solchem Praktischwerden der kritischen Kraft, so bedeutet das nicht viel Irrtum und nur dies, daß diese Jugendlichen nicht wissen, daß das „Praktische" darin besteht, ein Gesetz über die Reblausschäden brauchbar zu konzipieren oder eines über das Lombardgeschäft; diese Jugendlichen denken bei ihrem Wunsche nach „praktischem Denken" ans Weltumstürzen, weil sie in ihrem Temperamente, wie W. Rathenau mir einmal schrieb, nicht wissen dürfen, daß eine umgestürzte Tonne Teer ihren Inhalt wohl von sich gibt, aber höchst langsam, und daß sich die Menschen die Form ihres Lebens in einem mühsamen Schritt vor Schritt ergangen und nicht in Sprüngen erhüpft haben. Äußern aber die Alten den Wunsch, daß das Denken praktisch werde, so wollen sie damit, wenn überhaupt etwas, die Beuge des Reinen in ihr Unreines — zumeist aber ist es nichts weiter als Verachtung des Denkens aus dem Unvermögen, aus dem Bauche das Denken nicht denken zu können.

Allen diesen Versuchungen gegenüber hat der kritische Geist zu widerstehn und nicht darauf zu hören, daß auch er terrae filius sei. Périssons en résistant kann in höchster Bedrängnis immer nur sein letztes Wort sein. Der kritische Geist muß geduldig zu warten wissen und darf nicht hurtig zum Ziel eilen wollen, weil es von praktischer Wichtigkeit sei; er muß die Distanz zu den Dingen bewahren; er muß imstande sein, Elemente auch dann als positive zu werten, wenn sie einer Macht zugehören, die in ihrer praktischen Sphäre vom Bösen ist; er muß Elemente auch dann als negativ wertig erkennen, wenn sie in ihrer praktischen Sphäre vom Guten sind; denn das Praktisch-Gute und das Praktisch-Böse sind keine Kriterien; und er muß dies, ohne hier der praktischen Sphäre zu schmeicheln, dort ihr zu drohen, denn der kritische Geist ist nicht Partei. Ab integro saeculorum nascitur ordo: dies ist der Leitsatz für die kritische Einstellung, was nicht bedeutet, daß er in eine Abstraktizität verfallen soll, tautologisch wie die Mathematik. Die Einstellung wird ihn nur davor bewahren, in Urteil und Wertung innerhalb des Relativen zu bleiben, indem er das „Wenigst-Relative" als das schon „Fast-Absolute" auszeichnet. Auf die literarische Kritik, der wir unsre Beispiele entlehnten, auch hier gewandt, will das sagen, daß man etwa bei erkannter Unwertigkeit einer Literatur — nehmen wir die deutsche von 1880 bis 1900 an — die Vergleichspunkte nun nicht innerhalb dieses Unwertes selber sucht und das weniger Schlechte als Maß für das Ganz-Schlechte aufstellt, sondern daß man auch den Zustand der gleichzeitigen außerdeutschen Literatur in Betracht zieht oder, wenn auch dies nicht zureicht, um die kritische, immer positive Aufgabe zu lösen, frühere Literaturen.

Wir haben in diesen Bemerkungen den Umfang des Gegenstandes kaum angedeutet, geschweige erschöpfend beschrieben; wir wollten nur Wert und Wesen der Kritik prinzipiell anmerken in einer Zeit, welcher der Begriff der Kritik sich verunreinigt hat so sehr, daß Kritiker selber, dies nicht merkend, auch dann noch wahrhaft kritisch zu sein vermeinen, wenn sie nichts als praktisch sind.

ACHTER EXKURS

In den literarischen Betätigungen dieser Zeit wird an einem sehr vieldeutigen Begriff „Dichter" aus einem mißverstandenen Traditionalismus festgehalten, mit dem sich sowohl die Produzenten wie die Konsumenten des heute Gedruckten ihr harmloses Vergnügen scheinbar veredeln, in Wahrheit aber verekeln und verbittern. Es dürfte diese Zeit seit 1880 etwa an fünftausend im Schreiben tätige Deutsche das Prädikat Dichter vergeben haben; jeder wurde, wenn auch nicht von allen, so doch von einigen einmal, öfter oder immer ein Dichter genannt. In dieser noch nie dagewesenen Armee von Dichtern mußte der Streit über die hierarchischen Kompetenzen ausbrechen; es gibt, von „schlechten" Dichtern abgesehn, Chargen aller Art vom „echten", „gottbegnadeten Poeten" an bis hinunter zum

„Unterhaltungsschriftsteller". Zwischendurch gibt es „mittelmäßige", „verlogene" und so weiter Dichter, gibt es „Literaten" und gemeinhin „Schriftsteller", gibt es „Ästheten" und „nichts mit dem Leben zu tun habende Phantasten" und so weiter. Etwas, das von geringem Gewicht ist, sucht sich damit Schwere zu geben, daß es noch Leichteres als es selber ist aufzeigt. Ein Gradunterschied wird als Wesensunterschied behauptet. Das Surrogat entschuldigt sich nicht mit einem andern Surrogat gleicher Gattung, sondern versucht das andre schlechthin zu entwerten, weil es dadurch schon das Ächte zu werden meint. Die wahre innere Zusammengehörigkeit, der Treffpunkt im überhaupt Leichten wird nicht zugegeben, sondern mit distanzierender Geste geleugnet, wobei das Surrogat „Unterhaltungsliteratur" nichts gewinnt, aber das andre Surrogat, das es nicht sein will, verliert. Man nimmt hier lieber den literarisch zweifelhaften Ruf der Langweile auf sich, wenn man damit nur seine Zugehörigkeit zur „Literatur" behauptet, als daß man mit zugegebener Unterhaltlichkeit sich in eine Gegend rangiert, die kulturell und gesellschaftlich nicht angesehn ist. Man kann diese krampfige Geste an einer Äußerlichkeit sehn: die Selbst-Bezeichnung „Dichter" wird von diesen Dichtern als ridikül abgelehnt und nur bei Jubiläen hingenommen; Literat gilt ihnen als hämisches Schimpfwort; Schriftsteller finden sie vom Journalisten entwertet, mit dem sie nicht verwechselt werden wollen. Da sie mit der Berufung kokettieren, fühlen sie sich nicht als Beruf. Da sie nicht stehn, sondern der Nachfrage unterliegen, fühlen sie sich nicht als Stand. Und ihre Lage erkennen sie nur an der Auflage. Mit dem Bemühn, sich in einen Wesensgegensatz zur Unterhaltungsliteratur zu stellen, haben diese Schriftsteller in ihre Arbeiten eine aufgeregte Unsicherheit und in das harmlose Leben ihrer Leser eine Unbehaglichkeit gebracht, wie sie der Zwang guter Manieren bei jenen hervorruft, die ohne Kinderstube keine erworben haben. Der Heraufgekommene, der nur das eine Ziel hat und haben kann: wie mehre ich meinen Kapitalbesitz und den damit verbundenen Einfluß, läßt sich das kultiviertere Leben, das ihm als das ihm zukommende eingeredet wird, sauer werden, aber nicht lange. Der Kaufmann, der Fabrikant, der Unternehmer, sie lassen sich den Anspruch jener Literatur auf Dichtung gefallen und begeben sich, beredet von einer Presse, einer schöngeistigen Gattin, einer dichtenden Tochter seufzend in das Unbequeme, vor dem Eintritt in diese Romane und Stücke gewissermaßen ihre Schuhe auszuziehen und kunstrituelle Waschungen vorzunehmen; sie nehmen das Kreuz der Vornehmheit auch in litteris auf sich, denn sie sind, wie sonst auch hier, im Voraus eingestellt auf eine Anstrengung, die sich nicht „lohnt", die ihnen eigentlich nicht zukommt und die sie — ihren Geist in einer ganz andern und ihnen respektablern, nämlich ihr eines Ziel fördernden Praxis betätigend — nicht im Mindesten einsehn. Da der Bürger aus seiner eindimensionalen Welt die Bedingungen der Dichtung nicht stellt, ist die Dichtung nicht nur seiner Zeit nicht für ihn vorhanden, sondern alle Dichtung überhaupt wird ihm zu einem Fremden. Bei dem, was er als die heutige, als sozusagen seine Dichtung vorgeführt erhält, kommt ihm alsbald eine verblüffende Erkenntnis: daß was er hier als Literatur liest um nichts besser ist als das Ullsteinbuch, nur zeitraubender, weniger amüsant, umständlicher, psychologisch belasteter und anspruchsvoller. Andre Unterschiede, die wie die größere Finesse der Bildung zu Gunsten dieser Literatur ausschlagen, kann er nicht sehn, ja er findet oft bei genauem Zusehn, daß in dieser Literatur, die mit dem dokumentarischen Anspruch des „Stimmens" auftritt, vieles nicht stimmt, daß zum Beispiel eine Banktransaktion ohne jede Kenntnis, die Maschinerie eines Ozeandampfers ganz falsch und der Seelenzustand eines von seiner Frau hintergangenen Fabrikdirektors unwahr beschrieben sind, auf welche „Richtigkeit" das Unterhaltungsbuch sans phrase von vornherein verzichtet und nichts sonst will als das durchaus Unwahrscheinliche, ja realiter Unwahre, — fast könnte man sagen das Ästhetenhafte. Die Abneigung, die der männliche Bourgeois-Leser nach seinen Erfahrungen damit gegen das bekommt, was sich ihm heute mit hochgezogenen Brauen als Literatur vorstellt und als souveräne Weiterführung der dichterischen Tradition, — diese Abneigung überträgt er, gefördert von seiner artbedingten Unproduktivität geistiger Werte überhaupt, auf alle Dichtung überhaupt: die ablehnende Meinung, die er aus der Literatur Sudermann und Wassermann gewann, hat er auch für die Literatur Flaubert, die ihm „dasselbe" wird, und er detestiert Homer wie Spitteler, weil dieser den Homer, sich von ihm herleitend, zur Literatur macht. Man kann sagen, daß die heutige Literatur mit ihrem Anspruch auf dichterische Geltung dem männlichen Teile der heute repräsentierenden Klasse alle Dichtung entwertet hat dadurch, daß sie sich ein Surrogat seiend für das Ächte ausgab, weil es noch minderwertigere Surrogate gibt. Es vollzog sich in der Literatur der Neugekommenen, was auch in ihnen sonst: sie wollen nicht als Leute von heute erscheinen, wo doch das ganze Heute von ihnen repräsentiert wird; also geben sie sich Ahnen, wenn sie deren Bildnisse auch nur an die Hausfassade hängen, denn innen ist für das riesige Aufgebot von Vorderen, das heute getrieben wird, gar kein Platz. Auch wäre mit ihnen zu leben oder ihnen gar nachzuleben eine Bürde, deren Verpflichtung und Verantwortung sie gar nicht ertrügen, auch dann nicht, wenn sich die usurpierten Ahnen auf die Menage einließen. Die Literatur der Neugekommenen macht als deren Diener die gleiche Bewegung mit: sie sucht ihre Ennoblierung durch einen Traditionalismus zu erreichen, um sich durch ihn im Ganzen koordiniert zu datieren; mehr naiv als insolent hantiert sie mit dem überlieferten dichterischen Gut, das die Gewerbe- und andern Freiheiten auf die Gasse gestellt haben zum Gebrauch für jedermann, der ein Talent hat, denn die Kunst ist zu nichts als einer Talent-Frage geworden. Die heutige bürgerliche Literatur tut Unrecht gegen sich, wenn sie sich die neuere Literatur nennt und damit Maßstäbe für sich und ihre gleich gesinnte Kritik provoziert, an denen sie nimmer zu messen ist. Unrecht, denn sie fälscht damit die einzige Bedeutung, die sie überhaupt haben kann: nichts als ein zeitliches Dokument zu sein. Sie kann sich die neue Literatur nennen und sich dessen bewußt werden, daß sie ihresgleichen in den Zeiten nie hatte, aus deren Kunst sie nur das sekundär-formale Convenü entlehnt und solange entlehnen muß, als sie sich noch, über ihr eigentliches Wesen im Irrtum, der alten Dichtung blutsverwandter Erbe und direkter Nach-komme glaubt, deren Ausdruck sie zu sekundär gemachten Formmitteln mißbrauchen muß — „Form" und „Inhalt", dieses Untrennbare trennend — weil sie keinem Kultur-kreis entwachsend wohl als ein Zeitelement da ist, aber als vermeinte Dichtung sich selber mißversteht zusamt den Begriffen der Dichtung und des Dichters.

Es zeichnet das dieser Zeit gemäße und von ihr gebilligte Verhalten zu dem ihr fremden, weil nicht in ihr bereitungs-möglichen Dichterischen aus, daß es wählend ist, wo man nur schöpferisch oder überhaupt nicht sein kann. Und dieses wählende Verhalten ist nicht einmal eklektisch, da es sich nicht für eine der zu wählenden Formen entscheidet, sondern für keine und alle Formen, da nur Mode die Wahl trifft und nicht die geringste innere Verwandtschaft zu irgend einer der historisch gegebenen Formen. Ja manch-mal glaubt diese Zeit, als ein rechter Münchhausen, der sich am eignen Schopf aus dem Sumpf zieht, daß sie gerade im Formlosen ihre spezifische Form gefunden habe. Oder sie erklärt, sehr konsequent, das Materiale schon für das Geistige, womit sie auf den Geist verzichtet, den sie nicht besitzt, und sagt, sie wolle ihn auch gar nicht und gerade dies sei ihr „Geist"; so gebiert sie was sie ganz von außen sehend einen „Stil" nennt aus den Gußformen des Beton in Bauten oder aus den plastischen Hinterteil-formen des Sitzenden in Stühlen: in dieser auf jede vom Geiste hergebrachten Änderung verzichtenden Material-betonung drückte sich diese Zeit nicht aus, sondern sie ist es glatterdings.

Es muß durch eine Zwischenbemerkung mögliche Verstimmung einiger Leser aufzuheben versucht werden, denn sie könnten das eine oder andre Wort als ein mit nichts als affektiver Betonung gegen sich gerichtetes halten und entsprechend darauf reagieren: verstimmt, unwillig, geärgert oder bösartig das Schreiben als ein Rationalisieren auch des Affektiven verkennen. So wenig wie den einzelnen Menschen eine negative Beziehung zur Kunst diesen schon zu einem Menschen mindern Wertes macht, ebenso wenig wird auch der gesamten heutigen Gesellschaft die Tatsache, daß sie die Voraussetzungen zur Dichtung nicht schafft, als ein Vorwurf gesagt, sondern nur und nichts als eine Tatsache konstatiert und über ihren Wert oder Unwert nichts ausgemacht, dadurch allein noch nichts ausgemacht. Und daß sich diese Zeit, im Erinnern befangen und ihrer sehr engen Determination zu entrinnen suchend, ihre gedruckten und gelesnen Dinge als Dichtwerke einzureden bemüht — wie sie auch alle ihre naturwissenschaftlichen Erkenntnisse, Erfindungen und Findungen als Werte geistiger Art anspricht, — dies ist zu menschlich, als daß irgend kleinster Spott darüber geschmackvoll wäre, so grauslich diese Erscheinung auch im Einzelnen sich äußern mag und als lebenzerstörend von uns erkannt wird. Es liegt ganz ferne, aufzustellen, daß keine Dichtung zu haben den Unwert einer Zeit entscheide. Es ist ja durchaus denkbar nicht nur, sondern wie wir wissen möglich, daß eine Zeit die Kräfte, die als Dichtung nicht zum Vorschein kommen, anderswie äußert, und was dort Kraft wäre, kann in dem andern auch nur Kraft sein. Wir denken etwa an die ersten Jahrhunderte der Christenheit, die voll größten Lebens und innerhalb der Christenheit so gut wie ohne Dichter waren. Wir vermeinen den Dichter, den Künstler durchaus nicht als die Spitze der Pyramide, um derentwillen der ganze Bau menschlichen Lebens errichtet wird. Der heldische Mensch, der heilige Mensch, der denkende Mensch stehn dem Künstler als Höchstleistung der menschlichen Gattung mindest zur Seite, — alle sich gleichbar in dem

Einen, auf das alles menschliche Tun nur bezogen werden kann: im Ethos, dessen Erscheinungsform sich nur wandelt im dichterischen, heiligen, heldischen und denkenden Menschen. Nur konstatiert, nicht vorgeworfen wird den führenden Klassen dieser Zeit und den Trägern ihrer sogenannten Ideale, daß sie die Voraussetzungen ihres Dichters positiv nicht zu schaffen imstande sind und sie ihrem Wesen nach gar nicht enthalten können; daß sie sich die Surrogate als das ächte einzureden versuchen; und daß den Dichter nicht zu haben eine Zeit durchaus nicht schon als eine im Vergleiche mit andern Zeiten minderwertige charakterisiert. Und doch wird ein Rest der Verstimmung nicht zu beheben sein, denn ihn wird diese Zeit immer über sich selbst empfinden, wenn sie nicht mit Gewalt ihr Gewissen betäubt und die Minute im Tage nicht flieht, wo sie sich, mit ihrem Gewissen allein, ins eigne Antlitz sehn kann und schaudernd kaum mehr ein menschliches Gesicht erblickt, sondern eine zerworfene Grimasse.

Die Zwischenbemerkung, getan um den Leser an die Sachlichkeit unseres nichts als rational bestimmten Wollens ausdrücklich und um seinetwillen zn erinnern, ist geschlossen und stellt vor die zu beantwortenden Fragen: warum soll diese zeittragende und repräsentierende Gesellschaft außerstande sein, die Bedingungen der Dichtung als kultureller Äußerung in sich zu erzeugen oder zu enthalten? Zu enthalten, weil die Gesellschaft behaupten könnte, sie enthielte sie schon, nur fehle es an den dichterischen Personen. Und die andere Frage: zugegeben, diese Zeit ermöglicht den Dichter, ihren Dichter nicht, — schafft die so für andres frei werdende gleiche Kraft nicht ein dem Dichter in dem einzig bezüglichen Bereiche, dem ethischen Bereiche, Gleichwertiges, weil die gleiche produzierte Kraftmenge enthaltend?

Ernst gefragt und ernst besprochen, unter Männern und nicht unter schöngeistig schwärmenden Frauen, wird von jenen rasch zugegeben werden, daß alle diese in den Gazetten und Salons und Theatern genannten und gerühmten

Dichter keine Dichter sind, auch nicht kleinere oder minder-begabtere als Hölderlin, sondern überhaupt keine und nichts weiter seien als eine Weile mehr oder minder unterhaltende Leute im schöngeistigen Fache, was aus der Wirkung auf das weibliche Wesen und dessen hohe Selbsteinschätzung begreiflich, aber gar nicht irgendwas oder -wen ernsthaft verpflichtend wäre. „Aber natürlich", hört man, „was ist das neben Bismarck, Zeppelin, Edison, Pierpont Morgan, Hindenburg! Die Knochen des kleinsten Industrie-Chemikers sind mehr wert als . . ." Anstrengung und Leistung dieser bürgerlichen Dichterei sind ein vom betont Ernsthaften dieser Zeit, dem Fabrikanten, Kaufmann, Ingenieur, Bankier rasch überschautes sehr bescheiden eingeschätztes Quale und eine Quantité négligeable an den „wirklichen Werten" dieser Zeit gemessen, die für Frauen und Unmündige zu garnieren eben diese Literatur da sei. Die repräsentativen Männer dieser Zeit wissen mit ihr nichts andres anzufangen als sie zu verachten und ihr nur dann einige Aufmerksamkeit zu schenken, wenn sie sich in die ihnen allein gültige Wertkategorie begibt: die des zahlenmäßig ausgedrückten Gewinnes. Hohe Einkünfte aus literarischer Tätigkeit haben dem ernsthaften Manne dieser Zeit einigen Respekt vor dem Schreibwesen abgenötigt; der kurante Nenner Bankdepot gab dem Stande in der bürgerlichen Welt einiges Ansehn. Aber es könnte die bürgerliche Literatur dagegen sagen, daß Aneignung oder Ablehnung, hohe oder geringe Löhnung ihrer Hervorbringungen durch den bürgerlichen Menschen nichts gegen den dichterischen Charakter beweise, da das Verhalten einer Zeit zu ihren Werten, wie die Geschichte der Wertgeltungen zeige, nicht endgültig entscheide. Doch wäre dieser Einwand auch dann nicht stichhaltig, wenn die Schillersche Formel von der richtenden Weltgeschichte richtig wäre, denn es drückt sich in der Stellung des bürgerlichen Menschen zu seiner Literatur auch noch ein andres als bloß kritisches Verhalten aus, nämlich eben das, was im tiefern Grunde allein hier in Frage steht: ob diese Zeit überhaupt die Vorbedingungen ausbildet für jene Werte, die sich in einer Dichtung manifestieren. Wir notieren diese Art, wie man sich mit dem in litteris Erzeugten abfindet, nur als einen Oberflächenreflex der innern wertproduktiven Fremdheit und Unfähigkeit dieser Zeit, deren wirklich vorhandene Dichtung nicht aus ihren Trägern, nicht mit ihrer Welt, sondern gegen sie zustande kommt, und deren einzige Beziehung zu dieser Zeit negativ ist, nämlich Ablehnung, woran nichts ändert, daß Einzelnes dieser Dichtung eine Art Aneignung durch den Bürger erfährt, weil er dieses Einzelne mißversteht wie Meredith oder Dostojewski, die er wesentlich in der „Psychologie" vermutet. Er wird diese Aneignung aus Irrtum auch immer gleich damit einschränken, daß er das Genannte „übertrieben" findet — welche „Übertriebenheit" eben das dichterische ist — also etwa: Strindberg ist dasselbe wie Ibsen, nur „krankhaft", und Zola ist der „Fortsetzer" Flauberts. Von der andern Seite her ist dann Ernst Hardt dasselbe wie Hofmannsthal, nur „weniger ästhetenhaft", oder Wildgans dasselbe wie George, nur „lebensnäher", und so weiter. Daß das kritische Verhalten des kapitalistischen Menschen zu der Dichtung nicht nur dieser Zeit, sondern zu der jeder Zeit durchaus die Wertmaßstäbe aus dem gewinnt, was die heutige bürgerliche Unterhaltungsliteratur aller Grade konstituiert, davon kann sich der Zweifler aus den deutschen Literaturgeschichten der letzten vierzig Jahre überzeugen: keinen dichterischen Wert irgend einer Zeit vermag eine nicht Werte, sondern nur Nutzformen ausbildende Gesellschaft anders sich einzuordnen als durch Aufhebung des spezifisch dichterischen Wertcharakters und durch Substituierung eines der Dichtung als einem ästhetischen Phänomen fremden Begriffekomplexes aus biologischen, naturwissenschaftlichen, sozialen, biographischen Elementen mit beiläufigem ästhetisch-philologischem Aufputz zur Rettung der „Wissenschaftlichkeit". Die intensivste Anstrengung des bürgerlichen Geistes dieser letzten Jahrzehnte bringt die Vorstellung des Bildungsdichters zustande, und sie macht damit die tragische Not des deutschen Dichters seit Goethe, von keiner kulturellen Bildung des Volkes getragen und gehalten zu sein, zu einer Tugend. Vergißt, daß diese Not Hölderlin in den Wahnsinn trieb, und ahnt nicht, was es den Dichter Goethe kostete, aus sich selber die nicht in seinem Volke gegebenen Bedingungen des dichterischen Seins wenigstens für eine Zeitspanne zu schaffen. Noch ein- und zum letztenmal seitdem versuchten dies die deutschen Romantiker, nicht mit den Mitteln der Bildung, sondern dem der religiös-politischen Bindung. Auch ihre Anstrengung mußte versagen wie jene dünne Bildungsschicht sich verbrauchen, die in Weimar hergestellt worden war, — es blieben von Beiden nur die historischen Begriffe, die ein lebendiger Inhalt nicht mehr füllt: Klassik-Romantik.

Im Epigonentum manifestierten sich nicht Dichter mit nur „geringerer Begabung" als die Dichter, die sie nachbildeten, sondern eben diese vom Leben dieser Epigonen abgetrennte Begabung — das Talent — wurde als dekorative Literatur manifest und tauschte sich diese für den Begriff der Dichtung ein. In dem Jahre, da eine sprachtaub gewordene Philologie, die Wilhelm von Humboldt nicht zum Meister hat, den West-Östlichen Diwan in ihre banausischen Modi brachte, feierte ein im Kriege siegreiches Geschlecht den schalen Witz eines „Mirza Schaffi" als Dichtung, schrieb Vischer, der dickbäuchige Ästhetiker, unter dem Beifall der Gebildeten eine Parodie auf den Faust, und gründete sich das Reich, womit die klein-kapitalistische Periode der Bourgeoisie sich schloß. Was nach der Reichsgründung noch vom dekorativen Epigonismus hervorgebracht wurde, erlebte schon Widerspruch und Ablehnung, die sich bis zu jener „Revolution in der Literatur" verdichteten, welche für das „neue Deutschland" eine neue, die „veränderten Lebens- und Zeitumstände wiederspiegelnde Literatur" verlangte, womit nicht die Einsetzung des Dichters gefordert wurde, sondern eine Änderung im Nachzuahmenden. Aber bei dem epigonischen Nachahmen blieb man durchaus.

Nicht mehr die frühere Dichtung sei nachzuahmen, sondern — das Leben. In dem Maß als dieses neue Leben sich als kapitalistische Lebensweise determinierte und seine Sicherungen ausbildete, die es als das Leben schlechthin erscheinen ließen, anders weder denkbar noch wünschbar, im selben Maße gewann die Revolution in der Literatur das Terrain und hatte von dem Augenblick an völlig gesiegt, wo sie sich in die ausgebildete bürgerliche Welt integrierte, die nun, wie für alle andern Kulturdinge, die sie nicht schaffen konnte, eine Pauschalsumme für die Herstellung ihrer Literatur auswarf. Die anfänglichen, aus der klein-kapitalistischen, vom Epigonentum gebildeten Ideologie stammenden Vorurteile gegen die „neue Literatur" verschwanden — wie die gegen Darwin, Sozialismus, Zola, Böcklin, Wagner — und vergingen in dem Maße, als sich das Bürgertum in seine hochkapitalistische Form einlebte und sich in ihr sozusagen vermenschlichte: von dem Momente ab erkannte es die neue Literatur als seine Literatur, was sie von Anfang an gewesen war. Die führende Klasse hat nicht immer und gleich den Mut zu ihrem Abbild — nicht weil sie in ihre Literatur Zweifel setzt, sondern in sich selber Zweifel hat. Nur dieser anfänglich oft mangelnde Mut erklärt so unbegreifliche Gegnerschaften, wie man sie erst gegen Ibsen hatte, bis man sich auch in ihm ungefährdet erkannte und dann auch gleich mit Stolz als „gedichtet" erkannte.

Bewegungen innerhalb der bürgerlichen Literatur wie die angeblichen Gegensätze Naturalismus - Symbolismus oder Heimatkunst-Stilkunst und wie diese Streitfälle alle heißen mögen, in denen sich manchmal so etwas wie ein dumpfes Gefühl äußerte, daß uns die Flucht aus dem Bannkreis des bürgerlichen Geistes Rettung aus der Literatur-Existenz bringe —, diesen Bewegungen im Einzelnen zu folgen erübrigt sich, da nur das Wesentliche hier zur Entscheidung steht. Wie auch immer Geste und Ton gewählt wird, dem Bürger die gegenwärtigen Sehenswürdigkeiten in seinem Leben abzuspiegeln und zu deuten, mit welchem

Aufwand auch immer Wechselfälle und Zufälle dieses bürgerlichen Lebens als „menschliche Probleme" angesprochen werden: das Hin und Her, Frage und Antwort, Aufgabe und Lösung bleiben Zeitbild und müssen es bleiben, denn ein Weltbild konstituiert sich nur aus Werten, als welche der kapitalistische Geist nicht hervorbringt, wenn er auch seine naturwissenschaftlichen Methoden als Gesetze im Wertsinne mißversteht und behauptet. Er drückt darin nur seine Form des Hinlebens aus, aber nicht das Leben. Darum sagten wir in einer andern Schrift, daß was man die moderne Literatur nennt in der Definition des bürgerlichen Menschen dieser Zeit enthalten sei und ein andrer als ein soziologischer Zugang zu ihr nicht bestünde, wenn man ihrem Wesen gerecht werden wolle und von ihr nicht Etwas verlange, was sie sich selber vielleicht imaginiert, aber was sie nicht ist: Dichtung. Die kapitalistische Welt kann eine Literatur, aber sie kann keine Dichtung haben. Die Gradunterschiede innerhalb dieser Literatur werden von uns ohne weiteres zugegeben, aber die Wesensgleichheit betont: sie ist eines Geistes.

Um die Überzeugung des Bourgeois, daß er eine im Begriff der Dichtung enthaltene und von diesem Begriff definierte Literatur in dem habe, was er seine „moderne Literatur" nennt, — um diese von Erzeugern wie Verbrauchern dieser Literatur geteilte Überzeugung zu schwächen und damit das „gute Gewissen des Kapitalismus" auch von dieser Seite aus unsicher zu machen, ist festgestellt worden, daß der kapitalistische Geist seiner formalen Struktur und den Kategorien seiner Werte nach gar nicht fähig ist, etwas anderes als ein im Umkreis seines Hinlebens sich begebendes Schrifttum hervorzubringen, das bei allen scheinbaren Verschiedenheiten untereinander wesentlich dasselbe und nicht besser als mit dem Worte Unterhaltungsliteratur zu bezeichnen ist, weil es am deutlichsten die zeitliche Hinfälligkeit und die ethische Gleichgültigkeit ausdrückt im Gegensatz zu den sittlichen und ewigen Werten der Kunst, die immer auf ein Weltbild orientiert ist. Wie der kapitalistische Mensch — das heißt der Vital-Typus, der sich sowohl im „Kapitalisten" wie „klassenbewußten Proletarier" inkarniert — seine immer umfangreicher werdenden Gesetzbücher für „besser", weil „fortgeschrittner", hält als das ehmalige „auf Treu und Glauben" der Gemeinschaft; wie er die staatliche oder vereinliche Ablösung der Nächstenliebe für eine bessere Praxis dieser Tugend hält und die Naturwissenschaften für „die moderne Philosophie"; wie er sich mit allen seinen modernen Neuerungen nicht nur nicht als Antagon des Alten, sondern als dessen Besserer und Vollender glaubt: so erscheint ihm auch in den von ihm beigestellten Künsten die Kunst schlechthin zu mindest weitergeführt und auf die Höhe seines sonstigen Fortschritts gebracht; er gibt höchstens zu, daß die großen den ehmaligen Künstlern ebenbürtigen Talente heute noch nicht da seien, nicht aber, daß sie gar nicht da sein können; er erwartet sie vielmehr sicher und seiner Größe entsprechend. Diesen naiven Glauben zu widerlegen und das gute Gewissen des kapitalistischen Menschen zu erschüttern war das einzige positiv kritische Bemühen der letzten zwei Jahrzehnte: Dilthey, Tönnies, Tröltsch, Scheler, Max Weber, Sombart, Rathenau, Croce, Chesterton waren, um nur einige der älteren Generationen zu nennen, solche Kritiker, und positiv war ihre Kritik, da sie den Typus des kapitalistischen Menschen feststellte nicht als den Effekt eines besondern wirtschaftlichen Systems, wie dies die ganz im kapitalistischen Geiste geübte sozialistische Kritik tut, sondern als dessen Erreger, Träger und Verbreiter. Die sozialistische Kritik vollzieht sich durchaus innerhalb, nicht wie sie meint außerhalb des kapitalistischen Geistes und sie ist im angegebnen positiv kritischen Sinne ebensowenig gegen den kapitalistischen Typus, in dem sie selber aufgeht, wie die moderne „soziale Dichtung" von Hauptmann, Ibsen oder Gorki gegen ihn ist. Alle heute positive Kritik kann nur und nichts als den kapitalistischen Geist, der des Menschen ist, zum Objekt haben, von einem andern Geiste

her, der ebenfalls des Menschen ist. Wer in der Folge
die Ursache sieht, den Menschen als Folge seiner Wirtschaft, der wird kritisierend Wirtschaft gegen Wirtschaft
setzen und sich damit ganz im Gleise des kapitalistischen
Geistes bewegen, so staatssozialistisch er auch ist oder so
revolutionär er sich auch dünkt. So wie die Sozialgesetzgebung Funktion des Kapitalismus ist, den sie in seinem
Geiste nicht nur nicht aufhebt, sondern festigt, genau so
festigt der Literat mit „radikaler" Einstellung den kapitalistischen Geist, indem er dessen „übelste Begleiterschei-
nungen und Auswüchse" satirisiert und lächerlich macht.
Beides, die Satire und die Sozialgesetzgebung, hat einen
Nutzwert innerhalb der kapitalistischen Welt und nur da,
nicht und nirgends sonst: jene Gesetzgebung hebt den Geist
nicht auf, sondern nützt ihm, jene Satire ist sozialer Nutzwert, aber nicht Dichtung, das heißt menschlicher Wert.
Die Tatsache der erwähnten positiven Kritik am kapitalistischen Geiste zwingt zur Annahme einer geistigen Posi-
tion, die in dieser Zeit vorhanden ist, aber außerhalb des
herrschenden Geistes dieser Zeit ihre Wertinhalte aus einem
Kulturbegriff bekommt, der mit dem kurrenten bürgerlichen
Kulturbegriff nichts gemein hat und mit dem er nur durch
die negative Ablehnung verbunden ist; was nicht heißt,
daß er aus dieser negativen Ablehnung erwüchse, denn die
bloße Negation ist zu einer positiven Bildung nicht zurei-
chend. Aus diesem dem herrschenden „Geiste" fremden
Geiste dieser Kritik, aus dieser andern als kapitalistisch-
sozialistischen Ethik müssen wir die Speisung auch der
andern immanenten menschlichen Energien annehmen, wie
solche jene kritischen sind. Da wir als eine solche menschliche Energie das Kunstwollen kennen und dieses sich in
den verfallenden Scheingebilden der bürgerlichen Literatur
als ethische Energie nicht manifestieren kann, müssen wir
ihre Entfaltung von jenem Punkte ausgehend suchen, von
dem aus das Ganze der bürgerlichen Welt kritisches Objekt ist, und müssen die Energie des Kunstwollens aus
einem Ethos gespeist annehmen, das nicht jenes des bür-

gerlichen Typus ist. Dies wird in allen Graden von Intention
bis zu Gelingen das Wesen einer Kunst dieser Zeit charakterisieren: daß sie nicht kapitalistischen Geistes ist und
mit ihm nur, wenn überhaupt, durch die bewußte oder
naive gänzliche Ablehnung zusammenhängt. Um es an Be-
kanntem zu explizieren: der „reaktionäre" Dostojewski,
dem sich der Westen als der bürgerliche Geist darstellen
muß, den er als Ganzes ablehnt, ist der Dichter; aber
der „radikale" Mann ist nicht ein „weniger talentierter
Dichter", sondern ein von Dostojewski ganz wesens-
verschiedner schreibender Bürger kapitalistischen Geistes.
Flaubert, dem das Ganze der bürgerlichen Welt Objekt
ist aus seinem ganz anders qualifizierten Ethos heraus,
ist der Dichter; aber Zola, der auf ein kleines Entgegenkommen der bürgerlichen, bloß im Besserungssinne
kritisierten Welt nicht vergeblich zu warten brauchte, ist
bürgerliche Schöngeistigkeit. Daß die bürgerliche Welt
ohne Unterscheidung mit dem einen wie dem andern als
nur im „Talent" oder „Temperament" Verschiedenen sich
abfindet, das sagt nur über das ethische Unvermögen dieser
Welt aus, den Dichter zu erfassen, weil sie ihn ja auch
nicht bedingen kann; indem der Bürger über die vom Ethos
abgelösten — er kann das! — engern ästhetischen Werte
der Genannten klug redet, unterschlägt er das Problem,
weil es das Problem seiner eigenen Existenz ist. Er unterschlägt es aus Angst, wenn es ihm bewußt wurde, oder
aus Taubheit seines sittlichen Zustandes. Im ersten Fall
hat er tausend Kniffe im Kampfe um seine im Innersten
aufgehobene und somit bedrohte Existenz ausgebildet. Das
ehrlich-grobe Mittel jenes Staatsanwaltes, der Flaubert
wegen der Frau Bovary anklagte, hat sich aus Zweck-
mäßigkeitsgründen sehr verfeinert, so sehr, daß innerhalb
der Bürgerlichkeit jener Staatsanwalt heute schon eine
lächerliche Figur wurde, aber die Zensur eine Institution
des den bürgerlichen Typus als den menschlich-allgemei-
nen Typus vertretenden Staates.
Die gespannte Erwartung des Wirtschaftlichen, endlich

doch die ihm unbekannten Dichter dieser Zeit genannt
zu bekommen, können wir nicht befriedigen, denn er kennt
sie auf seine Weise längst, schätzt sie und verehrt sie auf
seine Weise zum einen Teil, bezweifelt sie zum andern
und würde sich ihm bis nun unbekannt Gebliebenen nicht
verschließen; er wird mit ihnen nach dem ästhetischen
Schema seiner spezifischen „modernen" Literatur — die
kein andres als ein beiläufig ästhetisches hergibt — fertig
werden. Die seine Welt kompromittierenden Begreiflich-
keiten wird der typische Mensch dieser Zeit unbegreifliche
Schrullen, Snobismen und Pathologien nennen. Die pathe-
tische Einsamkeit Nietzsches, das Verkrochensein Cézannes,
die politische Leidenschaft jenes Russen, das Kreuztragen
van Goghs, die Arbeitszelle Flauberts, Borchardts Hermetik,
der Aufschrei einer gläubigen Jugend: der Bürger, der diese
Bücher liest, diese Bilder kauft, er wird das Leben dieser
Künstler, das er als „Privatleben" vom Werke abtrennt,
weil das von ihm Bestellte seiner „Kunst" solches Trennen
immer verträgt, ja verlangt, nichts weiter als absonderlich
und gesucht finden und daß es durchaus ohne solche
„Extravaganz" gehe, wie ihm Sudermann beweist, den er
in jedem Salon ganz wie sich selber trifft, oder Hauptmann, dessen 50. Geburtstag doch ein Nationalfest mit
Orden war, oder Bloem, mit dem er die Etappe besuchte.
Umgängliche Leute, mit denen auch ganz gut über Kapi-
talsanlagen zu reden ist. Anschauung und Praxis, daß das
Leben des Menschen in Sein und Tun zerfalle, zwischen
welchen Getrennten allenfalls Berufswahl, Neigung oder
Talent eine nicht nötige Brücke bilde, ist dem bürgerlichen
Menschen dieser Zeit so vollkommen konstitutionell, daß es
ihm wie ein mysthischer Hokus-Pokus vorkommen muß,
wenn gesagt wird, daß in der menschlichen Person das
Werk nichts andres ist als ihr Sein und dies nichts andres
als das Werk und daß hier nur der Draußenstehende eine
Trennung vornimmt, aber sich immer bewußt bleiben muß,
daß diese Trennung willkürlich geschieht, genau so wie
die Trennung eines Gebildes in Inhalt und Form.

12*

Es wurde die Grenze gezogen zwischen dem, worin sich
der bürgerlich-kapitalistische Typus als der herrschende
dieser Zeit den seine Literatur genannten Ausdruck gibt
und nur geben kann, und dem, worin sich das Kunstwollen in dieser Zeit manifestiert. Es wurde für das Dies-
seits der Grenze der Vital-Typus des bürgerlich-kapita-
listischen Ethos fixiert, von dem das allgemein Unterhaltungsliteratur genannte ein vielfach schillerndes und graduell
sehr abgestuftes Derivat ist, eines Geistes bei plumpster
Gemeinheit des Mittels wie bei dessen höchster Raffinie-
rung. Es wurde im kurz hingestellten Gegensatz das Jen-
seits der Grenze angemerkt, gesagt, daß und warum die
Kunst dieser Zeit die Voraussetzung ihres Daseins nicht
in der kapitalistischen Welt haben kann und wo sie diese
allein in dieser Zeit hat: in einem anders qualifizierten
Ethos als es das des modernen Typus ist und das sich
zum Teil als dessen völlige Negation, zum andern aus noch
zu bestimmenden Komponenten konstituiert.

NEUNTER EXKURS

Unter den menschlichen Werken genießt allein das Kunstwerk das Privilegium, fast intakt durch die Zeiten zu dauern,
denn das wissenschaftliche Werk ist provisorisch, das politische, das wirtschaftliche Werk wandelt sich alsbald in
mechanische Kräfte. Es sind außerhalb des Künstlerischen
ungemein wenige historische Figuren, die, dem Schicksal
des Verblassens und Vergessens entgehend, mit den un-
vergänglichen Gestalten des künstlerischen Ingeniums riva-
lisieren, und auch diese Wenigen tun es nur mit ihrer
Person, nicht mit ihrem Werke, denn Alexanders Reich
zerfiel wie das Cäsars, aber in unverändert reiner Linie
ist bleibend Platons Dialog und der Vers Vergils. Und es
ist Alexanders und Cäsars Größe nötig, die Schatten des
Vergessens fernzuhalten, und weit weniger genügt, ein
Mimnermos und ein Properz, um als Dichter auf die Nachwelt zu kommen. Dieser Umstand ist heute dem geringsten

Reimer geläufig und nicht nur ihm. Aber — und dies ist von Wichtigkeit — das Bewußtwerden dieser Tatsache von der reinen Dauer des Künstlerischen hat ein Gleichgewichtsverhältnis gestört, das vorhanden war, als die Tatsache noch, ohne Wissen um sich selber in Bescheidenheit lebend, die nötigen Korrekturen bekam.

Zeiten eines intensiven Gesamtlebens der Menschen haben den Künstlern ihren bescheidnen und oft niederträchtigen Platz angewiesen und sich wenig aus ihnen gemacht. Man domestizierte diese wilden Tiere, indem man ihren Stolz bändigte und ihnen bewies, daß sie weniger wichtig wären als Schuster und Bäcker. Man lese im Plutarch das erste höchst grausame Kapitel des Lebens des Perikles, und man denke an die Rolle der Dichter in Platons Republik. Wohl strömte das Volk in heiliger Begeisterung zusammen, um ein neues Werk des Phidias zu sehn, aber es ließ ihn im Gefängnis oder in der Verbannung sterben — wir wissen es nicht genau, denn an der künstlerischen Person nahm die Antike gar keinen oder Anteil nur dann, wenn die Person ihr politisch nützte oder schadete. Die Antike kümmerte sich nur um das Werk, woraus sich, wie Plutarch in der genannten Stelle schreibt, wenn dies gefällt, nicht notwendig ergebe, daß auch der Verfasser zu loben sei. Hier reagiert eine ganz bestimmte Moralität, die auf keine Weise ästhetisch infiziert ist wie alle heutige Moral. Der antike Mensch ist auf seine Kunst stolz, weil er in ihrer Leistung ein Zeichen seiner staatlichen Macht und seines kulturellen Reichtums sieht, aber einen Aristokratismus des Künstlers duldet er nicht in der sozialen Ordnung; er weist dem Artifex hinter den letztnützlichen Gewerben einen Platz an. Kein Zweifel, die Kunst würde in solcher dauernd dem Künstler zugewiesenen Rolle verkommen, denn der verträgt als ein Neuerer, der er ist, diese untergeordnete staatliche Zugehörigkeit nicht, auch in einem weiter gedachten Staatswesen nicht, als es die Polis war. Der Künstler kann die geforderte bescheidene Haltung zu einem, zu seinem Werke nicht bewahren, das eine Nation führt und begeistert,

er sei denn ein ganz mediokrer Schuster und Gelegenheits-
poet der Stadtverwaltung. Und er kann deshalb auch die
soziale Geringachtung durch seine Umgebung nicht vertragen, seiner Kunst, nicht seiner privaten Person wegen,
wie er ja auch gegen seine private essende, trinkende, sich
gattende Person von größter Bescheidenheit sein kann und
wohl auch meist sein wird. Von den beiden, dem Kunstwerke die Form gebenden Elementen, dem materialbelebenden Künstler und seiner schöpferischen Umgebung, im
vorigen Exkurs: hier haben diese Elemente als die persönliche
Inbrunst des Künstlers und als die sittliche Wertachtung
durch die Umgebung in ihrer Beziehung aufeinander die
Bedeutung der Belebung, Weiterbildung und Erneuerung
der Formen. Man kann das relativ Stationäre der Form
immer dort bemerken, wo die Sozietät sich den Künstler
fast handwerklich einordnet, so daß er hinter seinem Werke
verschwindet wie Molière und Shakespeare als Komödianten.
Der Konservativismus, der sich für die alten, das heißt eingeübten Formen als die allein richtigen ausspricht, ist Ausdruck der gering-schöpferischen oder überhaupt steril gewordnen Umgebung, die den Künstler sozialisiert, weil sie
ihm als Individuum mißtraut, ihn domestiziert, weil sie die
ausbrechende Bestie seiner unberechenbaren Phantasie
fürchtet. Nicht aber ist dieser Konservativismus Ausdruck
des Künstlers selber und kann das auch gar nicht sein
aus seinem Wesen heraus, das durchaus neuerungserfüllt
ist und anders sich überhaupt aufhöbe. Man erinnere sich
an die ständigen Entschuldigungen des Euripides. Man
denke an das schließliche Schweigen des freigelassenen
Racine, das mit Port-Royal gar nichts zu tun hat. Man
überlege die Vagabundenexistenz Villons, der nur durch
Elend und Gefängnis die von seiner Umgebung bedrohte
Freiheit des Dichters gewann. Man denke an Christian
Günther, der sich in keinerlei schlesische Dichterschule
finden konnte und um seines Gedichtes willen lieber ver-
reckte, statt als Stadtschreiber überflüssige Reimereien zu
verfertigen. Man erinnere sich an Lenz — aber mit der

Figur dieses sich auflehnenden Hofmeisters sind wir schon in einer wesentlich anders gerichteten Zeit: eine neue Ethik des Künstlers hebt an, profitierend vom religiösen Zusammenbruch der Zeit und der wirtschaftlichen Neugestaltung der Gesellschaft: es beginnt die Literatur. Die schöpferische Kraft der in Gemeinschaft mit der materialbelebenden Person des Künstlers die Form bildenden Umgebung ist schwankend, und sie zerfällt in dem Maß, als sich diese Umgebung von der ideellen Einheitlichkeit entfernt und in das Tausendfache dessen zerlegt, was man Interessenten und Publikum nennt. Verschwand früher, in den Zeiten ideeller Einheitlichkeit, der Künstler hinter seinem Werk, so dreht sich dies nun um: das Werk verschwindet hinter dem Künstler. War dieser früher kaum sichtbar, weil seine Umgebung gar keine Notiz von ihm nehmen wollte, so ist heute die Person des Künstlers öffentliche Notiz und sein Werk das, was hinter ihm steht. Gab es früher ein Werk und gar keine sichtbare Person, so gibt es heute eine Person im Licht von Scheinwerfern und statt eines Werkes Bücher, die bestenfalls gelungene Skizzen darstellen, Ansätze, Versuche. Wie in den sonstigen Wertträgern wurde auch hier eine Substitution vorgenommen, indem man nun die Unsterblichkeit des dichterischen Werkes, diese bewußt gewordene Tatsache, mit der Unsterblichkeit der dichterischen Person identifizierte. Man gibt der künstlerischen Anschauung der Welt einen absoluten Geltungscharakter um so mehr, als die andern dominierenden Anschauungsweisen, wissenschaftliche, politische, wirtschaftliche, technische, sich als nur relativ geltend enthüllen und die religiöse Anschauung sich gerade in der Deklination befindet. Jeder Reimer reklamiert heute Goethe für sich, jeder Kunstgewerbler Michelangelo, und sie entbinden sich mit solcher Berufung von einer wertschaffenden Verpflichtung, weil die bloße künstlerische Anschauung der Welt als die höchstwertige allein schon genügt. Wenn heute einer Terzinen macht, so glaubt er, wenn auch an einem kleinen Seitenaltar, dieselbe Messe zu zelebrieren wie Dante. Klebt ein Steinmetz seine Figürchen an die Fassade eines Warenhauses, so tut er dies mit der Geste des großen Florentiners. Und jeder malende Jüngling weiß sich, je nach Vorliebe, dem Greco, dem Rembrandt oder meinetwegen dem van Dyck ein Bruder. Die Tatsache, daß von allen menschlichen Werken allein das Kunstwerk sein Gesicht unverändert wertvoll durch die Zeiten bewahrt, ist zu ganz allgemein bewußter Notiz gekommen und der Künstler erhebt ganz erfüllt von diesem Bewußtsein die Prerogative, als der Herr jeder Zivilisation zu gelten. Fataler Weise erhebt er diese Prerogative und besitzt er dies Bewußtsein gerade in einer Periode nachlassender werkschaffender Kraft bei beiden Komponenten, bei der künstlerischen Person und bei der Umgebung. Diese bürgerliche Periode besitzt in Abundanz Neuerungen, Erwerbungen, Erweiterungen, Freiheiten bei den künstlerischen Personen und in gleicher Abundanz ein fast frenetisches Interesse bei der Umgebung, aber —: das Werk fehlt. Es gibt interessante Bücher, Musiken, Bilder — aber das Werk fehlt. Der Künstler ist sich seines einzigen absoluten Wertes mit großer Bewußtheit sicher: er braucht nur zwei Zeilen Daktilen zu klopfen. Vor hundert und etlichen Jahren freigelassen, ist er es, der heute das ihm zulauschende Publikum zähmt, das in ihm seinen einzigen Wertschöpfer erkennt, weil er das „Gleiche" tut wie Homer und weil dieses Tun das Ewige ist.

Wir erleben so seit etwa dreißig Jahren das paradoxe Spektakel einer wachsenden Hegemonie des Künstlers als Träger des absolut geltenden einzigen Wertes, und dieser Künstler, der es weniger ist als je zuvor, kommandiert eine Umgebung, wie sie unschöpferischer nie vorhanden war. Was einigen Großen der Zeiten als von ihnen etabliert zukam, das maßt sich heute der ganze Stand an. Der kleinste Schreiber schüchtert die sentimental gewordene Bourgeoisie seiner Zuhörerschaft mit der Erinnerung ein, daß sie einen Büchner nicht erkannt habe, einen Grillparzer verkümmern, einen Nerval sich erhängen ließ, Kleist und Keats umgebracht habe, und eingeschüchtert beeilt sich das

Publikum, lieber alles herrlich zu finden, als das Verbrechen zu riskieren, einen neuesten Lyriker mißzuverstehn oder gar verhungern zu lassen. Dem religiösen Werte entfremdet, am wissenschaftlichen verzweifelnd, dem politisch-sozialen mehr als mißtrauend, gibt sich diese der Kunst überhaupt geneigte Bourgeoisie ihr ganz hin als ihr Publikum, fühlt sich ihr verpflichtet und verpflichtet sie ihrerseits wieder, alles, durch ein mehr oder minder trübes künstlerisches Medium gebrochen, von den Künstlern zu erhalten, von der Psychologie des Kindes angefangen bis zum Glauben an Gott. Und die Künstler werfen sich in die Brust und quittieren verlegen Schuldscheine, die sie nie einzulösen gedenken, denn sie wissen in ihrem innersten Gewissen sehr gut, daß ja die Schuldscheine falsch sind und sein müssen und es vertragen, mit falschem Gold oder gar nicht bezahlt zu werden.

Eigentümlich ist unsrer desolaten dichterischen Jugend das fast zornige Schamgefühl, das sie über ihr schön gelungenes Gedicht empfindet und das oft so stark ist, daß sie sich am liebsten in das „häßliche" Gedicht stürzen möchte oder nichts als den Schrei einer am Sittlichen der Welt verzweifelnden Kreatur ausstoßen; sie beschwert sich das Gewissen mit der Frage an sich selber, ob nicht besser ein nur sittliches als ein auch dichterisches Werk zu verrichten sei. Neben andern drückt sich in dieser Haltung Verzweiflung darüber aus, daß die die Form schaffende Umgebung fehlt und daß das, was als Publikum die leere Figurantin solcher Umgebung ist, vollkommen der instinktsichern Erkenntnis mangelt, daß das wohlgelungene Werk, an dem der Dichter und die Umgebung schaffen, ex se ein sittliches ist und eine besonders betonte Sittlichkeit nur dort immer zeigt, wo der Verfasser mit seiner Kunst nicht ordentlich zurecht kommt. Nun hat, wie es scheint, die Armseligkeit dieser ihrer heutigen einzig möglichen Umgebung diese jungen Dichter schon infiziert, so daß auch ihnen selber diese instinktive Erkenntnis vom an sich schon Sittlichen des vollendeten Werkes sich ihnen vertrübt und sie in ein Ethisches zu divagieren anfangen, das immer nur problematisch sein kann, und daß sie den Beruf des Dichters so schmählich ansehn wie König Philipp in jenem Plutarchschen Kapitel, wo er den bei einem Feste mit aller Kunst singenden Alexander fragt, ob er sich nicht schäme, so gut zu singen, und Plutarch hinzufügt, daß wohl kein Jüngling rechten Verstandes und edler Geburt bei Betracht des Jupiterbildnisses in Pisa den Wunsch hegen werde, ein Phidias zu werden, oder ein Polyktet, wenn er das Junobildnis in Argos anschaue, oder ein Anakreon, ein Archilochos zu werden verlange, denn all dies seien niedere und gemeine Künste. Also scheinen sich nicht wenige der jungen Künstler heute einzustellen, weil sie den lebendigen formschaffenden Zwang der Umgebung nicht haben und ihre Kräfte wie ins Leere greifen; denn jenen billigen Trost der Dilettanten und Könner, die unbekümmert in die Leere des Zufalles hinein schreiben, malen und musizieren — solchen Trost können sich diese wenigen Künstler dieser Zeit nicht geben, weil sie ihres göttlichen Auftrages inne sind und verantwortlich für das ihnen Anvertraute sich durchaus fühlen, oder weil sie nur ehrliche gewissenhafte Männer sind. Aber sie müssen an der Bestimmtheit des Auftrags, am Sinn ihrer Arbeit zweifeln in einer Zeit, die nichts besitzt, was die rechte Erledigung ihres Auftrages, den rechten Empfang ihrer Arbeit möglich macht, dadurch, daß sie ihnen eben den Zwang der Form gibt. Die neue Erweiterung der künstlerischen Wirkung, wie sie der Verfall der Gemeinschaft in Publikum und die alle Werte setzende Hegemonie des Künstlertums mit sich brachten, nahm der nun ins uferlose Leere schweifenden, zu keiner Form gezwungenen Kunst alle spezifische Wirkung überhaupt und degradierte sie zu einem Interessanten, Amüsanten, jedenfalls niemanden ernsthaft Verpflichtenden, das heißt zur Kunst verpflichtenden. Das Kunstwerk ging dabei in Stücke, die, tausend Zwecken dienend, tausend Namen haben, die alle Kunst meinen und keiner und alle zusammen nicht die Kunst — ein Begriff, der durch die Emanzipation des Künstlers verlorengegangen zu sein scheint und nur das Wort noch in lamentablen akademischen Ästhetiken sein Unwesen treibt, deren Verfasser ästhetische Prinzipien dort suchen, wo nur soziale Zwänge existieren und historisch befangen das Novum der Literatur nicht sehn. Ist es auch nicht Kunst, so ist es doch Ausdruck, und dieser ist überhaupt alles — mit diesem Bekenntnis zum leidenschaftlichen Bekenntnischarakter der heutigen künstlerischen Person wird das Problem der fehlenden Komponente des Werkes, nämlich die formschaffende Umgebung, nicht erledigt: es ist eine romantische Illusion, welche das Mittel für den Zweck, die Materie für die Form hält. Das Problem wird nicht gelöst, sondern beiseite geschoben, der Künstler als Bekenner seiner Leidenschaft in seiner Isolation gebilligt und von seiner Stimme, außer der Lauterkeit, nur noch die Lautheit eines Predigers in der Wüste verlangt. Er war in diesen letzten dreißig Jahren so vielerlei gewesen, Abschilderer des Wirklichen mit und ohne Temperament, Träumer seiner Träume, Deuter des Natürlichen, Analytiker, stilistischer Synthetiker, Plauderer, Ästhet, daß er nun, da alles das nichts genützt hatte, um aus dem sterilen Publikum formschaffende mittätige Umgebung zu machen, der große Aufrufer und sittliche Gesetzgeber der Menschheit werden müsse, erst recht aus diesem Kriege, wo alle sittlichen Mächte versagt haben. Daß der Künstler etwas auszudrücken habe, diese Entdeckung mußten heute wohl jene machen, welche damals noch Kinder waren, als bei uns Künstler auftraten, deren Stolz und Titel es war, daß sie rein gar nichts zu sagen und auszudrücken hatten, außer ihre kleinen Lesefrüchte aus darwinistischen und sozialistischen Broschüren. Aber es ist doch nur eine Wiederentdeckung nach dem kurzen Interregnum einigen Stumpfsinnes und Ernüchterung dieser Wiederentdecker, die in jenem Stumpfsinn „die Kunst" vermeinten wie alle Welt und mit aller Welt —, an welche Welt sie sich aber doch nun wieder wenden, um ihr das neue Schauspiel der Abwechslung, den Expressionismus, zu bereiten. Denn das

Problem des Kunstwerks, in dem die künstlerische Person und die Umgebung untrennbar miteinander verbunden sind, ist nicht einseitig dadurch zu lösen, daß der Künstler neue Saiten aufzieht, mit einer neuen Botschaft auftritt, nach der ja kein darauf Wartender die Arme ausstreckt, sondern sich bestenfalls nur zuhörerisch oder zuschauerisch bereit findet, das Schöne nach seinen eigenen sittlichen, das Sittliche nach seinen eigenen schönen Grundsätzen zu richten. Es ist da aber nichts weiter passiert als: nach den Parterreakrobaten und den Seiltänzern treten die Feuerfresser und Fakire auf. O, es ist zu verstehn, daß die paar Dichter dieser Zeit nicht wissen, ob sie die gehobene Hand nicht lieber zerschmetternd als zupfend auf die so mißgehörte Leier fallen lassen sollen, daß sie zaudern, irre werden und verzweifeln und aus der tiefsten Not ihres so sehr mißverstandenen, übertriebenen, falsch exponierten Daseins aufschreien in Gedichten, von denen sie bitter zugeben, daß es keine seien, und nur die Kühnern den Mut haben zu sagen, diese gerade seien die rechten Gedichte, und die Unzahl der konjunkturschnüffelnden Nachlaufer und Mitmacher in alle Winde verkündet, das seien die überhaupt einzig schönen und richtigen Gedichte und alles frühere und andre sei nichts als Dreck.

Aus einer Gemeinschaft, die nicht ist, entbunden, fehlt dem Künstler die vis superba formae, der Zwang der Form in einer mitschaffenden Umgebung. Er selber kann sie nicht schaffen, denn da sein Wesen Mit-Teilung ist, setzt es, damit diese zustande kommt, den andern Teil, eben die Umgebung, voraus, welche schöpferisch teilnimmt. Dieser andre formschaffende Teil fehlt, und des Dichters ungeformte Leidenschaft explodiert in ein Publikum, dessen blöde Geile er verachtet, dessen teilnahmsloses um ihn Herumsein ihn verzweifeln macht darüber, daß er, auf einer Säule stehend, nichts als sein Ich hat, das ohne Formgebundenheit zu einer halluzinierten Menschheit aufschwillt, von deren Abstraktheit er keine Form empfangen kann. Der Dichter entblößt sein Eingeweide mit der bewußt-häßlichen Geste einer sittlichen Tat, um nicht durch eine schöne Geste in den Beifall des Pöbels zu sinken, der ihm Kunst und Leben verekelt hat als das nichts als Ästhetische. Und immer noch schustert ja daneben eine Schar von Leuten Jambendramen und schneidert Entwicklungsromane und spinnt Blauveiglein mit und ohne Kriegserlebnis. So nennt also der Dichter sein Buch Verse „Der Mensch schreit", weil er möchte, daß der stumm sich krümmende Mensch schreie, — aber es hört den Aufruf zum Schrei immer nur die schöne Leserin und der ihr befreundete Professor, der im Tageblatt die Welt mit einem neuen Dichter bekannt macht. — Was sich die neue Kunst nennt, will als sittliche Tat schlechthin genommen sein; sie lehnt nichts als ästhetische Kriterien ab und fordert sittliche, denn sie drückt, wie sie erklärt, die sittliche Wahrheit und nicht die sittlich indifferente Schönheit aus; die sittliche Wahrheit ist ihr die alleinige Schönheit, und was man bis nun die Schönheit nannte, hat sie im Verdacht, das Böse zu sein. Der Roman des Familienblattes ist nicht häßlich, sondern unsittlich und deshalb häßlich; die Malereien von Franz Marc sind nicht schlechthin schön, sondern sittliche Wahrheit und deshalb schön. Man könnte glauben, sich hier in der vorklassischen Ästhetik der Schweizer zu bewegen oder nichts als eine reaktive Verkehrung des Wildeschen Ästhetizismus zu erleben. Aber es ist weder das eine noch das andre. Es ist vielmehr eine, wenn auch sich selber noch unklare Absage an die Kunst als heute läufigen Begriff überhaupt und eine Deklaration des noch ungeformten Halbgebildes zum Ganzgebilde. Man hat es satt, nach einer die Form schaffenden Umgebung zu hungern, die nicht kommen will. Man lehnt Verständigung und Verstehbarkeit, das heißt die Mit-Teilung ab, da man sich vom Mißverstehn korrumpiert weiß. Man will es dem nichts als sensuell alle seine Werte durch den Kunstgenuß aufnehmenden Publikum mit dem ganz entsinnlichten, auf die Geometrie reduzierten Kubismus fürderhin unmöglich machen, sinnlich zu reagieren. Man verdammt die verlockende Metapher. Man vermeidet die sehr vage und schwindelhafte Gemeinsamkeit im Psychologischen. Man skelettiert den sprachlichen Ausdruck. Man gibt das klassische Ideal des Gleichgewichts zwischen gesprochner und geschriebner Sprache auf, verwirft die erste vollkommen als künstlerisches Ausdrucksmittel und erweitert und erneuert die letzte. Man hat definitiv erkannt, daß man ganz einsam ist und keine Mit-Teilung mehr möglich, — wenigstens nicht mehr zu dem bisherigen formsterilen Publikum hin. Den daraus folgenden fatalen Esoterismus einer Kunst für die Künstler glaubt man mit dem Appell an eine neue Menschheit zu überwinden, die auf dem Marsche ist. Denn diesen seinen Irrtum, sich die Führung der Menschheit zu arrogieren, hat auch der heutige Künstler noch nicht aufgegeben, und in diesem Irrtum ist er noch immer nichts weiter als der Freigelassene der individualistischen Bourgeoisie, deren ästhetisch-ethischer Garkoch er nicht mehr sein will, um ethisch-ästhetischer Küchenchef einer Menschheit zu werden, das heißt bis auf weiteres doch nur für den alten Sensationalismus seines alten Publikums den neuesten Gang zu servieren, zum Beispiel den Nachtisch des Expressionismus.

Zwei Richtungen markieren sich deutlich, in denen man auf eine formschaffende Umgebung treffen kann, wenn auf beiden Seiten, auf der des Künstlers wie auf der dieser möglichen Umgebung, gewisse Bedingungen erfüllt sind. Den Einen und den Andern sieht man den Weg nach diesen Richtungen einschlagen: nach der sozialen Demokratie und nach der Kirche. Daß diese beiden zu ihrem Geiste erwacht sich vereinigen müssen, um formschaffende Umgebung (und natürlich nicht nur dies, sondern vor allem kulturelle Gemeinschaft) sein zu können, davon ist in diesem Zusammenhang nicht zu sprechen. Der klassenbewußte Radikalismus aus dem Bauche ist auch mit einer wissenschaftlichen Theorie noch kein kulturelles Prinzip. Und eine von der Staatsgewalt soutenierte und der herrschenden Macht dienende Kirche ist kein Instrument des reinen Gottglaubens, das die civitas dei vorbereitet, sondern die vorhandene civitas diaboli verhärtet. Die einen und andern Künstler, die den Weg zur Kirche oder zur sozialen Demokratie betreten, verlassen nicht nur das Publikum, sondern geben auch das Komplement dieses Publikums auf, nämlich die falsche Prärogative des Standes, die irrige Hegemonie des Künstlertums; sie stellen sich auf den Dienstplatz ihrer Verrichtung und dienen, wofür ihnen die Form zu teil werden wird, die sie mit keiner noch so titanidenhaften Anstrengung als Herren innerhalb ihres bourgeoisen Publikums diesem Publikum entringen können, das selber unbestimmt keine Bestimmung geben kann, das ein Scherbenhaufen, aber kein Boden ist, in den Wurzeln schießen, Halt und Nahrung gewinnen können. Der Abschied vom Publikum wird heute dem Künstler gewiß leichter sein als je. Schwer aber der Eintritt in den Dienst, da er solchen Dienstverhältnisses zu lange entwöhnt ist. Denn nicht darum handelt es sich, der Künstler der sozialen Demokratie oder der Kirche zu werden, deren Stofflichkeiten sich thematisch anzueignen und also draußen zu bleiben, sondern es handelt sich um die volle menschliche Hingabe, um den Eintritt in eine geistige Ordnung. Nicht darum handelt es sich, die sozialistische Kunst oder die katholische besser zu machen, als sie ist, nicht um solches Äußerliches handelt es sich, denn das ist kein Dienst und würde alles so lassen wie es ist, indem es nur den Inhalt des Publikums änderte. Mit der äußersten Bescheidenheit sich in den gemeinen und religiösen Dienst stellen: nur dadurch kann der Dichter zu seinem Werk kommen. Er muß sich ein-, nicht überordnen.

Hier ist nun der Ort, von dem gebrauchten Begriff ,,formschaffender Umgebung'' zu sprechen, der aus dem Systembegriff bei R. Avenarius abgeleitet ist und mir schon im andern Exkurs zur Aufhellung des Komplexes diente. Auf seine große Bedeutung für den Gegenstand hat neuerdings P. Bekker in seiner Schrift über das deutsche Musikleben der Gegenwart mit besonderer Anwendung auf das musikalische Kunstwerk hingewiesen, um aber doch wieder seine kategoriale Aufstellung insofern zu verwischen, als er die das Werk schaffenden und bestimmenden Momente: materialgestaltende Person des Künstlers und formgebende Tätigkeit der Umgebung in eine Wechselbeziehung vertauschter Rollen durchgängig auflöst, während meines Erachtens dieser Vertausch nur statthaben kann, nicht aber muß. Die nach scheinbar innern Gesetzen vom Künstler geordnete Materie wird Form erst dann, wenn sie wahrgenommen wird. Den Akt der Wahrnehmung vollzieht die Umgebung: in diesem Akt ist die Beziehung zwischen Materie und Umgebung gesetzt, aus der die Form allein entsteht, das heißt das vollendete Werk. Die Wahrnehmung ist ein Akt, denn sie ist Tätigkeit, nicht passives, widerstandsloses Erleiden. Unter Materie ist nicht zu verstehn, was man heute den „Inhalt" eines Kunstwerkes nennt, sondern die spezifischen Ausdrucksmittel aller „Inhalte": Sprache also in der Dichtkunst. Der Schaffensakt der dichterischen Person ist sprachschöpferisch; durch ihn wird das Material Sprache nach scheinbar innern Gesetzen dieser Materie vom Dichter geordnet. Die Gesetze dieser Materie sind relativ konstant. Veränderlich und damit verändernd ist aber die wahrnehmende Kraft der Umgebung, von deren Wahrnehmungsbedingungen die Formwerdung der gestalteten Materie abhängt. Diese Bedingungen sind unerschöpflich wechselnd wie die Umgebung selber, und so wechselnd sind daher auch die Formwerdungen. Unter Form ist nicht zu verstehn, was man in heutigem Sprachgebrauch so nennt, wo man sich ohne formschaffende Umgebung eklektisch aller bereits Konvention gewordenen, ehmals durch die aktive Teilnahme einer Umgebung geschaffnen Formen nur „bedient". Heute kann der Dichter ganz richtig sagen, daß er der formgebende Teil sei, insofern er eben der unter dem Zwang der Konventionen, das heißt erstarrter Formen die Form wählende, auswählende ist. Der Wahlakt täuscht ihm einen Schaffensakt um so leichter vor, als sich in einer eben nicht vorhandnen formschaffenden Umgebung

221

kein Widerspruch erhebt, wenigstens kein positiver, denn der Einwand gegen ein theatralisches Werk, daß es mehr ein novellistisches sei, ist kein solcher positiver Widerspruch aus Vermögen eignen Formwillens, sondern ist nur ein ästhetisch-kritischer Einwand von bestrittener Gültigkeit, denn er hat seine Gründe nur in einer vagen gelehrten Kunstverständigkeit, nicht in einer produktiven aktiven Umgebung. Diese ist nicht vorhanden, und was ihre Stelle vertritt, ist nur ein passives Genießer- oder Kennertum. Darum fügt der heutige Dichter zu seiner von ihm geordneten Materie das zum Werke fehlende der Form aus scheinbar eigner Kraft hinzu, indem er die Materie in eine der vorhandenen, früher einmal von der Umgebung geschaffenen Formen hineinpaßt; die Wahl trifft ein Gefühl für die stärkste Wirkungsmöglichkeit, und diese stärkste Wirkung erreicht der, der sich am besten mit dem die Wirkung verspürenden Publikum identifizieren kann. Der Heutige handelt hier genau, wie der Dichter der Sequenz Eia recolamus hinsichtlich seiner beigestellten Materie handelte, als er sie der formgebenden Umwelt seiner gläubigen Gemeinde exponierte, deren Glied er war. Hier aber war die Identifizierung natürlich und ein andres überhaupt nicht denkbar. Während beim heutigen Unterhaltungsschriftsteller diese Identifizierung artifiziell ist, da er nicht die Form bekommt, sondern unter Konvenü gewordnen Formen wählt und jene wählt, mit der er auf die breiteste Eingeübtheit dieser Form beim Publikum stößt. Womit zusammengeht, daß solche im stärksten Konventionialismus der sekundär gewordnen Formen getroffne Wahl auch schon eine Wahl in der Materie getroffen und jene gewählt hat, die sich am leichtesten dem Konvenü hingibt: die Sprache wird auf ein Minimum ihres Ausdrucks gebracht, wodurch der sogenannte Inhalt nackt und betont zum Vorschein kommt. Das passive Publikum nimmt nur die am stärksten von ihm eingeübten Schwankungen hin, deren Lösung keinerlei aktive Teilnahme verlangt, also nicht Schwierigkeiten bereitet, die es zu lösen nicht vermag und als „unkünstlerisch" alles ablehnt, was ihm solche Schwierigkeiten der Lösung zumutet. Es hat sich darum in Verlegern, Direktoren, Agenten, Kunsthändlern vermittelnde Zwischenglieder geschaffen, deren Aufgabe es ist, das Publikum in erster Instanz gewissermaßen zu repräsentieren und welche mit ihrem Gelde dafür garantieren, daß das Publikum nicht Schwankungen ausgesetzt wird, die es, da es eben Publikum und nicht Umgebung, das heißt passiv und nicht aktiv ist, nicht mit positivem Gewinn für sich aufheben kann. Der Hinweis muß hier genügen, daß die genannten repräsentativen Zwischenglieder nur darin, daß sie mit ihrem in ihr Unternehmen gesteckten Kapital bürgen, eine wirtschaftliche Rolle spielen, die ganz nebensächlich ist neben der geistigen Aufgabe, mit der sie betraut sind und die darin besteht, „ihr Publikum zu kennen" und zu wissen, „was sie ihm bieten können." — Es wäre ein Abriß der Kunstgeschichte nötig, um an Beispielen aufzuweisen, daß die hier dargelegte Wechselbeziehung zwischen der künstlerischen Person und ihrer Umgebung notwendige Voraussetzung für das Zustandekommen des Werkes ist, und daß diese notwendige Wechselbeziehung zwischen der materialordnenden Person und der formgebenden Umgebung nur dann stattfindet, wenn ein definiter Kulturkreis als ungebrochne Einheit Person und Umgebung in der Weise umschließt, daß die künstlerische Person darin als Glied enthalten ist. Ich müßte beim Beispiel des Aurelius Ambrosius beginnen, um es bis zu dem Bruch dieser Einheit zu führen, das heißt bis zum Auftreten der modernen Gesellschaft im achtzehnten Jahrhundert, in welcher Zeit der Schriftsteller beginnt, das heißt der Abgelöste, der sich der Bildung bedienen muß, um den kulturellen Bruch zu überbrücken: was ihm im immer mehr abnehmenden Maße gelingt bis zum Versagen auch dieser Verbindung im Zeitalter des Hochkapitalismus, das wir leben und in dem bei weiter bestehendem Kunstwillen — der als eine der menschlichen Betätigungen ja nicht aufhören kann — eine völlige Durchwerfung der das Werk konstituierenden Teile statt hat. Der zu keiner Umgebung mehr zugehörige Dichter entbehrt das formende Element und vermeint es durch „Inhalt" und „Gestaltung" zu ersetzen; schon zweifelt und verzweifelt er am verbrauchten Konvenü der sekundär weiter bestehenden Formen, und seine Haltung gegen seine Mitwelt wird wesentlich kritisch, worauf das Publikum ebenso kritisch reagiert. Das Dichten steht heute im Streite sittlicher Meinungen, der mit ästhetischen Waffen geführt wird, an deren Schärfe weder Dichter noch das Publikum mehr recht glaubt und die es nur in Erinnerung an die Kunst und in falscher Anwendung dieses Begriffes braucht, denn die Literatur stellt in ihrem Wesen ein vollständiges Novum dar, dem mit den aus der Dichtung gewonnenen Anschauungen nicht beizukommen ist. Aber dem Wesen der Dichtung auch nicht aus den Anschauungen aus der Literatur! Denn die Kunst ist nicht aus den Interpretationen der wirklichen oder angeblichen Funktionen zu bestimmen, welche sie im Leben der Menschen und dessen Geschichte erfüllt oder erfüllen sollte. Gewiß hat alles was ist einen Seins-Grund, aber der Seins-Grund eines Faktums steckt in der Ursache des Faktums, nicht in den Funktionen, die es erfüllt. Aus der Summierung aller wirklichen, eingebildeten, möglichen und denkbaren Funktionen, welche die Kunst erfüllt und je erfüllt hat, ist deren Wesen so wenig bestimmbar wie das der Elektrizität aus den Arten ihrer Verwendung. Der angebliche historische und dokumentarische Wert der Kunst ist nichts als moderne Prätension einer bestimmten theoretischen Anschauung über das Kunstwerk „wie es sein soll", Victor Hugo gab in einem Kapitel der Misérables ein historisches Bild des Jahres 1817 mit aller Prätension historischer Exaktheit, und fast jeder Satz ist ein historischer Irrtum. Die moderne Definition der Kunst als „Spiegel ihrer Zeit" wäre auch dann noch irrtümlich, wenn der Begriff „ihre Zeit" wirklich genau zu bestimmen wäre. Was sich einen historischen Roman nennt, ist nicht das irgendwie romanhaft fassonierte Quellenstudium seines Ver-

fassers, so viel er dessen auch getrieben haben mag, und
daß der Leser ihn goutiert, ist mit nichten von seinem
historischen Wissen bestimmt, mit dem er seinerseits das
romanhaft hergerichtete Wissen des Verfassers kontrolliert,
richtig oder mangelhaft findet. Schon beim Historiker ist
die Forderung, daß er „alles wissen" müsse, nie zu erfüllen — an den Romanzier gestellt wird sie ganz absurd,
denn seine Absicht ist auch im sogenannten historischen
Roman keine historische, sondern eine künstlerische, die
primär nicht aus der Welt der Objekte zu bestimmen ist
als „Inhalt", sondern als eine bestimmt geartete individuelle Aktivität. Was in diese Individualität eingeht, ist die
formende Aktivität der Umgebung, welche dann das Werk
als ein bestimmtes differenziert, und in diesem Sinn kann
man allein von der Kunst einer „bestimmten" Zeit, eines
„bestimmten" Kulturkreises, einer „bestimmten" Sprache
reden. Die historischen Romane der Frau Handel-Mazzetti
sind interessantes Beispiel, wie hier ein Romanwerk nur
darum historisch wird, weil sich der Dichter eine Umgebung fiktiv koordiniert, die als eine kulturelle Einheit
ihm allein die nötige Form gibt, damit das Werk überhaupt werde. Die Dichterin von „Jesse und Maria" ist sowohl in ihrer sprachschöpferischen Kraft, wie in der Form
von allen guten Geistern verlassen, wenn sie sich dem
Heutigen überläßt, so sehr, daß sogar die hohen Qualitäten
ihres in den historischen Romanen sichtbar werdenden
Glaubens in ihren modernen Produkten völlig ins Banale
des billigsten Komtessenkatholizismus sinken. Nicht anders
ist der Historismus Hofmannsthals aufzufassen: er fingiert
formschaffende Umgebung, um zum Werke zu gelangen.
— Wenn ich in Früherm die Aufgabe des Ästhetikers als
eine nichts als kritische definiert habe, so sagt das nicht,
daß diese alleinige Aufgabe eine psychologische sei und
die Ästhetik ein Teil der Psychologie. Denn diese studiert
den Mechanismus der mentalen Phänomene, während der
ästhetische Kritiker auf die Inhalte dieses Mechanismus
reflektiert, welche Inhalte die Psychologie ignoriert, um

die „passiven" Phänomene voranzustellen, zum Beispiel die Lustempfindung. Die Psychologie betrachtet die Arten der ästhetischen Wirkungen, ohne sich dabei aufzuhalten, daß für das Zustandekommen dieser Wirkungen ein Kunstwerk da sein muß, und daß dieses zu kennen vor allen nötig ist. Denn so wenig wie aus den sozialen Nebenfunktionen der Kunst, Erhebung, Besserung, Bildung, Belehrung und so weiter ist ihr Wesen aus den psychologischen Effekten: Lustempfindung, Erschütterung und so weiter bestimmbar. Und Kunstwerke, die heute aus solchen Einstellungen auf die sozialen und psychologischen Wirkungen zustande kommen, sind allenfalls heutige Literatur, aber nicht Kunst.

Folge heutiger Anschauung über das Kunstwerk als ein durch nichts sonst als die individuelle Aktivität der künstlerischen Person zustande Kommendes ist die Reihe jener extravaganten Theorien über das Genie, sowohl jener, welche es als ein mystisches Sprachrohr Gottes (oder der „Menschheit") ansehn, wie der andern, die das Genie als eine pathologische Erscheinung in die Nähe des Verbrechers oder des Minderwertigen und Überkompensierenden stellen, welche beide Anschauungen insofern identisch sind, als sie die künstlerische Person übermenschlich machen, zu einem Halbgott oder zu einem Halbidioten, also zu einem Dementen mit wechselndem Vorzeichen. Ein allgemeines Merkmal aller geistigen Demenz ist ein psychischer Automatismus, der von der Schwäche der synthetischen Urteile abhängt, und gerade das Gegenteil, nämlich die Stärke der synthetischen Kraft, zeichnet die künstlerische Person aus, also höchste sittliche Stärke, wie den Narren größte sittliche Schwäche: jenen als einen Menschen stärksten Verantwortungsgefühles im Zusammensein mit der Menschheit, den Narren als einen jedes solchen Gefühles Entbundenen, aus der Menschheit Isolierten. Die Isolierung, die der Dichter dieser Zeit als künstlerische Person durch die fehlende formschaffende Umgebung in seinem fragmentarischen Werke erleidet, wofür er sozial durch die Möglichkeit, bürgerlich-kapitalistischer Besitzer zu werden, entschädigt sein soll, zeitigte solche diagnostische Ästhetik des Genies als eine moderne Form der Domestizierung des Künstlers, die nicht seine bürgerliche, sondern seine geistige Person trifft.

Der Künstler arbeitet nicht um eine Zeit zu spiegeln, nicht um bestimmte sittliche Gefühle auszulösen, wenn beides auch als sekundäre Wirkung als im Kunstwerke eingeschlossen hinzutreten kann. Er „fühlt sich" nicht und in nichts „ein"; er betreibt weder „äußere" noch „innere Nachahmung" — was sollte er nachahmen? Die andern „Spieltriebäußerungen" in andern Büchern? Soll er sich in ein andres „Eingefühltes" einfühlen? Dieses Einfühlen und innere Nachahmen reduzierte das ästhetische Phänomen auf einen nichts als subjektiven Akt, der im Belieben dessen steht, der ihn erfüllt, und damit wäre das Problem ins Mystische gedrängt, das neben dem Pathologischen der zweite Ort ist, wohin der verlegene Psycholog flüchtet. All diese Kunsttheoretiker manifestieren nichts sonst als ihre Inkompetenz in den Dingen der Kunst, weil sie „zurückführen" wollen auf mehr oder minder vertraute allgemeine biologische, psychologische, anthropologische und gesellschaftliche Phänome, insoweit diese eine wissenschaftliche Gruppierung bekommen haben. Aber es manifestiert sich im Kunstwerke „eine ganz neue Kraft" (Schiller), nämlich die Kraft der künstlerischen Person, das Material in der Wirkungsrichtung auf eine formschaffende Umgebung wählend zu ordnen. Beim Läuten einer Türklingel wie bei einer Symphonie handelt es sich um Töne, bei einer Wiese wie bei einem Bilde um Farben, bei den Bezeichnungen eines Fahrplanes wie eines Gedichtes um Worte, bei einem natürlichen Menschenleib wie bei einer Plastik um eine Gestalt im Raum, aber Töne, Farben, Worte und Plastik drücken als geordnete und geformte Materie in der Kunst ein vollkommen Neues aus, das mit den korrespondierenden Bildungen, Geräuschen, Erscheinungen des natürlichen Lebens wohl vergleichbar, aber von ihnen nicht ableitbar oder abgeleitet oder in dessen Nachahmung entstanden ist, noch in dessen Vereinfachung („Stil"), noch in dessen Steigerung zum „Sinn" („Symbol"). Die Materien bekommen ihren Ausdruckswert erst durch die synthetische Kraft der sittlichen Person, die man Künstler nennt.

Alle nicht der Kunst selber abgewonnenen Methoden ihrer Begrifflichkeit sind, auf sie angewandt, falsch und ergebnislos, so gelehrt auch ihr Herkommen sein mag und so angesehn die Wissenschaft, deren sie sich bedient. Es ist so, als benützte man für die Probleme der Botanik die Methode der Rechtswissenschaft oder für die Aufgaben der Astronomie die Arbeitsweisen der Medizin. Das Naturgegebene ist nicht die wesenbestimmende Substanz der Kunst, und darum ist sie wissenschaftlich von keiner jener Disziplinen her zu bestimmen oder zu erkennen, welche mit den Naturgegebenheiten als ihrer Substanz arbeiten. Die Kunst ist nicht „zurückführbar" auf etwas andres als auf ihr ganz autonomes Selbst innerhalb der sittlichen Welt. Von dem, der sich mit der Kunst der Kunst beschäftigt, ist eine wissenschaftlich nicht erwerbbare Zugehörigkeit zu verlangen, die absoluter ist als die zur Chemie etwa oder einer sonstigen wirklichen Wissenschaft, die ohne solche innre Zugehörigkeit durchaus erlernbar ist. Ästhetik als Kritik der Kunst ist so wenig erlernbar wie die Philosophie, die man „haben" muß, um sie wissenschaftlich das heißt methodisch zu treiben, die man aber nicht erlernen kann, um sie dann zu „haben", wenn auch die Tatsache so außerordentlich vieler Professoren der Philosophie und Dozenten der Ästhetik dagegen zu sprechen scheint. Aber Professor der Philosophie und Philosoph ist ja wie man weiß nicht dasselbe; Schiller hat als Künstler in seinen ästhetischen Schriften Wahrheiten zum Gegenstande gesagt, die ein bloßer Gelehrter wie zum Beispiel Groos nur mißverstehn kann, im Ganzen wie im Einzelnen. Denn es gibt keine ästhetischen „Einzelphänomene", die allenfalls von dem in der Kunst inkompetenten Gelehrten studiert und gelöst werden können. Die künstlerischen

Phänomene stehen untereinander in unlösbarer Abhängigkeit von einander und sind nicht isolierbar, — werden
sie doch isoliert, so sind sie damit völlig um ihre ästhetische Zugehörigkeit gebracht und in irgendwas gewandelt,
das mit der Kunst das Geringste nicht mehr zu tun hat
— „Kunst und Krieg", „der Arbeiter und die Kunst" und
so weiter; aber auch alle sogenannten sinnespsychologischen
Einzeluntersuchungen werden ästhetisch nur dann in Betracht kommen, wenn der sie Untersuchende in seinem
Gesichtsfelde die Kunst als ein Ganzes und zudem kritischen Sinn genug hat, den untersuchten Teil immer auch
Teil eines angeschalteten Ganzen sein zu lassen, welches
Ganzes die Kunst ist, nicht der Krieg, der Arbeiter, die
Netzhautreaktion. Ästhetik wäre danach autonome, nach
ihrem eigenen Methodus vorgehende Kritik der künstlerischen Sachgegebenheiten, welche nur und nichts sonst
als das Kunstwerk beibringt, wie es aus der Kraft der
materialschaffenden Person des Künstlers und der aktiven,
die Form gebende Teilnahme der Umgebung zustande
kommt. Daß die heutige Ästhetik, insofern sie die moderne
Kunst in ihre Betrachtung zieht, dieser Definition nicht
entspricht und gar nicht entsprechen kann, ergibt sich aus
dem mit keiner Dichtung vergleichbaren Charakter der
heutigen Literatur.

ZEHNTER EXKURS

Dieser handelt von der deutschen Sprache. Hört man einen
deutschnationalen Parteiführer oder Abgeordneten, so könnte
ein Naiver für Sprache das halten, worin sich die Leute
einer Gegend kaufend, verkaufend und zeitungschreibend
verständigen, möchte ein Naiver, sage ich, fast glauben, es
läge jenem Patrioten vor Gott und der Welt nichts anderes
am abgeordneten Herzen, als Wahrung des Kulturgutes
deutsche Sprache. Ich will den Standpunkt des Naiven zu
dem meinen machen und nicht im Leisesten glauben, daß
die lauten Hüter der deutschen Sprache, seien es Abgeord-

nete, Professoren oder Studenten, ganz andere Moventia
eignen. Will glauben, daß alle diese teutschen Männer
Profit, Dividende, Bonus, Kapitalvermehrung, Avancement,
Protektion usw. usw. vergaßen, als ob es nichts wäre, weil
sie sich in dem Einen zusammenfanden: in der schweren
Sorge um das bedrängte Kulturgut der deutschen Sprache.
Und nicht etwa um solche in beiläufigem „Deutsch" geredete
Internationalismen wie „die nächste Zuckerkampagne soll
bringen eine Erhöhung der Dividende um fünfzehn Prozent",
oder weniger gejüdelt, doch deutsch auch nur so geredet,
daß es ebensogut botokudisch gesagt werden könnte: „die
böhmische Industrie ist deutsch-völkisch und wird es bleiben
immerdar, hie alle Wege, das walte Gott, ei Potz!" Liest
oder hört man unsere Nationalisten, so kommen einem ja
schwere Bedenken, ob sie den hier angedeuteten Unterschied zwischen Sprache, die ein Kulturgut, und dem so
Reden, was ein Verkehrsmittel ist, auch nur zu ahnen vermögen, denn in dem nationalistischen Reden ist meist nicht
ein Satz deutscher Sprache zu finden, den sie je gebildet
hätten. Sie bedienen sich deutscher Bezeichnungen, in
Figuren und Wendungen geordnet, die sicher irgendwie
aus der deutschen Sprache herkommen, aber gewiß nie
wieder zu ihr zurückkehren, sie hütend, wahrend oder gar
mehrend. Sie reden auf deutsch und sie meinen, sie sprächen
deutsche Sprache. Sie reden auf deutsch, auch wenn sie
ängstlich Fremdwörter vermeiden, wie ihre Sprachreiniger
es fordern, die wissen sollten, was die Nationalisten nicht
zu wissen brauchen: daß das Deutsche so etwas wie eine
tote Sprache ist — was nicht bedeutet, eine nicht mehr ge-
sprochene. Ohne weiter fremdartig zu wirken, gehen alle
Neubildungen römisch-griechischer Art in den Besitz jener
Sprache über, die man Tochtersprachen des Romanischen
nennt, besonders des Französischen, welches die Lehns-
sprache ist, die man auf französischem Boden heute spricht,
wo das autochthone Baskisch und Bretonisch so gut wie
ganz verschwunden sind, in welchen beiden Sprachen das
Wort „Automobil" ein Fremdwort sein würde, das es im

Französischen gar nicht und im Englischen nur bei dichtenden Fanatikern des Angelsächsischen — und das es im
Deutschen immer ist. Denn das Deutsche ist als eine
autochthone Sprache längst fertig in seinem wesentlichen
Bestand an Wörtern wie an Grammatik. Daraus erklärt
sich die „Dunkelheit" der deutschen Sprache, von der die
Franzosen sprechen, denn wir haben eine nicht geringe
Anzahl von Wörtern, deren je eines für drei und mehr
Begriffe verschieden da ist. Wir sagten Kielfeder, als man
mit der Kielfeder schrieb. Wir blieben bei Feder, als man
schon nicht mehr mit der Feder schrieb, sondern mit der
geteilten Stahlspitze. Und wir gebrauchen das gleiche Wort
Feder für die Spirale in der Uhr und für einen Teil des
Schiffsbodens. So haben wir ein Wort für vier verschiedene
Begriffe, ein Wort, das wir nicht einmal im Geschlechte
differenzieren. Neunundneunzig neue Bezeichnungen für
Gegenstände betreffen seit fünfzig Jahren technische Dinge:
wir müssen dafür entweder das „Fremdwort" hinnehmen,
oder wir müssen mit einem Wort bezeichnen, das schon
andern Begriffen als Attribut dient oder wir müssen den
Begriff umschreiben, was dem Individuellen des Begriffes
widerspricht, der ein Wortindividuum verlangt. Die erste
Möglichkeit, das Fremdwort zu adoptieren, ist die beste,
und die alten sprachreinigenden Gesellschaften haben der
deutschen Sprache wie der deutschen Politik einen schlechten
Dienst mit ihrer Tätigkeit erwiesen, eine deutsche Sprache
dadurch rein zu erhalten, daß sie in neunundneunzig von
hundert Fällen für fremde Worte deutsche Sprachungetüme
erfanden. Oder sie haben deutsche Politik richtig geahnt,
indem sie ihr jeden Expansionismus und Imperialismus als
sprachlich unmöglich absprachen. Denn die Sprache hat
eine politische Immanenz: England kommt zu seiner Welt-
stellung dank seiner Sprache, die in der glücklichen Lage
ist, germanisch und romanisch in sich zu vereinigen. England kommt sprachorganisch zu Kolonien, weil die englische
Sprache dafür ein englisches Wort hat. Deutschland verliert
die seinen, weil es dafür kein deutsches Wort hat.

Die Bezeichnung „Telegraph" ist die bestmögliche in deutscher Sprache. Der absolute Purismus würde die deutsche Sprache unter Monstrositäten begraben. Zu Beginn des Krieges, als dem deutschnationalen Patriotismus der Schaum vor dem Munde stand, wütete man gegen die „Fremdwörter". Man wußte nämlich nicht, daß der Mensch die Sprache nicht erfunden hat wie eine weittragende Kanone, denn der Mensch ist, wie Wilhelm von Humboldt sagt, Mensch durch die Sprache. Die Nationalisten aber glaubten, der Mensch habe die Sprache erfunden und könne daher immer weiter erfinden mit gutem Rechte. Sie hielten Gerücheerzeuger, das sie für Parfumeur forderten, für ein deutsches Wort, wie Kraftwagen für Auto und Fernsprecher für Telephon. Im Jahr 1915 erschien ein dickes patriotisches Verdeutschungswörterbuch, ein Monument der Sprachmißhandlung — es ist seltsam, wie unbekannt die deutsche Sprache gerade jenen ist, die sich aus Patriotismus mit ihr beschäftigen. Es ist bemerkenswert, wie unbekannt überhaupt alles jenen ist, die sich aus nationalistischem Patriotismus mit irgendwas beschäftigen. Es ist nicht der sittliche Defekt nationaler Schwäche, der den Deutschen inmitten eines anderssprachigen, etwa des englischen Milieus in den U. S., das Deutsche vergessen läßt. Wer für den Begriff keine andere Bezeichnung hat als Autorität, der wird eben sehr bald autority sagen und der Rest folgt bald nach. Man hat im wilhelminischen Deutschland diesen imperialistischen Mangel der deutschen Sprache in den imperialistischen Zentren empfunden und sich so etwas wie ein kosmopolitisches Deutsch erfunden in all den Abbreviaturen, Wörtern aus Anfangsbuchstaben usw. Man empfand, daß die neuen Wörter, die man für die neuen Gegenstände vorschlug, keineswegs neue deutsche Wörter, sondern nur sehr grausliche Zusammensetzungen alter Wörter und dazu auch ohne die Fähigkeit wären, den Gegenstand zu bezeichnen so eindeutig, wie es nötig war. Man empfand das Hindernis, das den Deutschen die deutsche Sprache in einer industrialisierten Zeit und deren politischen Auswirkungen bereitet, und machte verzweifelte aber vergebliche Anstrengungen, über dieses Hindernis wegzukommen — vergebliche, denn: die deutsche Sprache ist keine lebende Sprache. Man mache eine Statistik der Verhältniszahlen. Man wird in den ungefähr tausend Worten, die der durchschnittliche Berliner Kaufmann kennt und braucht, fünfhundert nichtdeutsche finden. Man wird unter den ungefähr vierzigtausend deutschen Worten, die es gab und gibt, mehr als zehntausend zählen, die weder mehr gekannt, noch gar gesprochen oder auch nur geschrieben werden. Die Zeitungen sorgen für die Verkümmerung der letzten Sprachquelle, der Dialekte, denn die Zeitungen sind alle in dem ins sogenannte Hochdeutsche übertragene Argot der Großstädte geschrieben, also in einem Verkehrsdeutsch, das mit dem nationalen Kulturgut der Sprache nichts zu tun hat. Denn ob die Frage: „Wie hoch stehen De Beer-Aktien?" auf deutsch, englisch oder krowotisch gestellt wird, das ist im Sinn des Kulturgutes Deutsche Sprache gänzlich gleichgültig.

Ich kann der politischen Bedeutung der Sprache im Zusammenhange dieses Buches nicht ins Einzelne nachgehen, aber ich muß die Aufmerksamkeit auf einige Fakten lenken. Im Süden wie im Westen endete die Expansion Germaniens, das bis zur Saale und zur Elbe reichte, damit, daß die in Italien und Gallien eindringenden Germanen als die kulturell schwächeren von den romanisierten Galliern und Italikern aufgesogen wurden. Das gleiche Schicksal, das die germanischen Stämme der Langobarden in Italien erlitten, die fränkischen Stämme in Gallien, erlitten die sächsischen in Britannien. Wie sie es heute noch in Amerika erleiden. Anders war es mit der Expansion nach dem Osten. Die slavischen Völker der Wenden, Kassuben, Sorben, Prussen waren kulturell schwächer als die Germanen, welche über die Elbe gingen und hier das Herrenvolk wurden im Laufe der Jahrhunderte. Kulturell unterwertig war, was die Germanen nach dem Süden und Westen brachten, wo sie sich romanisierten. Kulturell überwertig war, was sie den sla-

vischen Stämmen brachten, mit deren Blut sie sich wohl
vermischten, deren Sprache aber nicht nur nicht annahmen,
sondern ihnen die ihre gaben — ein Prozeß, der bis in den
Anfang des 19. Jahrhunderts dauerte, um sich bis an die
Weichsel auszuwirken; und dem auch die Tschechen nicht
widerstanden hätten, wäre das Werk anders getan worden
als durch die Gegenreformation, wo es zu spät war; denn
von einer kulturellen Minderwertigkeit der Tschechen gegenüber den Deutschen konnte nun nicht mehr die Rede und
kein Grund sein, daß diese Slaven von den Deutschen
etwas annahmen, was sie selber schon besaßen. Heute ist
der Prozeß sprachlicher Eroberungen durch die Deutschen,
der nach Westen nie statt hatte, auch nach dem Osten geschlossen. An der Weichsel hatte das Deutsche seinen ent-
ferntesten Punkt der Wirkung erreicht, um auch diese Linie
zu verlieren, weil es in den letzten fünfzig Jahren wieder
von dem Vergeblichen, nach dem Westen zu expandieren,
gefangen war. Es hat für die Deutschen immer nur den
östlichen Weg gegeben, aber man ging unbelehrt die Wege
in allen Richtungen der Windrose. Um sich damit auch
den östlichen Weg ungangbar zu machen. Wäre die deutsche
Philologie ihren Begründern treu geblieben, so hätte die
deutsche Politik vielleicht ein anderes Gesicht bekommen
als das ihr jene Philologen gaben, die sich damit legitimierten,
daß sie aus Telegramm „Funkspruch" machten.

ELFTER EXKURS

Dem Veranstalter eines teuern Literaturblattes — es kosten
die vier Hefte zweitausend Mark — sagte eine Berliner
Zeitung, daß er mit seinem Unternehmen auf Kriegsgewinner
spekuliere, und in einem Ghetto-Deutsch verteidigte sich
der Mann damit, daß „Kriegsgewinner lieber Sachen zum
Hängen als zum Hinlegen haben" und rief Sternheim zum
Zeugen, der bestätigte, daß „von Volk niemals Anregung
oder Hülfe für die Dichter komme". Hier wurde vorbei-
geredet. Der Veranstalter verteidigte mit Augenaufschlag

nur seine Spekulation, was Sternheim mißverstand. Aber er rührte an eine wichtige Sache. Was die Publizität betrifft, so kommen dabei weder „Volk" noch „Reiche" ins Spiel, das ausschließlich dem Geschäftlichen und seiner Überlegung gehört; denn der Dichter arbeitet weder für viele, noch für wenige, sondern für alle Menschen. Wie viele es dann praktisch-geschäftlich sind, entscheidet oder vermutet der Verleger nach der ersten Auflage, und das Resultat kann den Dichter erfreuen oder betrüben, aber nicht veranlassen, anders zu dichten oder es überhaupt sein zu lassen. Bei ehrlichem künstlerischen Gewissen hätte jener Veranstalter die einfachste weil selbstverständlichste Antwort geben können, daß es an dem Faktum vorhandner Literatur nichts ändert, ob man sie in Massen für viele billig oder in kleiner Zahl der Auflage für wenige teuer verbreitet, ob sie von vielen, von wenigen oder von keinem gelesen wird. Aber er sprach als Unternehmer die Erfahrung aus, die er sich vom irregeführten Sternheim bestätigen ließ, daß der Sinn für die Kunst bei denen sei, die sie hoch bezahlen können. Er meinte damit aber: das Geschäft mit der Kunst ist nur mit den Reichen zu machen, womit er durchaus recht hat. Er traute sich nur nicht, diese geschäftstüchtige Wahrheit zu sagen und schrieb den Reichen den Sinn für die Kunst zu. Der ist aber weder bei ihnen noch bei den Armen, wenn wir auch bemerken können, daß der Bankdirektor X, wenn er überhaupt etwas liest, den Schundroman, sein armer Kommis aber die Gedichte von Werfel liest. Aber dies zu verallgemeinern, wäre falsch, denn in dem Gegensatz Arm-Reich liegt gar nicht das hier prinzipiell trennende Moment oder wenigstens nicht in so schematischer Form. Sicher korrespondiert die jeweils neue Literatur mit der herrschenden Klasse, nicht in dem Taineschen Sinn, daß die Literatur Ausdruck der herrschenden Gesellschaft sei, denn das ist sie, so allgemein gesagt, nicht, sondern sie steht in einer direkten Beziehung zu dem Bildungsniveau, das die herrschende Klasse erreicht hat. Dieses Bildungsniveau setzt die herrschende Klasse in Stand, sogar eine Literatur zu goutieren, deren Tendenz ihren politischen und sonstigen Idealen und Interessen entgegengesetzt ist und diese angreift wie im Fall Leonhard Frank. Und eben dieses Niveau, eben dieser der ästhetischen Sensibilität der herrschenden Klassen entsprechende formale Ausdruck wird jenen Klassen als „zu gebildet" nicht liegen, die mit der Tendenz eines Frank durchaus sympathisieren. So wird ein Francis Jammes dem Wiener christlich-sozial Gläubigen viel „zu literarisch" sein, er wird ihn nicht verstehn, wie wir ja auch in neuern Kirchen den Kreuzweg nicht von Marées, Hofer oder Feistauer gemalt sehn, sondern von dem ödesten Kitschier, in den katholischen Feuilletons eine fromme aber schlechte Literatur finden, in den sozialdemokratischen eine schlechte aber gesinnungstüchtige und, wie gleich gesagt sei, in den Zeitungen der herrschenden Klassen eine zumeist schlechte, aber gesinnungslose. Träte heute jene vielbesprochene Revolution ein, durch welche die herrschenden Klassen von den bisher beherrschten des Proletariats und Kleinbürgertums abgelöst würden, so wäre die dann herrschende Literatur ganz der heutigen Bildung dieser Klassen entsprechend: Spielhagen, Rosegger, Freiligrath, Schiller — dieser als Grenze nach rückwärts wie als Grenze nach vorwärts —, Björnson, der Ibsen des Volkfeinds, der Hauptmann der Weber und des Rautendelein. Es ist unleugbar, daß — wofür die Ursachen auf der Hand liegen — die derzeit herrschende bürgerliche Klasse das Privilegium der künstlerischen Kultur besitzt und allein nur besitzen kann. Denn was das Volk besitzt, ist nicht eine besondre Literatur, sondern Abfall der Literatur der herrschenden Klasse, vermehrt um die vom Volke konservierte Literatur aus frühern Epochen eben dieser herrschenden Klasse. Alle Bemühungen der Volksbildungsvereine verbreitern im besterreichten Fall die Masse der herrschenden bürgerlichen Bildung, bringen aber kein neues Element in sie, gar nicht zu reden davon, daß dieses Bemühn keine wesentlich andre Bildung schafft, auf die der Dichter sich beziehn und die herrschende bürgerliche Bildung entbehren könnte. Die Literatur des Volkes, das heißt das, was das Volk liest, ist immer konservativ die Literatur von ehegestern und wird paradoxer Weise künstlerisch reaktionär immer dort sein, wo das Volk politisch radikal oder revolutionär ist: sozialdemokratische Liederdichter, katholische Erzähler in klerikalen Blättern. Während die vorlaufende, sich auf das gebildete Niveau der herrschenden Klassen stützende Literatur immer künstlerisch revolutionär ist, auch bei „reaktionärer" Gesinnung: Huysmans, Claudel, Sorge. Man erinnere sich an das durchaus Reaktionäre in der französischen Revolutionsdichtung, die jede Tradition unterbrechend auf den Formausdruck von 1700 zurückging, während die Neuerer unter den reaktionären Emigranten waren.

Käme heute das sozialdemokratische Proletariat zur Herrschaft, es würde als seinen besten literarischen Ausdruck so etwas wie den Zolaismus entdecken, also künstlerisch reaktionär sein. Die ununterbrechbare künstlerische Tradition aber würde von den überlebenden Besiegten getragen werden, und von ihnen müßte die neue herrschende Klasse empfangen.

Das alles hat mit den „Reichen" nichts zu tun. Die wenigen Schöpfer neuer dichterischer Gebilde korrespondieren mit wenigen, die für die Aufnahme bereit sind. Diese wenigen werden sich gewiß immer nur in den herrschenden oder diesen bildungsgemäß affilierten Klassen finden, aber von einer absoluten Koinzidenz der Dichter und der herrschenden Klasse ist nicht zu sprechen. Die wenigen, den Dichter Erkennenden sind, wenn auch zur herrschenden Klasse gehörig, weder in deren Herrschaftsinteressen befangen, noch deren vornehmste Träger, am allerwenigsten sind sie aber mit den Reichen schlechthin zu identifizieren, wie jener Herr mit Händen und Schultern behauptet, der den Geschundenen auf Japanpapier vorführt — wie er behauptet, um sich einen sittlichen Grund für das unsittliche Geschäft zu geben, daß er eine Novelle, die man im Verlage Wolff für achtzig Pfennige haben kann, für etwa zwanzig Mark

liefert — ja, das ist das Wort, denn seine Reichen sind nicht nur „die, wo was zum Hängen lieben", denn sie mögen, wo was teuer kostet, auch wenn man nur kann hinlegen und ist nur nebbich Literatur.

ZWÖLFTER EXKURS

Dem Urteil der Eingeweihten überlasse ich es, ob ich eine Wirklichkeit oder eine Utopie mit dem folgenden Versuch eines Geistes der konservativen Parteien beschreibe. Ihn anzustellen schreckt mich der Umstand nicht ab, daß O. A. H. Schmitz einmal als Retter des preußischen Konservativismus versagte. Möglich, daß ich mit meinem Versuch Eulen nach Danzig oder München, oder wie sonst das konservative Athen heißt, trage und das, was sich in den respektiven Blättern und Reden äußert, nur Maske ist für den wahren und verborgen gehaltnen Geist und dieser sich mit meinem Versuche deckt. Doch ist Tatsache, daß der sich äußernde Geist doch mehr „Jeist" ist und nur höchst dürftig eine im übrigen recht korpulente Blöße deckt, strotzend in Interessen höchst ungeistiger, wenn auch (kartoffel-) spiritueller Art. Das Mantelstück, das sich der heilige Schmitz abschnitt, war gut gemeint, aber es rutschte ob seiner Kleine vom umfangreichen Leibe des Bettlers im Geist. Wir wollen freigebiger sein, nicht nur ab-, sondern auch gleich zuschneiden, wobei es uns auf den Umfang des zu Bedeckenden, nämlich die konservative Partei im Engern so wenig ankommt, daß wir sie gleich im Weitesten erfassen, ganz Alldeutsch dazunehmen, ferner die D. V. P. und das Zentrum dort, wo es dem Grundsatz huldigt: commercialia non sunt turpia.

Unbekümmert darum, ob ich damit zu spät komme, bringe ich also den folgenden Geist der konservativen Parteien zum Vorschlag und schicke voraus: politischer Geist ist ein zweckhafter Geist, kein reiner, weshalb es hier ohne Belang ist, die Existenz Gottes oder eine geoffenbarte christliche Religion überhaupt vorauszusetzen, denn wichtig ist hier allein, die Religion als dem konservativen Zwecke dienend zu beweisen. Ich nehme uns unter uns an und vermeide darum aufhaltende Redensarten. Wir tun also ganz ungeniert so, als gäbe es so etwas wie Gott und christliche Religion nicht, oder noch nicht, um freien Platz für eine dem konservativen Geiste taugende erkenntnistheoretische Grundeinstellung zu bekommen, hinreichend, darauf alles andre, auch Gott und die Religion, aufzubauen. Unsre Grundeinstellung krümmt allerdings den menschlichen Stolz in den spitzesten Winkel, aber solches ist die notwendige Voraussetzung jeder rohen Machtpolitik, die ja niemals von einer Würde des Menschen abgeleitet werden kann. Und wir sagen demnach: wenn auch der Determinismus, das heißt die mechanische Konzeption der Welt nicht alles erklärt, so versteht man doch hinwieder ohne ihn überhaupt nichts. Somit erkennen wir, daß wir nichts sind als Effekt und Resultat von elementaren Kräften, unbekannt und unerkennbar der lebendigen Materie. Wir produzieren nur leere Worte darüber, wie Freiheit, diesen kindlichen Traum eines verzweifelten Wahnes, wie Gleichheit, ewig dementiert von den Fakten, wie Gerechtigkeit, diese Jeremiade der Besiegten. Das Individuum, mechanisches Produkt von es determinierenden Ursachen, ist nicht frei, sondern liegt in den Ketten des Erbes, ist verwurzelt den Toten, die es im Weiterschreiten der Zeit immer mehr und stärker beherrschen. Es ist aber auch nicht gleich, sondern verschieden, und darum als Einzelnes, als Rasse, als Klasse unterlegen oder überlegen. Der Nachbar ist nicht der Bruder, sondern der Gegner, wenn nicht der Feind, so will es das vitale Gesetz, welchen Konflikt die Gerechtigkeit, diese unwissenschaftliche, ideologische Illusion des menschlichen Geistes, nicht lösen kann. Aus dem Zusammenstoß komplexer und ungleicher Kräfte impostiert sich diese amoralische Feststellung: der Sieg des besser Geeigneten. Somit ist die Gewalt das Regulativ des Fortschrittes und der Krieg der Vater aller guten Dinge. Der Krieg ist der natürliche Zustand alles dessen, was lebt.

Im Kriege bilden sich und lösen sich die Rassen auf. Er ist der Schmelztiegel, in den die in ihrer Fruchtbarkeit unparteiische Natur die Gattungen wirft, die sie schafft. Der Krieg eliminiert die Untauglichen des Lebens, die mißglückten Elemente, die minderwertigen Völker. Durch den Krieg hat der Mensch gelernt, daß er sich der Notwendigkeit einer Disziplin zu unterwerfen habe; durch den Krieg hat er begriffen, daß und warum es ihm Bedürfnis ist, sich einem Plan unterzuordnen. Aus Mißtrauen gegen den Nachbar, aus Furcht vor ihm, hat er seine eigene Rasse lieben und den Wert des moralischen und materiellen Patriotismus schätzen gelernt, den er von seinen Vorderen überkommen hat. Der Krieg vereinigte die Individuen des gleichen ethnischen Charakters, der gleichen Sprache, der gleichen sittlichen und geistigen Artung und der gleichen Geschichte. Die aus dem Kriege geborene Disziplin ist die Kraft, welche es dem Menschen möglich gemacht hat, der gegenwärtige zivilisierte Mensch zu sein. Er erkennt nun, daß er nur als Folge seiner Ahnen existiert: aus seiner Tradition. Hier wäre Kant, der viel für den ewigen Frieden Mißbrauchte, mit jener Bemerkung zu zitieren, die ausführt, daß es Zustände der Zivilisation geben könne, die keinerlei Freiheit des Geschehens mehr erlauben und wo der Krieg das einzige und unerläßliche Mittel ist, eine also erstarrte Zivilisation weiter zu bringen. Es hat die aus dem Kriege als notwendig erkannte Disziplin den Menschen notwendig bescheiden gemacht und ihn an die geringe Rolle erinnert, die ihm zu spielen zukommt. Diese Disziplin hat seinen Wahn gemindert, sie hat ihm die Freude des Verzichtes beigebracht und den Enthusiasmus des Opfers.

Aber erst die Religionen geben dieser Disziplin den definitiven Sinn und die Subtilität, indem sie das bloße Seinsbedürfnis des Menschen und die Freude daran versöhnen mit der harten und absoluten Notwendigkeit, sich in die Tyrannei der natürlichen Gesetze des Lebens zu finden. Die Religionen machen das Transitorische und Gelegentliche der aus dem Kriege gebornen Disziplin zur dauernden

Zucht. Der Anthropomorphismus der Religion verrät den Geist, der sie konzipiert hat, und aus dem Anthropomorphismus haben hier wieder die Religionen die Macht des Einflusses auf den Menschen, den sie nun ihrerseits ändern, indem sie ihn aus einem tierischen, niedern und gemeinen Instinkten unterworfenen Wesen zu einem sittlichen und frommen Geschöpf umbildeten. Von der Religion lernten die dem Tierischen nahestehenden Massen die Resignation; die Religion schuf den Begriff der Ordnung; und sie gestattete und sicherte das Überleben und die Veredlung der Gattung, indem sie das Individuum durch eine notwendige Lüge dahin brachte, sich ihrer Funktion zu unterwerfen.

Von der Gewalt erhalten die Menschen das Gut ihrer Gemeinschaft in der Rasse; von der Religion die Hilfe der Tradition, der Autorität und des Verzichtes, die allein das Dasein in der Gemeinschaft möglich machen, in welcher der Einzelne nichts bedeutet, weil er nur als Erbe lebt und nur das vom Krieger und vom Priester bewahrte und gehütete Erbgut ihm das Leben als gesitteter Mensch überhaupt möglich macht.

Es kann den konservativen Geist nur zieren, wenn er sich etwas an Darwin akkommodiert, der ja über die Zeit, wo er nicht fair war, hinaus ist. Zudem wird es den grundbesitzenden Konservativen, soweit sie etwas Landwirtschaftliches gelernt haben, leicht sein, eine Fülle neuerer naturwissenschaftlicher Beobachtungen hier beizusteuern, welche das Gesagte stützen. Ich erinnere nur an die Veredlungsversuche und die Rolle, welche dabei der Atavismus spielt; auch die Chemie der Dungmittel liefert Belege, die sich nur im Grade der Komplexität von dem über den Menschen Gesagten unterscheiden. Zudem ist, wen der Darwin schrecken sollte, rasch mit einem Zitat aus Joseph de Maistre zu beruhigen, der sagt: „Il faut purifier les volontés ou les enchaîner; leur donner un frein moral ou une entrave matérielle; les gouvernements ont besoin d'une foule muette forcée d'obéir, ou d'une foule croyante à qui l'on persuade d'obéir." (Ich will dieses Zitat nicht den Proletariern preis-

geben, weshalb ich es französisch zitiere.) Eigentlich ist in
diesem Zitat alles gesagt, wovon ein konservativer Geist
leben kann. Doch aber ist die modernere wissenschaftliche
Begründung nötig, einmal weil Wissenschaftlichkeit heute
beliebt und angesehn ist, und dann, weil sie schönere
Paradepferde liefert. Das Haben, Behalten und Mehrhaben
der konservativen Pleonexie ist ja öffentlich nicht vorführ-
bar und ist auch allein noch kein Geist, als welcher eben
die Aufgabe hat, diese Pleonexie mit guten philosophischen
Gründen zu rechtfertigen nicht nur, sondern ihre Einzig-
gültigkeit zu etablieren. Jeder Geist einer Partei muß an
sich die Forderung stellen und zu erfüllen trachten, daß
er der Geist der Menschheit sei. Der Konservativismus
muß beweisen können, daß nur jene den Sinn des Lebens
ergreifen, welche ihn als eine ständige Exaltation des Kultus
der Ehre und Befolg der Ahnentugenden betrachten, jener
Ahnen unsres Stammes, welche den Boden erobert haben,
auf dem wir hausen, welche die Quellen unsres nationalen
Patrimoniums aufgeschlossen haben, von denen wir leben,
und welche uns mit der heroischen Leidenschaft des Opfers
die Freude am Verzicht auf all das überliefert haben, was
den Menschen vom moralischen Ideal seiner Rasse, seines
Volkes entfernt. Ob wir an den offenbarten Charakter der
christlichen Religion glauben oder nicht — wichtig ist, daß
wir diese Religion als Regel unsres Lebens erkennen: als
die verstärkte Tradition und den Ruf zum Gehorsam.
Diesen wahren Sinn der Welt fälscht der Individualismus,
als welcher eine unwissenschaftliche aus der Reformation
geborene Ideologie ist, die den Protest und die Revolte als
eine konstante Notwendigkeit behauptet. In allen Revo-
lutionen ging immer der Geist eines Volkes zugrunde, wurde
immer eine vorhandene Zivilisation einer Ideologie geopfert,
die ohne Zusammenhang mit irgendeiner Rasse, einem Volke
jene Internationalität besitzt, welche als der wahre Träger
einer toll gewordenen Modernität diese zwei auflösenden
Elemente gezeugt hat: den Freimaurer und den emanzipierten
Juden. Und als drittes die Forderung der Demokratie, die

dem Volke das Wort gibt, das ihm wie dem Caliban nur
dazu dient, jene zu verfluchen und zu verleumden, von
denen es das Wort gelernt hat. Gegen diese zerstörenden,
die Größe vernichtenden Tendenzen gibt es nur diese beiden
Gewalten: die Kirche und die Armee.
Der hier vorgeschlagene Geist hat seine schwachen Stellen,
wir verhehlen das nicht. Es ist von der Rasse die Rede,
und wir wissen auch ohne den Semi-Gotha, daß hier im
Punkt der Reinheit nicht alles stimmt. Man wird darum
die Bedeutung des nationalen Erbgutes mit einer Rassentheorie stützen müssen, die sich mehr auf Geist und Seele
als auf Nasen und hängende Schultern gründet. Die Götter
der Wagnerschen Opern wären ganz aus dem Spiel zu
lassen, wie sich überhaupt die Alldeutschen bei dieser
theoretischen Grundlegung etwas mäßigen müßten. Aber
im ganzen sind wir überzeugt, daß man in Ansehung der
Wichtigkeit, die eine wohlfundierte konservative Welt-
anschauung für alles, was konservativ ist, besitzt, die
Lücken ohne Fehl sowohl in der Rassentheorie ausbauen
wird, wie auch die in der andern Voraussetzung des Determinismus. Dieser kann nämlich so komplex sein, daß es
unmöglich wird, wissenschaftlich den Anteil der verschiedenen Elemente zu fixieren, welche den Menschen ändern.
Die im Kampfe Überlebenden werden bei geänderten Kampf-
mitteln und mit dem Auftreten der Masse problematisch.
Dies zu hindern, wird der Konservative in seiner Geld-
heirat mit der Industrie bestrebt sein müssen, der Stärkere
zu bleiben und immer zu bedenken, daß die schwachen
Stunden der Frau ihre starken sind. Die Kinder dieser
Stunden sind die bewußt werdenden Massen und deren
Spielzeug die Maschinen, sowohl die der Fabrikation wie
die andern der Wahlurnen. Ein drittes Bedenken beträfe
die Möglichkeit einer Änderung der Anschauungen über
das summum bonum, aber dieses Bedenken ist so lange
das geringste, als die kirchliche Lehre sich bewußt ist, eine
Machtlehre zu sein, das heißt über Gott nicht den Priester
vergißt. Und dies ist bis auf weiteres nicht zu befürchten.

KLEINE GRAMMATIK FÜR ANFÄNGER

1.

EINE grammatische Regel ist die Sanktion eines schönen Brauches, nichts mehr und nichts weniger. Wer mit dem Brauche bricht, muß sehr erwogene Gründe sowohl als auch Anstand besitzen.

2.

Hat auch der Instinkt mehr Rechte über die Sprache als die Intelligenz, so ist es in zweifelhaften Fällen doch besser, ein Wörterbuch und eine Grammatik um Rat zu fragen, als das eigene Gefühl.

3.

Dies gilt ganz besonders für jene jungen Leute, welche ihre Sprache nicht in einem Dialekte, sondern in dem Argot einer Großstadt kennen gelernt haben. Oder welche aus einer Branche des werktätigen Lebens — Handel und Industrie — in die Literatur treten.

4.

Aber auch für jene, welche die Sprache in philosophischen Seminarien gelernt haben. Diese mögen sich erinnern, daß erwägen wägen heißt und daß alle abstrakten Worte Figurationen eines materiellen Aktes sind.

5.

Über die ausschlagende Bedeutung des Wortes und der Rede wird die Formel noch gegeben werden. Vorläufig sei bemerkt, daß ratio = oratio, wie $\lambda o \gamma o \varsigma$ Wort und Vernunft, $\dot{\alpha}\lambda o \gamma o \varsigma$ unredend und undenkend bedeutet.

6.

Und erinnert, daß der Mensch, sich der Sprache bedienend, ihr Gefangener wurde auf immer.

7.

Das Wort folgte einer Bewegung, erfolgte aus ihr: gute Augen sehen noch die mimische Bewegung. Man spricht, man denkt nach vorwärts.

8.

Nur ein geringster Teil der Worte einer Sprache, der deutschen z. B., ist in der Schrift fixiert. Die Schrift ist hinter dem gesprochenen Wort zurück, wie das Wort immer etwas hinter dem Gedanken zurück ist.

9.

Da der Mensch das Ganze nicht zu umfassen vermag, trennt er es in Teile. Er trennt, um zu herrschen. Dies ist die erste Tätigkeit der Intelligenz. Analysieren, das ist entbinden.

10.

Nicht zu vergessen, daß wir mehr als vier Jahrtausende Schrift hinter uns haben. Das kindliche Wunder der Metapher packt uns nicht mehr wie zu Zeiten Homers. Die Freude an einem Bilde wissen wir kindlich. Aber wir wissen auch, daß unsere Intelligenz keine andern Interpreten und Dolmetsche hat als die Bilder, die mit einer Geste den „Sinn" unseres Gedankens anzeigen.

11.

Es kommen deshalb die einsilbigen Sprachen, wie das Chinesische, zur Abstraktion nur durch die Metapher, denn sie haben keine Organe entwickelt, die geeignet wären, die verschiedenen Stufen der Analyse zu notieren. In den zarten Fingern des Symbols behaupten sie, die flüchtige Essenz festzuhalten.

12.

Die Sprache transponiert dank dem Gehör, von dem sie direkt abhängig scheint, in die Dauer die Notierungen des Gesichtes, welche dem Raume zugehören. Man kann von einer augenblicklichen Transmutation der Werte eines Sinnes in die Werte des andern Sinnes sprechen. Aber während

uns die beiden Ohren einen identischen Eindruck geben,
vermitteln uns unsere Augen von dem gleichen Gegenstand
zwei etwas verschiedene Bilder. Die Ohren messen die
aufeinanderfolgenden Momente, kennen nur die Zeit. Das
gehörte Gedicht läuft ab und wir sind währenddem in
dem Zustand einer gewissen Unsicherheit. Gegenstände des
Raumes kommunizieren uns die Augen sofort.

13.

Man kann nur in Worten, das heißt in Bildern, denken.
Darum führen die Worte die Welt, und die Ideen gehören,
in ihrer unmittelbaren Aktion, den Worten.

14.

Im Anfange genügte es, Worte zu schaffen, um göttliche
Figuren zu schaffen. Gewisse Gottheiten des Rig-Veda sind
nur verschiedene Bezeichnungen zum Beispiel der Sonne,
ihr gegeben entweder nach ihren Aspekten oder von verschiedenen Stämmen des Volkes oder zu verschiedenen
Zeiten. Im Verlaufe sterben dann die Götter ins Abstrakte.
Man kann von einer Eucharistie der Worte sprechen, durch
die wir mit dem Universum kommunizieren.

15.

Die Gottheit als letzte Ursache und als zentrales Prinzip
ist uns nur durch ihr proteiformes Attribut faßbar. Das
Wort ist das Attribut der Idee. Es bleiben uns zum spielen
nur die Reflexe. Uns unbewußt und auch, wüßten wir es,
es nicht ändern könnend, endet der Bezeichner damit, das
Bezeichnete in sich aufzunehmen, und das präponderierende
Zeichen, ausgestoßen kraft der virtuellen Wahrheit der
Dinge wegen seines reinen Ausdruckes, wird Werkzeug
des Irrtums.

16.

Der Schriftsteller hat das feinste Ohr dafür, zu hören, wann
in einem Wortleibe das Herz zu schlagen aufgehört hat.
Denn dieser herzlose Leib lebt noch lange weiter und verlangt Achtung für das, was er einmal war. Und ist doch

schon längst in die leere Abstraktion gestorben, in ein Klischee. Nur ins Lächerliche ließe sich eine so abstrakt gewordene Konzeption wie „Freiheit" anthropomorphisieren.

17.

Die Worte sind Daguerreotypbilder: sie entfärben sich. Aber die Aspekte der Welt sind unzählbar und wechselnd: ein Aspekt ist vorstellbar nur in Proportion zu allen andern und in instinktiver Vergleichung. Daher wird immer geordnet, und diese Klassifikation hob an mit der ersten wörtlichen Qualifizierung. Es herrscht eine Hierarchie.

18.

Die Reihenfolge im Traktement unserer Grammatiken beruht auf einem Brauche; sie korrespondiert weder mit der Geschichte der Sprache, noch folgt sie einer psychologischen Methode. Sprachgeschichtlich im Anfange steht das Pronomen und das Verbum, und auch die Pronomina sind aus indikativen Partikeln konstituiert worden, bezeichnend das Nähere und das Fernere. Sie schmolzen mit dem zusammen, was später Adverb und Proposition werden sollte. Die aufzeigende Bewegung, die Geste, welche der Wortbildung vorausging und sie begleitete, um zu verschwinden, nachdem das Wort hinreichend fixiert war, wird in der Sprache immer deutlich bleiben. Theoretisch reduziert sich alle Grammatik darauf, die Termini einer variablen Beziehung zwischen Objekt und Subjekt mit allen Resultanten und Umständen zu fixieren.

19.

Im primordialen ‚sein' sind Subjekt und Objekt ineinandergeschmolzen. Ihm folgen alsbald die Attribute des ‚sein' und all das, was dem Subjekt zugehört, es begleitet, qualifiziert. Durch die Besitzergreifung wird das Subjekt Herr des Objekts, aber das Subjekt selber kann nur erwachen aus dem vielfachen Anstoß des Objektes, vielfach wie die Gegenstände und Umstände des Lebens. Den Expressionisten sei Hegel zitiert: Jede Wirkung ist die Ursache ihrer Ursache und jede Ursache ist die Wirkung ihrer Wirkung.

20.

Alle primitiven Verba sind qualitativ, drücken Variationen
von ‚sein' aus. Sie sind den Pronomen analog, insofern sie
eine innere Handlung, welche direkt das Subjekt angeht, übersetzen. Das ausschließlich ein Tun ausdrückende Verbum ist
Frucht einer ersten Differentiation von Subjekt und Objekt.
Psychologisch sind alle grammatischen Kategorien das Resultat
progressiver Differentiationen, Knospenbildung am Stamme
— am unendlichen?

21.

Du sollst den Namen Gottes nicht eitel nennen. Das ist ein
magisches Verbot, bei den Primitiven sprachlich noch ganz
lebendig, denn für sie ist der Gegenstand und das ihn be-
zeichnende Wort noch ganz eng verbunden. Es gibt Stämme,
deren Glieder dem Fremden weder ihren eigenen noch den
Namen ihres Dorfes sagen aus Furcht, er könne bösen Gebrauch davon machen. Alles Heilige und daher alles Ge-
fürchtete darf nicht bei seinem Namen genannt werden.
Genau so verfährt der Argot: die sprachlichen Deforma-
tionen, zu denen Gruppen von Individuen gebracht werden,
fürchten sich, die magische Konzeption als Basis, aus Gründen
einer andern Ordnung, aber immer Personen und Dinge bei
ihren wirklichen Namen zu nennen und geben ihnen Namen
aus Übereinkunft. Der Argot ist in einem gewissen Sinn der
Sprache gegenläufig, indem diese mitteilen, der Argot aber
intentional heimlich bleiben will: er dient der Verteidigung
einer Gruppe. Der Argot bildet sich in jeder Gruppe aus:
im Liebespaar, in Handwerksgemeinschaften, in politischen
Bünden usw. usw.

22.

In dem magischen Verbot, den Namen nicht eitel zu nennen,
drückt sich vielleicht die Tendenz aus, die Bezeichnung sta-
tisch zu erhalten und diese Statik vor Erschütterungen mög-
lichst zu schützen.

23.

Im tiefsten Sinne des Wortes sind die Sprachen gegen-
einander verschlossen. In jeder Übersetzung geht etwas

verloren und dieses Etwas ist das flüchtige Wertvollste. Die Übersetzung zeigt die Unterseite einer Stickerei. Sie gibt das Metall einer Münze, aber ohne dessen Prägung. Ich sage Stickerei und Prägung: die Unübersetzbarkeit einer Sprache in eine andere gilt also nur eingeschränkt. Man sagt, unübersetzbar seien Gedichte, weil deren Eigentümliches bestimmt sei von einer Abfolge unnachahmbarer Klänge. Diese Meinung sieht das Wesentliche nicht. Ich versuche, es in eine brauchbare allgemeine Formel zu bringen.

24.

Die Physiker unterscheiden eine kinetische und eine potentielle Energie, bezeichnen mit dem ersten eine aktualiter ausgeübte Kraft, mit dem zweiten eine Kraft, die ein Körper auszuüben in der Lage ist. Diese Terminologie, auf die Sprache angewendet, stellt sich das literarische Mittel dar als eine gradierte Mischung von kinetischem und potentiellem Sprechen. Kinetisch ist und nichts als das die Wortfolge: der Zug geht um 8 Uhr 20. Eine rein kinetische Sprache gibt es als literarisches Mittel nicht, auch nicht in der absurdesten Romanprosa. Nichts als potentielle Sprache gibt es literarisch nicht, denn man kann aus Worten keine Musik machen, oder Worte eines Gedichtes werden, mir vorgelesen, bloße Klanggebilde dann, wenn ich die Sprache des Gedichtes nicht kenne. Jede literarische Sprache jeder Zeit und jedes Volkes ist Mischung aus kinetischer und potentieller Sprache: Grad und Energie dieser Mischung sind variabel im Werke sowohl wie in den Literaturen der Zeiten und der Völker.

25.

Dem Liede oder der Ballade, deren Sprache sich dem Kinetischen sehr annähert, ist das Potentielle durch die in Rhythmus und Reim mitschwingende Musik gegeben. Ohne diese Musik, etwa in Prosasätze aufgelöst, wäre die grobe Kynesis von „Über allen Wipfeln" eine Banalität, als welche das Lied oft jenen erscheint, die es nicht zu hören vermeinen. Auf die durch Rhythmus und Reim beigebrachte potentielle Qualität verläßt sich auch immer der Dilettant in der Herstellung seiner Gedicht-Erzeugnisse. Das anzudeutende Extrem ist die Primadonna, welche mit höchster Wirkung das Alphabet singt.

26.

Zur Vermeidung des Mißverständnisses unserer Terminologie, daß damit als literarisches Sprachmittel jenes bezeichnet sei, das eine doppelte Meinung habe, also allegorisch sei, hat Robert Musil für potentiell das Wort irisierend vorgeschlagen. Ich zitiere es, um damit das Gemeinte deutlicher zu machen. Es hat die Formel nichts mit der Allegorie zu tun, auch nicht mit dem bewußten Symbolismus. Sie betrifft nicht die Dinge, sondern die Worte selber, in deren Wahl, Ordnung und Melos man die Verbindung kinetischer und potentieller Sprache zu erkennen hat. Dies wird deutlich im Falle der Übersetzung aus einer Sprache in eine andere. Ohne jeden Verlust ist rein kinetisches aus jeder Sprache in jede Sprache übertragbar. Aber potentielle Sprache wäre es nicht, sondern wäre kinetisch, wenn sie sich anders ausdrücken ließe als durch sich selber. Die Übersetzung eines Gedichtes gibt nur dessen kinetischen Gehalt, den „Sinn", wieder, und der ist das wenigst wertvolle des Gedichtes. Die bedeutendste Leistung deutscher übersetzter Kunst, Borchardts Dante und Swinburne sind Gedichte Borchardts — Dantes und Swinburnes nur in der philologischen Bedingtheit, nicht in der ästhetischen.

27.

Je näher ein Gedicht dem kinetischen Sprechen kommt, um so größer ist seine Popularität und umgekehrt: je stärker die potentielle Sprache eines Gedichtes ist, um so „unverständlicher" wird es für die Menge, welche sich nur des kinetischen Sprechens bedient in der Vorbringung von Fakten, Situationen, Geschichten. Da die Prosa in der Regel einen größeren Teil kinetischen Sprechens enthält als potentiellen, ist die Prosa mehr gelesen als das Gedicht. Im Zeitlichen: was ehmals potentiell war, verliert dies: das ganze 18. Jahrhundert beurteilte das elisabethanische Drama kinetisch: dieses hatte in diesem Zeitalter seinen potentiellen Charakter verloren, um ihn erst durch die kritische Restauration Lambs wieder zu gewinnen. Die außerordentliche Popularität des Verses im 18. Jahrhundert verdankt er seinem starken kinetischen Charakter, der das Potentielle fast gänzlich verdrängte. Das Extrem des Gedichtes im 18. Jahrhundert ist schlechte Prosa. Das Extrem des symbolistischen Gedichtes — nommer un objet, c'est supprimer les trois quarts de la jouissance du poème, qui est faite du bonheur de deviner peu à peu, le suggérer, voilà le rêve (Mallarmé) — ist völlige Entsinnung zugunsten einer suggestiven Musik.

28.

Voltaire würde das fast rein kinetische seiner Gedichte als das gute Gedicht bezeichnet haben, wie es Mallarmé mit seinem fast rein potentiellen Gedichte tat. Dieser hat jenes schlecht, jener hätte dieses schlecht genannt. Wer die Formel von kinetischem und potentiellem Sprechen gebraucht, vergesse nicht, daß es sich immer um eine Relevanz handelt.

29.

In einem frühern Paragraph dieser kleinen Grammatik ist gesagt, daß der Gedanke immer um ein kleines dem Worte vorhergeht, dem bestimmten Worte, das ihn dann ausdrückt. Das wird ketzerisch jenen vorkommen, die aus den Worten denken, besser noch: welche die Worte denken lassen, durch eine Wortwüste schwimmen, von einer Wortoase zur andern, d. h. sich von stark mit Assoziationen geladenen Worten diktieren lassen, was sie zu denken haben. Dies ist nur eine zeitgemäße Notierung. Denn in früheren Zeiten wäre kein Anlaß gewesen, so Selbstverständliches auszusprechen. Was auch von den folgenden Paragraphen zum Kapitel Stil gilt.

30.

Der Stil ist des Menschen, sagte Buffon. Er meint, er sei das Zeichen einer menschlichen Intelligenz und Sensibilität,

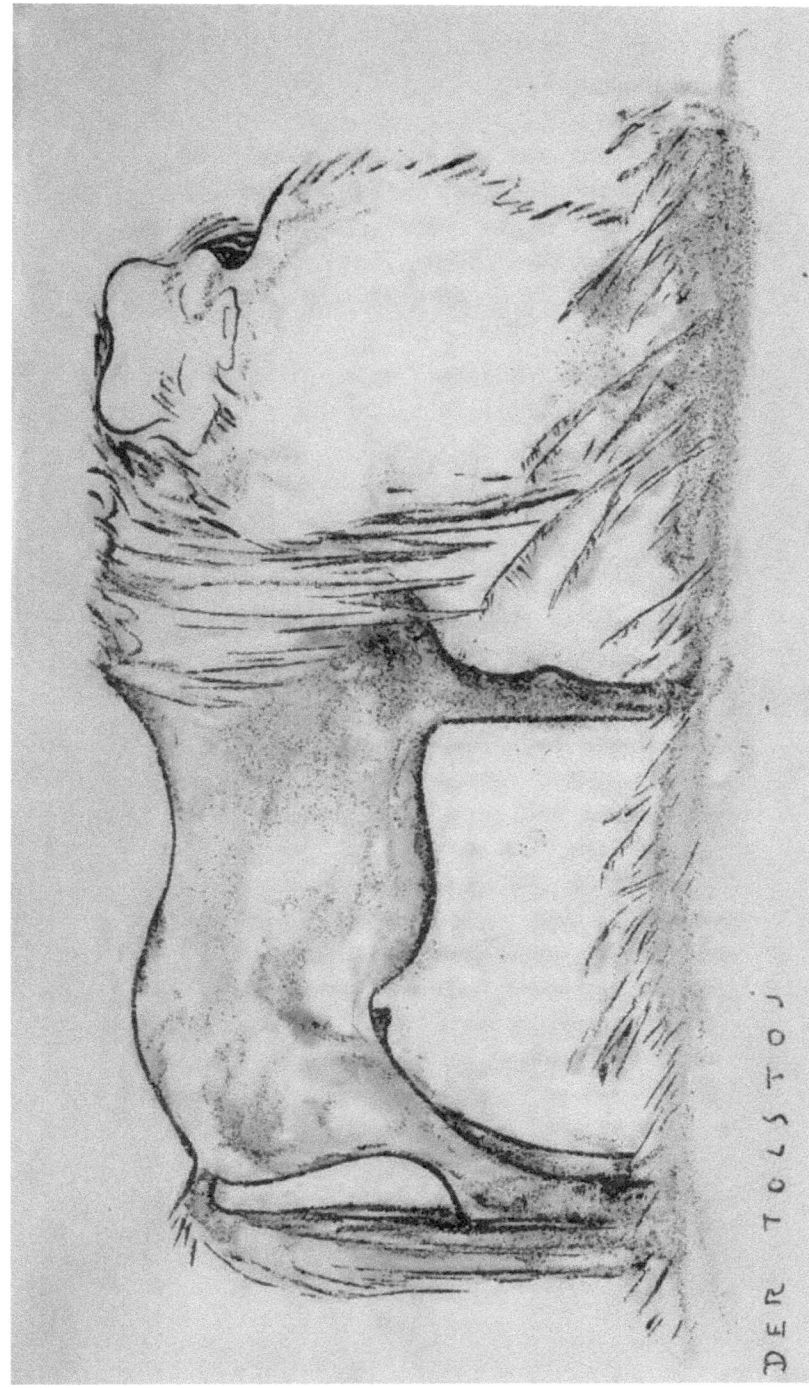

DER TOLSTOJ

also der Person zugehörig und änderbar nur mit dieser. Die Physiologie bestimmt ihn gewiß stärker als Lernen und Belehrtwerden. Die Zahl des Gegenständlichen in der Kunst — „Motiv", „Sujet", „Problem", „Inhalt" — ist sehr beschränkt, aber unbeschränkt ist die Zahl der Personen, welche diese Gegenstände denkend variieren. Daß die nachgoetheschen Faustdichtungen nichts taugen, liegt nicht an der banal gewordenen Fabel, sondern an der gewollten stilistischen Imitation der Epigonen.

31.

Es gibt keine Überlegungen des Stiles. Er kommt dadurch nicht zustande, daß man seiner bedacht ist. Man sieht, empfindet, denkt und — riskiert die Mitteilung, das ist alles. „Der große Schriftsteller," sagt Ernest Hello, „gibt seinen Stil, das heißt sein Wort." Aber immer ist auch an des Naturforschers Wort „le style est l'homme même" zu denken, der die Artikulation des Wortes in Abhängigkeit bringt von besonderer Art des Schnabels, Befestigung der Zunge, Diameter der Kehle, Kapazität der Lunge.

32.

Man spricht von einem visuellen und einem emotiven Gedächtnis. Welche bloß das erste besitzen, werden von einer Landschaft die Erinnerung eines mehr oder weniger deutlichen Bilds bewahren. Der Emotive wird sich bloß der Empfindungen erinnern, welche der Anblick der Landschaft in ihm auslöste. In glücklichen Fällen gibt es eine sich das Gleichgewicht haltende Mischung beider Gedächtnisse. Wo das Visuelle dominiert, dort wird man einen stärkeren Stilwillen merken können, und dort, wo das Emotive stärker ist, wird, was man Stil nennt, auf den zweiten Platz rücken, wohin es gehört. Es ist außer Zweifel, daß die Visuellen, arbeitend wie Maler in Kombinationen von Farben und Worten, intellektuell jenen unterlegen sind, welche für die Dinge die Zeichen substituieren und sie ohne Intervention von Sensibilitäten mitteilen: denn dieses ist die höchstmögliche Leistung dann, wenn, der sie übt, diesen Zeichen seine eigene Sensibilität zu geben vermag, kraft derer sie allein den Sinn bekommen. Die Worte und Sätze werden lebendig nur von dem Leben dessen, der sie braucht, nicht aber sind sie es schon durch die in ihnen angehäufte Sentimentalität, was sie zu Klischees macht. Rilke ist der umfangreichste Dichter dieser Klischees.

33.

Der Anfänger achte darauf, daß die Worte nicht nur eine plastische und eine emotionale Eigenschaft haben, daß sie nicht nur klingen und mehr oder minder selten sind, sondern daß sie ihre Rasse haben; und daß viel auf die Reinheit ihrer Rasse ankommt, denn in ihr liegt der Eigenwert des Wortes.

34.

Den Stil bestimmt die Struktur des Denkens: das Material der Fakten erhält das Denken von dem, mit dem es in Beziehung steht. Dieser Gedanke Taines ist der fruchtbarste zu der ganzen Angelegenheit.

35.

Der Vergleich, heute von denen meist unglücklich geübt, welche, man weiß nicht warum, Kampf der Metapher ankündigen, ist die Elementarform der visuellen Phantasie. Er ist, Vorläufer der Metapher, eine Metapher, in der beide Vergleichspunkte genannt sind. In der Metapher ist nur ein Vergleichspunkt genannt. Homer hat keine Metaphern. So wenig wie die älteren Veden, die ganz symbolischer Ausdruck sind, wie alles Sakrale. Die Metapher ist durchaus modern. Erst die modernen Dichter, ganz entsprungen dem Gefängnis des Wortes und doch dessen Mal wie ein Sklavenzeichen tragend, können lügen. Flaubert kann lügen, Homer nicht. Der Moderne opfert die visuelle Logik der imaginativen Logik. Der Moderne vermag das doppelte, dreifache gleichzeitig auftauchende Bild bei der Idee eines Faktums nicht zu dissoziieren. Der Antike sieht, die Märtyrerin mit

der Taube vergleichend, die Seele der Jungfrau als Taube
zum Himmel fliegen. Die Kinder werden mit Engeln verglichen, also werden sie Engel im Himmel, wenn sie sterben.
Die ersten schüchternen Metaphern schufen, falsch verstanden, sekundäre Mythologien. Jedes Klischee war einmal
eine neue Metapher. Diejenigen, die heute gegen die Metapher
sind, gebrauchen sie trotzdem und unfähig, neue zu bilden:
Klischees.

36.

Das Klischee auszuschließen, ein solches Verlangen würde,
erfüllt, jeden Satz rätselhaft machen, so sinnlos wie die
Forderung nichts als potentieller Rede im Gedichte. Man
muß nur die Scheiben der alten Laterne putzen und sie
richtig halten, dann kann sie besser leuchten als ein
neuerfundenes Patentstreichholz. Man soll nur Worte gebrauchen, deren Sinn man gut kennt, das heißt den symbolischen Konnex mit der Realität. Die naive Dummheit
ist weit wertvoller als die falsche Gescheutheit. Jeder Stil
ist nur so viel wert wie der Gedanke, den er mitteilt.
Alle gut gedachten Werke sind auch gut geschriebene.
Aber der Satz gilt nicht in seiner Umkehrung. Man darf
sich nicht schreiben hören (wie die deutschen Wildes).

37.

Jemand schreibt „einen klassischen Stil". Das wird gewöhnlich über Leute schulmeisterlicher Art ausgesagt, die
gar keinen Stil haben, also überhaupt nichts zu schreiben
haben. Diese Leute haben schreibend immer ihre Sonntags-
kleider an und fordern die Aufmerksamkeit dafür vom Leser.
Da ist keine Zeile, die den Eindruck macht, als ob sie
sich selber geschrieben hätte. Solches Schreiben ist der bis
ins Greisenalter perpetuierte Schulaufsatz, den abzuschaffen
höchste Zeit ist, wenn die Kunst des Schreibens gerettet
werden soll.

38.

Die Prosa ist ihrem Wesen nach und aus ihren großen
Künstlern dahin definierbar, daß der Prosaist zwei Funk-

tionen erfüllt: er integriert in die geschriebene Sprache alles das aus der gesprochenen Sprache seiner Zeit, das ihm erhalten zu bleiben wertvoll dünkt. Dies ist die eine Funktion. Die andere ist: er formt Grammatik und Syntax über die subtilsten und lebendigsten Bewegungen seines Denk-Fühlens, seines und dessen seiner Zeit. Er wählt und verwirft nach einem unbekannten, aber ihm geläufigen Gesetze.

QUELLENSCHRIFTEN DES BESTIARIUM

ES erübrigt sich, den interessierten Leser auf seine Lieblingsbücher zu verweisen, als da sind des Herrn E. Engel „Historia Naturalis der teutschen literarischen Fauna im 19. Jahrhundert, aus dem Genius der teutschen Sprache, wie ich sie rede, erfaßt". Oder des Herrn Bartels Werk „Die Deutschen Literatiere nach ihren Nasen betrachtet". Oder des Herrn Richard M. Meyer „Einer- und anderseitige Literatur des 19. Jahrhunderts dem deutschen Gemüte nach". Oder der ähnlichen Bücher von Kluge, Koch usw. Es werden im folgenden Quellennachweis vielmehr nur Schriften aufgeführt, die sich spezialisiert mit dem Gegenstande befassen. Und auch hier war Auswahl geboten. Denn Tag um Tag kommt hier Neues an den Tag, den es heute nicht zu scheuen braucht. Zahllos sind die staatlichen Institute oder Seminarien, in denen sonst beschäftigungslose junge Leute aller Geschlechter von den dazu Berufenen in der Erforschung unserer Tiere durch Wort, Zuruf, Schrift und ermunterndes Beispiel angelernt werden. Man arrangiert Ausflüge zu den kürzlichen Geburtsstädten moderner Dichter, deren glückliche Mütter sich oft nicht scheuen, das Wochenbett zu verlassen, in dem sie noch von dem Dichter liegen, um die wissensdurstige Schar zu empfangen. Man veranstaltet Bierabende und Kegelschieben, um die noch Säumigen auf diesem Umwege zur Kenntnis der modernen Literatur zu bringen. Aber nicht nur die offizielle Wissenschaft ist fieberhaft tätig. Jeden Tag bringen auch die Gazetten neue Details. Vorträge überstürzen sich. Preisaufgaben stoßen sich im Raume — kurz, es ist überwältigend zu sehen, mit welchem Eifer sich eine Nation mit ihren Tieren beschäftigt. Hier also nur aus erdrückender Fülle eine kleine Auswahl der wichtigsten Ergebnisse solchen Eifers.

Sainte-Beuve, Causeries du Lundi. Tome 47. SS. 125 bis 210. Artikel La Weigand.

Schlenther, *Paul*, Das Nu nu - nee nee des Gehauptmann. Berlin. Bondi 1900.

Swinburne, Short Notes on the character of the Borchardts Melodies. In: Miscellanies. London 1890.

Catonis Ut., De Borchardti Moribus Libri Tres. Edit. J. Zeitler. Lipsiae 1899.

Carol Smith, Die Darmverschlingungen des Däublers. München 1909.

Liegler, Die Fackelkraus und das ABC. Wien, Lany 1920.

Sully Prudhomme, La George. Paris 1890.

Paul Cassirer, Das letzte Hasenclever. Berl. Diss. 1920.

Brenner, D., Der Hecker. Eine Monographie. Innsbruck o. J.

Hille, Peter, Die Anthuma des Laskerschülers. Berlin 1880.

Friedenthal, Dr. J., Die Verdauung des Heinrichmanns, Deutschlands größtem Holzkäfer. Berl. Tageblatt passim.

Noske, Die Pfemfert in Gefangenschaft. Vorwärtsverlag.

Αουχιανου Σαμ. Περι του Βλειησ 'Ιχθυδιου Διαλογος. Gr. et Lat. c. not. edit. Philipp Funk. Kempten 1919.

Schmitz, O. A. H., Der fromme Bock von Salzburg. Innsbruck, Tyroliaverlag o. J.

Antonius Escobar S. J., De Scheleri virtutibus et vitiis tractatus. Lugdin. 1665.

Johannes Negelinus, Schattenrisse. Leipzig 1913.

Flaischlen, C., Das Nee nee - nu nu des Cehauptmann. Habilitationsschrift. Berlin.

Stünzi-Käsly, Das Zahn, ein Schweizer Original-Export-Artikel. Luzern 1900.

Gräfin I. Hahn-Hahn, Die Rilke und der Salon. „Die Dame." Jänner 1915.

Salz, Dr., Über die Selbstdurchbohrung des Kassners. Sitzungsbericht der Bayer. Akademie der Wissenschaften. Oktober 1917.

Sombart, Prof. W., Das Rathenau, die Juden und der Kapitalismus. Berlin 1918.

Zuckerkandel, Frau Prof., Observationes de ranis et lacertis. Tur. 1916. PP. 210 bis 211. De Unruh rana.

Bleibtreu, Historia maris alpini et vetus vocabularium animalium. Monach. 1888. Pag. 702. De Conrado.

Tschurtschentaler, Sepp, S'Adelwoaß, eine Sammlung scherzhafter Vierzeiler auf das Schönherr. Heimatverlag Partsch in Tyrol.

W. v. Molo, Des Thoma's Mist, ausgewählt und eingeleitet. München, A. Langen, 1918.

Herzl, Dr. Theodor, Buber Hakkadosch. Brombergische Druckerei in Venedig. o. J.

Starke-Stranitzki, Hofrat Prof. Dr. Ottomar, Das Sternheim und seine Schippeliana. Leipzig, K. Wolff, 1909.

Lauer, Dr. Kamillo, Über den Brauch der Wiener Hausmeisterinnen, sich eine Wildgans als Singvogel zu halten. Urania-Vortrag. 1915.

Brombacher, Dr. Hugo, Des Sternheims invertierte Gangart unter Vermeidung der Artikulation. K. Wolff Verlag 1919.

Habich, Hoffriseur, Das Tovote-Öl, den durch den Sudermann erzeugten Ausschlag wohlriechend zu machen. Berlin o. J.

Strauß, Richard, Die Kunst, aus dem Hofmannsthal Musik zu schlagen. Mit vielen Beispielen. Forstner, Leipzig.

Hebbel, Friedr., Der Paulernst, in: Hebbels sämtliche dramatische Werke.

Oppenheimer, Ibsenspirillen im Bindegewebe des Paulernsts. Berliner Mediz. Wochenschrift, 18. 6. 1913.

Martersteig, Geheimrat, Der Ernsthardt, Deutschlands Riesenkolibri. Leipziger Tageblatt 17. i. 1910.

Brulat, Paul, La Kolbannette, une französische-allemande Nobleziege et ses herzliche aspirations dans la Frage de l'humanité deutsch-française mixte. Genf. Edit. Carmel 1916.

Benedikt, Moriz, ehem. österr. Herrenhausmitglied, Synopsis reptilium emendata. Viennae, o. J.

Conrad von Hötzendorf, Das Meyrink, ein Schandfleck der k. u. k. Armee. Danzers Armeezeitung, Febr. 1912.

Derselbe, Meine strategischen Pläne gegen das Meyrink, ebenda März 1912 etc. etc. etc.

Kutscher, Prof. Dr. Arthur, Rassenaufzucht aus der Halbe durch Kreuzung mit dem Wedekind. Münchner seminaristische Übungen, Sommersemester 1912.

Muncker, Prof. Dr. Franz, Der Thomasmann in seiner Beziehung zu Klopstocks Züricher Wohnung an der Schifflände. Lit. Centralblatt Nr. 110, pp. 378 bis 380.

Borchert, Dr. Privatdozent, Das Gehauptmann und die sozialphilosophische Gedankenwelt in Schreiberhau und Umgebung. Lehmanns Verlag, München 1919.

Bölsche, Wilhelm, Mein Liebesleben mit der Natur. Scherl Verlag o. J.

Derselbe, Vom Affenmenschen bis zu Bruno Wille. Ebenda o. J.

Martens, Kurt, Das Z'o la la des Heinrichmanns. Der Zwiebelfisch, Februar 1916.

Rapaport-Mosse, Dr., Oberrabiner, Die Bedeutung des So Mbart für die religiöse Kultur der Juden. Krotoschin. I. J. 2234 (1912).

Pastor Th. Hecker, K. Kraus der Vollender Kierkegaards. Brennerverlag 1912.

B. A. Fuchs, De iridibus doctrina Schelerae certa methodo comprehensa, explicata et tam necessariis demonstrationibus quam moralibus et politicis aucta a B. A. F. Monach., Oldenburg 1915.

A. W. Heymel, Ein Dutzend Wiegenlieder zu des Hofmannsthals 40. Geburtstag. Privatdruck in einem halben Exemplar. Auf Pergament. (1913).

Cohn, S., Die Lebensgeschichte der Handelmazette. Linz, Herz Jesu-Verlag, 1912.

Baco de Verulamio, De Ventis. Lugd. Bat. 1662. P. 96. Hasenclever.

Dr. H. Simon, Die Entdeckung des Edschmids. Mit Zeichnungen von O. Gulbransson. Verlag der Clarté. O. J.

Krawutschke, Friedr. Wilh., Die Freksa und der Genius des deutschen Volkes. Verlag der Davidis Kochbücher.

Pringsheim, Die familiären Antinomien des Thomasmanns. Bonner Diss. 1920.

Fischer, *Johannes*, De terris coelestibus earumque ornato conjuncturae. Hitzingiae 1918. PP. 570 ff: Gütersloh.

Spengler, *Prof.*, Der Untergang des Abendlandes. München 1919.

Dalago, *Carl*, Die Fackelkraus, ein Vorschlag zur Papstwahl. Innsbruck 1914.

Auernheimer, *R.*, Meine Siege auf Schnitzler. Erinnerungen eines Achtzigjährigen. Wiener N. F. P. Nr. 2760 ff.

Staackmann, De bacilli imbecilli varietate nominum. Lipsiae s. d.

Idem, Catalogus bacilli imbecilli nominum in Germania provenientium. Lipsiae s. d.

Wolters, *Fr.*, Ist die Wolfskehl operabel? München. Med. Wochenschrift. Febr. 1912.

Patté, Verzeichnis von 2768 Grammophonplatten. Arien des Werfels.

Schleich, Strindberg der Entdecker des Schwefels. Berlin 1910.

Schering, Strindbergs benütztes Toilettenpapier, gesammelt, übersetzt und herausgegeben. Zehn Bände. 1917—1921.

BIOGRAPHISCHE BELUSTIGUNGEN

.

DIE beim deutschen Volke beliebtesten Literaturgeschichten stellen den Inhaltsangaben der respektiven Werke immer eine Erzählung des Lebens ihrer Verfasser voraus, kürzer oder länger, je nach der Beliebtheit. Manche gehen weiter und verflechten Werk und Leben des Belletristen oder Dichters in ein Ganzes, wobei das private Leben immer dort den Faden aufnimmt, wo dem Historiker der ästhetische Faden ausgeht oder umgekehrt. Der Erfolg des großen Bestiarium sollte nicht unter dem Mangel solcher biographischer Belustigungen leiden. Wir haben sie vom kritischen Teile sauber abgetrennt und geben sie in der essentiellen Form der Anekdote. Zu einer umfangreicheren Konzession konnten wir uns nicht entschließen. Einerseits sind wir, wie man sieht, theoretisch anders verpflichtet, andrerseits fürchteten wir, bei näherer Kenntnisnahme des Lebens unserer Verfasser das geringe Interesse, das sie uns einflößen, ganz zu verlieren. Mit den Anekdoten taten wir unser Möglichstes. Ultra posse, nicht wahr?

*

Ein junger revolutionärer Literat rief: „Ich brauche zehntausend Bourgeoisköpfe!" — „Ich würde mich mit dem Ihren begnügen", sagte Rudolf Kassner.

*

Jemand fragte Arthur Schnitzler, der aus einer Gesellschaft kam, wie er sich unterhalten habe. „Ohne mich," sagte der Plauderer, „hätte ich mich sehr gelangweilt."

*

In Wien wurde einmal der Nachlaß einer wegen ihrer Liebschaften mehr als wegen ihrer Kunst berühmten Schauspielerin öffentlich versteigert. Einige bejahrte Damen fanden entrüstet, daß die Preise zu hoch gingen. „Diese Damen,‟ sagte Franz Blei, „hätten die Sachen am liebsten zum Selbstkostenpreis.‟

*

Bei der Aufführung eines Stückes von Georg Kaiser sagte jemand: „Das Stück ist sehr schmeichelhaft für Carl Sternheim.‟

*

Es war Schickele, der einmal die Annette Kolb le plus honnête homme du monde nannte. Die selbige Annette nannte jemand in Bern, als sie große Sympathien für den Kommunismus zeigte, die Précieuse radicale.

*

Auf den ehrgeizigen Carl Sternheim hat man folgendes Epitaph verfaßt: „Hier ruht Carl Sternheim. Es ist der einzige Platz, nach dem er nicht gestrebt hat.‟

*

In Berlin trat ein sehr mageres Tanzpaar auf. Wedekind sagte: „Es ist, als ob zwei Hunde um einen Knochen rauften.‟

*

Oscar Wilde wollte einen Roman über die Blutschande schreiben und ihn Jean Lorrain widmen als „Dem Einzigen, der mich verstehen kann‟. „Aber,‟ sagt etwas konsterniert Lorrain, „ich habe gar keine Schwester.‟ — „Mein Lieber, haben Sie nicht Ihre alte Mutter?‟

*

Jemand traf Carl Sternheim allein in den Isarauen spazieren. „Was machen Sie da, Herr Sternheim?‟ — „Ich unterhalte mich mit mir selbst.‟ — „Dann seien Sie auf der Hut, Herr Sternheim, Sie unterhalten sich mit einem großen Schmeichler.‟

*

K. Edschmid las an einem Morgen seines achttägigen Pariser Aufenthaltes im Petit Journal, daß nachts vorher in der Rue Frochot eine Rauferei gewesen und dabei ein persischer Untertan verhaftet worden sei. Edschmid war es so, als hätte er vor zwei Tagen eine Gasse passiert, die

240

er Rue Frochot las. Er pflegt seitdem gern zum Beweise
seiner Lebenserfahrung seine Rede mit den Worten ein-
zuleiten: „Ich, der ich mich in Paris mit Persern stach . . .‟

*

Wedekind betrat ein Speiselokal, dessen alle Tische besetzt
waren, bis auf einen, an dem nur Halbe saß, mit dem er
gerade „bös‟ war. Er ging trotzdem auf den Tisch zu,
fragte, ob hier Platz sei. „Ich pflege allein zu essen‟, sagte
Max knurrend. Wedekind wies auf den Kalbskopf, den der
berühmte Dramatiker verspeiste und sagte: „Aber, Sie sind
doch bereits zwei, Herr Doktor Halbe.‟

*

Es war der neue Roman „Das Herz in der Faust‟ von
Ganghofer erschienen, und der Dichter wurde von seinem
kaiserlichen Herrn im Hauptquartier empfangen mit den
Worten: „Das war wieder mal ein Schuß ins Schwarze, mein
lieber Ganghofer.‟ - „Wir tun alle nur unsere gutdeutsche
Pflicht‟, sagte schlicht der Verfasser. Die gerade anwesende
Kaiserin zerdrückte gerührt eine Träne.

*

Franz Werfel wurde im Kriegspressequartier damit beauf-
tragt, Worte und Aussprüche zu erfinden, die Kaiser Karl
bei öffentlichen Anlässen von sich geben könne. Werfel
erfand mit vieler Freunde Hilfe eine Menge. Das beste
Wort aber machte der viel mehr als witzige Anton Kuh: „In
meinem Reiche geht die Sonne nie auf.‟

*

Altenberg trifft auf der Straße einen seiner vielen ihm unbekannten Bekannten und wird zum zweiten Frühstück
eingeladen. Herr Buda macht auf Altenberg einen nervösen
Eindruck und erklärt das damit, daß er zehntausend Kronen
in der Tasche habe. Er wolle sie nachher auf die Bank
tragen. Peter A.: „Auf die Bank? Um von einem schmie-
rigen Kommis darüber eine schmutzige Quittung zu erhalten? Für zehntausend Kronen bekommen Sie das schönste
Mädchen von Wien, das Ihnen und Ihnen allein ihr Lächeln

schenkt, ihre Seele, ihren süßen Leib. Und die Bank? Kauft Papiere dafür, die Sie schlaflose Nächte kosten, die Sie, auch schlaflos, aber wie anders, in den Armen ..." Altenberg redet sich in Ekstase, Herr Buda springt auf, er werde in zehn Minuten wieder zurück sein. Herr Buda kommt zurück. „Meine Nervosität war zu groß. Ich habe mein Geld auf die Bank getragen. Ich hab nur zwanzig Kronen zurück behalten." — „Zwanzig Kronen? Dafür können Sie das schönste Mädchen von Wien haben." — „Was für ein Mädchen?" — „Von dem ich Ihnen vorhin erzählt hab, das schönste Mädchen von Wien, nur viel jünger."

*

Jemand, der viel von Altenbergs Witz gehört hatte, setzte sich an seinen Tisch. Peter schwieg eine geschlagene Stunde lang. Der Herr äußerte sein Erstaunen. Darauf Altenberg: „Ich glaube, Sie verwechseln mich mit dem Doktor Friedell."

*

Flake sagt, daß ihm ein Manuskript gestohlen worden sei. Schickele bemerkt: „Der Dieb kann nur einer sein, der nie was von dir gelesen hat."

*

Wilhelm II. hatte nach Sanssouci seine Tafelrunde geladen: Lauff, Ganghofer, Herzog, den Dichter von Charleys Tante und Leoncavallo. Clewing hatte seine Gitarre mitgebracht, daher bliesen Majestät nicht die Flöte. Sonst aber war alles fridericianisch.

*

Wedekind war in Komplimenten nicht glücklich. Einer Schauspielerin, welche in der Rolle der Kleopatra aufgetreten war und meinte, für die Rolle müsse man schön und jung sein, sagte Frank: „Nun, meine Gnädige, Sie beweisen das Gegenteil."

*

Schüchtern wie Wedekind war, fiel er immer mit der Tür ins Haus und manchmal auch gleich durch das ganze Haus durch. Manche seiner Tischdamen werden sich seiner stereo-typen Frage nach der ersten halben Stunde Schweigens erinnern: „Mein Fräulein, sind Sie noch Jungfrau?" Von einer Siebzehnjährigen bekam er einmal die Antwort: „In Ihrer Gesellschaft bliebe ich es bestimmt bis an mein Lebensende."

*

Dem höchst fruchtbaren und redseligen C. Hauptmann ent-schlüpfte in einer Gesellschaft ein Geräusch. Jemand sagte: „Dieser Ton von ihm ist mir lieber als wenn er redet."

*

Wedekind lag an einem gebrochenen Bein zu Bett und Halbe besuchte ihn, trotzdem man „bös" war. Man ver-söhnte sich. Als Wedekind wieder ausging, begegnete ihm der berühmte Verfasser schöner Stücke, der ihn grüßte. Wedekind sah in die Luft. „Aber Frank, wir haben uns doch versöhnt!" — „Das war nur für den Sterbefall, Herr Doktor Halbe", sagte Frank und ging weiter.

*

Schnitzler sagte: „Als Redakteur der Schönen blauen Donau hat mich Rudolf Lothar in die Literatur gebracht, jetzt hätte er mich allerdings lieber wieder draußen."

*

Hermann Bahr wollte vor Jahren eine Reise nach Rußland machen, hatte aber nicht genug Geld. „Ich schreib halt erst die russische Reise und fahr für das Honorar hin, nachschaun, ob's stimmt." Damit ist H. Bahr auch, wie alles sonstigen Modernen, der Stammvater des Expressio-nismus geworden.

*

Vom Nebenzimmer aus vernahm man Geräusch eines leb-haft geführten Gespräches, das Carl Sternheim und ein sächsischer Diplomat miteinander führten. Und zwar über Marx. Erst nach eineinhalb Stunden kamen die beiden Herren darauf, daß Sternheim den Marx, Herr von N. den Max von Baden gemeint hatte.

*

Max Halbe wurden in einem Berliner Hotel die Stiefel gestohlen. Er depeschiert seiner Frau: „Stiefel gestohlen, kann nicht reisen." Antwort von Frau Halbe: „Unbegreiflich. Nimm sofort besten Anwalt."

*

Friedell stand vor einer gerahmten Sache, auf der mit blauer und roter Ölfarbe Kreise und Elipsen gemalt waren. Der Maler erklärte, das sei Ragusa. „Da sehen Sie", sagte Fridell, „wie ich von Kunst gar nichts verstehe. Ich hätte das für Spalato gehalten."

*

An dem Tage, da der achtzehnjährige Lyriker T. Kriegsminister wurde und zum ersten Male mit einem Portefeuille —. Wie? Aber die Anekdote ist ja schon zu Ende, meine Herren.

*

Franz Hessel hat lang in Paris gelebt und Heimweh danach. Ich treffe ihn in München, es scheint die Sonne. Aber er hat den Regenschirm aufgespannt, die Hose aufgekrempelt. „Warum denn, Herr H.?" — „Es regnet in Paris," sagt er.

*

November 19 sagte Sternheim: „Man kann schon wieder mit Paris verkehren." Meine Bemerkung, es dürfte noch Peinlichkeiten haben, überhörend, fährt er fort: „Ich habe gestern zwei Hypotheken nach Frankreich vergeben."

*

Als d'Annunzio, il Imaginifico, in seiner Villa in Capponcina wohnte, kam er jeden Sonntag mittag in schneeweißem Anzug auf alabasterweißem Schimmel auf den Marktplatz geritten und hörte da, unbeweglich er und das Pferd, der Musik der Dorfkapelle zu. „Signore Gabriele probiert sein Monument," sagten die Bauern.

*

Als Wilde im Sterben lag, sagte ein Bekannter zu ihm: „Wenn Sie droben im Himmel meine Frau sehen, sagen

Sie ihr —" Wilde unterbrach: „Ach besorgen Sie doch Ihre Angelegenheiten selber."

*

Einige Wochen nach einer Börsenhausse erzählt Sternheim bei dem Dichter E. A. Rheinhart: „Ich hab da ein paar Literaten Tipps gegeben, und sie haben ganz nett verdient. Mein Gott, keine großen Summen, aber für einen Literaten ganz nett."

VERABSCHIEDUNG DES LESERS

AUCH das Beste muß einmal zum Schluß kommen. Zumal Dickleibigkeit dem Bestiarium im guten Fortkommen nicht hinderlich sein soll. Aber es wird demnächst der Vorhang aufs neue in die Höhe gehen und agiert soll werden: Neue Gespräche Goethes mit Eckermann. Mit allerlei Scherz- und Zwischenspielen. Man sei aber immer an das gute Wort von Chesterton erinnert, das lautet: It is better to speak wisdom foolishly, like the Saints, rather then to speak folly wisely, like the Dons. Unzufriedene werden sagen, daß sie hier die Weisheit vergeblich suchten. Denen aber sage ich mit dem Apostel: „Nicht daß ich es schon ergriffen hätte oder schon vollkommen sei, ich jage ihm aber nach, ob ich es auch ergreifen möchte." Wobei mir einfällt, daß ich diese Verabschiedung des Lesers recht eigentlich mit Zitaten füllen könnte, da Zitieren einen kenntnisreichen und gebildeten Eindruck macht und der Leser, zumal der deutsche, solchen Eindruck liebt. Nahe liegt da Jean Paul mit dem Satze: „Ideen sind unser Schwert, die Literatur unser Schlachtfeld." Etwas weiter hergeholt, aber passend ein Satz aus dem Novum Organon des Bacon: „Intellectui non plumae, sed plumbum addenda", was ich übersetze: „Dem Geiste tut nicht Federn (Karl), sondern Blei (Franz) not."

Das Bestiarium ist, ich weiß es, der Gefahr ausgesetzt, von den Witzbolden mißverstanden zu werden, zumal bei uns, wo mangels esprit der Witzbold so heimisch ist wie der Trauerbold, jener von diesem durch einen untiefen Abgrund getrennt, über den das fragliche Gebilde des deutschen

Humores die Brücke zu schlagen versucht. Ich weiß mich jedes Humores gänzlich unschuldig. Ich bin mehr für die fröhliche Weisheit des Lächelns, jene gentilezza des Lächelns, welche den Lächelnden in das Belächelte einschließt. Dazu gehören als Voraussetzung Freiheit und Froheit des Geistes, Gefühl guten Blutes, nachbarlicher Anstand, liebwerte Sitten, — lauter Tugenden, die, wie man weiß, die heutigen Deutschen in so hohem Maße besitzen.

Nun sage ich Adieu. Der Mannigfaltigkeit dieses Inhaltes wenigstens eine äußere Einheit zu geben, folgt hierauf ein von Katja Schatzberger genau angefertigtes Register der Personennamen, Edschmid neben Homer, Bonsels neben Goethe und Karl Kraus neben

Ihrem Diener

Fr. Blei.

REGISTER DER EIGENNAMEN

INHALTSVERZEICHNIS

ERNST ROWOHLT VERLAG
BERLIN W 35

*

Johannes R. Becher
EWIG IM AUFRUHR
Umschlagzeichnung von Ludwig Meidner
Broschiert M 10.—

*

Max Brod
ERLÖSERIN
Ein Hetärengespräch
Geheftet M 30.— · Gebunden M 60.—

*

Albert Ehrenstein
WIEN
Gedichte
Gebunden M 34.— · Halbleder M 120.—

*

Carl Einstein
DIE SCHLIMME BOTSCHAFT
20 Szenen
Geheftet M 40.— · Gebunden M 70.—

*

Albrecht Schaeffer
DEMETRIUS
Ein Trauerspiel
Geheftet ca. M 60.— · Gebunden ca. M 90.—

*

Carl Sternheim
FAIRFAX
Kartoniert M 30.—

SCHRIFTEN VON FRANZ BLEI

Vermischte Schriften
Sechs Bände. Zweite Auflage. G. Müller Verlag, München

Menschliche Betrachtungen zur Politik
Zweite Auflage. G. Müller Verlag, München

Die Puderquaste des Prinzen Hippolyt
Elfte Auflage. G. Müller Verlag, München

Die Abenteurer
Vierte Auflage. G. Müller Verlag, München

Der bestrafte Wollüstling
Avalun-Verlag, Wien

Leben und Traum der Frauen
Dritte Auflage. Rösl & Cie., München

Das Evangelium des Appolonios
Avalun-Verlag, Wien

Logik des Herzens
S. Fischer, Berlin

Lehrbücher der Liebe
Nr. 1—4. G. Müller Verlag, München

Die verliebte Weisheit der Ninon
G. Müller Verlag, München

Der lose Vogel
Kurt Wolff Verlag, München

Der Lustknabe Ganymed
oder das geplatzte Strumpfband
Kurt Wolff Verlag, München

Die unsittliche Literatur und der § 184
Paul Steegemann, Hannover

Reprint Publishing

FÜR MENSCHEN, DIE AUF ORIGINALE STEHEN.

Bei diesem Buch handelt es sich um einen Faksimile-Nachdruck der Originalausgabe. Unter einem Faksimile versteht man die mit einem Original in Größe und Ausführung genau übereinstimmende Nachbildung als fotografische oder gescannte Reproduktion.

Faksimile-Ausgaben eröffnen uns die Möglichkeit, in die Bibliothek der geschichtlichen, kulturellen und wissenschaftlichen Vergangenheit der Menschheit einzutreten und neu zu entdecken.

Die Bücher der Faksimile-Edition können Gebrauchsspuren, Anmerkungen, Marginalien und andere Randbemerkungen aufweisen sowie fehlerhafte Seiten, die im Originalband enthalten sind. Diese Spuren der Vergangenheit verweisen auf die historische Reise, die das Buch zurückgelegt hat.

ISBN 978-3-95940-140-1

www.reprintpublishing.com